阅读成就思想……

Read to Achieve

大学高效学习法

[英] 凯瑟琳·麦克米兰（Kathleen McMillan）
乔纳森·魏尔斯（Jonathan Weyers）◎著

孙诗惠◎译

（第3版）

The Study Skills Book
(Third Edition)

中国人民大学出版社
·北京·

图书在版编目（CIP）数据

大学高效学习法：第3版 /（英）凯瑟琳·麦克米兰 (Kathleen McMillan)，（英）乔纳森·魏尔斯 (Jonathan Weyers) 著；孙诗惠译. -- 北京：中国人民大学出版社，2020.9
  ISBN 978-7-300-28465-1

Ⅰ. ①大… Ⅱ. ①凯… ②乔… ③孙… Ⅲ. ①大学生—学习方法 Ⅳ. ①G642.46

中国版本图书馆CIP数据核字(2020)第158872号

大学高效学习法（第3版）

［英］ 凯瑟琳·麦克米兰（Kathleen McMillan）　著
　　　乔纳森·魏尔斯（Jonathan Weyers）

孙诗惠　译
Daxue Gaoxiao Xuexifa (Di 3 Ban)

出版发行	中国人民大学出版社			
社　　址	北京中关村大街31号		邮政编码	100080
电　　话	010-62511242（总编室）		010-62511770（质管部）	
	010-82501766（邮购部）		010-62514148（门市部）	
	010-62515195（发行公司）		010-62515275（盗版举报）	
网　　址	http://www.crup.com.cn			
经　　销	新华书店			
印　　刷	天津中印联印务有限公司			
规　　格	170mm×230mm　16开本		版　次	2020年9月第1版
印　　张	19.5　插页1		印　次	2022年8月第2次印刷
字　　数	280 000		定　价	79.00元

版权所有　　侵权必究　　印装差错　　负责调换

T H E Study Skills Book

目 录

01 第1章 踏上大学之路

为上大学做准备 / 003
大学生活中的常见要求 / 006
大学的教育方式 / 010
培养学习的关键技能 / 015

02 第2章 学会自我管理

个人发展规划 / 023
学会时间管理 / 027
做好财务管理 / 035

03 第3章 适应大学的社交生活

结识新朋友,不忘老朋友 / 043
学会与不同性格的人打交道 / 044
如何在课外活动中受益 / 049

04 第 4 章 以学习为本：提升你的学习技能

识别你的学习风格并合理利用 / 057

培养良好的学习习惯 / 066

学会批判性思维 / 073

学会信息分析与评估 / 080

如何提高阅读效率，加深理解 / 086

如何提高做笔记的效率 / 094

如何自信地演讲 / 105

05 第 5 章 如何提高课堂学习效率

在课堂讲座中提高学习效率 / 115

提高听课技巧 / 120

做好课堂笔记 / 125

06 第 6 章 互助学习

小组学习 / 133

团队合作 / 137

参加课外辅导 / 143

07 第 7 章 你需要掌握的科学技能

计算机技能 / 151

在线学习工具 / 156

08 第 8 章 如何提高你的学术写作水平

写作前的准备工作 / 163

学术写作的格式 / 170

规划写作构思 / 173

目 录

确定学术写作风格 / 178

组织行之有效的句子和段落 / 181

检查文章的语法、标点符号 / 183

扩大你的词汇量，让文章妙笔生花 / 186

如何正确引用和参考文献列表 / 188

避免剽窃和侵犯版权 / 192

检查、编辑和校对 / 197

如何让你的文章符合学术惯例 / 202

第 9 章　如何撰写论文和研究报告

如何让你的论文拿到高分 / 211

撰写前的准备工作 / 216

挑选毕业论文或研究报告的主题 / 220

如何正确筛选和整理内容 / 224

如何写好文献综述 / 230

第 10 章　顺利通过学业考试

测验和考试是如何进行的 / 237

为考试做好身心准备 / 241

制作复习时间表 / 247

复习建议：如何通过主动学习来加深理解 / 251

记住复习内容的工具和策略 / 254

抓住复习重点 / 263

如何避开常见陷阱，提高考试成绩 / 267

如何找到考试的最佳策略 / 271

如何缓解考试焦虑，提高抗压能力 / 276

第11章　未来职业规划

职业生涯规划 / 283
自我评估 / 287
如何向雇主推销自己 / 293
进入职场：如何找到合适的工作岗位并申请 / 297

第1章

THE Study Skills Book

踏上大学之路

为上大学做准备

上大学意味着你的生活将发生改变。这将是一段令人愉快的经历，会打开你的思路，但在开始的时候可能会令你望而却步。我们旨在通过本书揭开大学生活的神秘面纱，助你充分利用大学时光。

自我定位和决策制定是本节的主题，这些方法可以让你度过积极向上的大学生活。

自我定位和决策制定是一种反思过程。你在进步的过程中，要时不时需要重复这种过程，评估你的进步情况，并适时调整目标。下文所列的问题清单旨在让你精准发力，而不只是为了塞给你答案。答案取决于个人情况和性格特征，因为要想成功地把想法变成行动，这是由你来决定的，而不是别人。

制定目标

你是刚从中学或预科毕业的学生，还是毕业后工作了一段时间再来深造的员工？二者在大学里制定的目标可能会完全不同。但无论你是哪种类型，都可以问自己这样一个问题："五年以后和十年以后，我想成为什么样的人？"

为了回答这个问题，请先完成下一页的"练习：制定目标"。就算你无法马上回答所有问题，但是你也会因此开始思考生活中更深层次的问题，想一下该如何应对大学里所面临的挑战。

无论是对于刚毕业的学生，还是对于离开学习环境一段时间之后重返学校的人，大学生活的挑战大体上来说都大同小异。即便如此，每个人面对挑战的态度和行动可能截然不同。

> **❓ 练习：制定目标**
>
> 回答这些问题将有助于你制定上大学后的生活目标和学习目标。
>
> - 你的生活目标是什么？
> - 你的职业目标是什么？
> - 如果你不知道自己喜欢什么样的职业，那么上大学有助于你找到自己喜欢的职业吗？
> - 什么样的课程最有可能让你实现职业目标？
> - 什么样的课程组合能够让你的选择最多？
> - 大学会怎样限制你的选择？
> - 除了学位证书，你还想从大学生涯中获得什么？

学业方面应具备的技能

本书花了很大篇幅来讨论大学必须具备的技能，其中很多技能可能和中学或预科教育的要求不同。在开启学习之旅前，请做一次思想"审查"，譬如盘点自己的能力，看一看自己应该将注意力集中在哪些领域，以获得最大的收益。

请回答以下问题开启这段旅程。最后一道题是开放性问题，请查看本书目录，了解大学生活中要掌握的技能。有关该主题的更多信息，详细见第 4 章。

> **❓ 练习：你对大学了解多少**
>
> 1. 你对大学学习真正了解多少？
>   □非常了解　　□比较了解　　□一般了解　　□不是很了解
> 2. 刚进入大学的时候，你具备多少专业知识？
>   □非常多　　　□比较多　　　□有一些　　　□不是很多
> 3. 为了顺利毕业，你准备付出多大的努力？
>   □非常努力　　□比较努力　　□还算努力　　□不努力
> 4. 你必须要从别人那里得到多少帮助？
>   □非常多　　　□比较多　　　□有一些　　　□很少
> 5. 你觉得自己需要培养哪些技能？

你可以通过做以下事情来完善学习技能：

1. 报名参加合适的技能课程和研习会（例如，IT 技能课和高效的写作课）；
2. 阅读介绍相关指引和建议的课本，包括本书；
3. 根据个人需求，查找网络资源；
4. 向辅导员或老师寻求帮助，他们会免费提供公正和保密的服务；
5. 采纳考核中给出的反馈意见，并按照这些反馈意见行事。

学会自我照顾

如果你还没有长期离开过自己的家，那么上大学可能意味着你的生活方式会发生很大的变化。因此，你需要做出很多调整。你必须为自己负责，自己来决定过什么样的生活。

"自我照顾"涵盖了很多方面，包括养活自己、洗衣服、时间管理和交朋友。

你可能需要考虑学习以下一些新技能：

- 购物；
- 做饭；
- 学习如何使用洗衣机；
- 记得使用洗衣机；
- 时间管理；
- 有时间观念；
- 对有限的生活费做预算；
- 照顾好自己的身体。

如果和别人一起住，还需要共同解决一些问题：

- 保持宿舍的整洁；
- 公平分担宿舍的"家务"；
- 公平分摊宿舍开销；
- 不拉帮结派，不孤立某位同学；

- 在他人需要学习或者工作的时候，知道体谅并配合；
- 膳食偏好和禁忌。

思想上要独立

许多新生没有意识到这样一个事实：大学里没有人会告诉他们要做什么、什么时候学习，甚至要学习什么。特别是在头几个月里，学生很可能会陷入一种迷茫的状态。你需要自己制订计划来实现目标。

思想上要做好适应新的生活状态的准备。大学毕业后，可能会就业或者面临失业，你的生活方式和社交方式都会因此发生巨大的变化，如何应对这些变化？其中一个选择就是：假定自己在从事一份朝九晚五的工作，你每天早上离开家去"工作"，比如听讲座、上辅导班、实习或者自己去充电，直到晚上你才回来住。这样，你就可以充分利用白天不上课的时间。如果你有工作或社交活动，或者和别人约好一起去锻炼，那么请务必提前做好计划。

大学生活中的常见要求

大学通常是代代传承的大型机构，拥有悠久的历史和传统。但是学生们往往不清楚该如何适应这些传统，以及学校对他们有什么期望。本节概述了一些常见的要求。

一所大学的学术团体不仅包括授课老师，还包括管理人员、清洁工、门卫、秘书、技术人员和一系列在幕后工作的专业人员。在学习、自我管理以及社交的时候，你会和他们中的很多人打交道。他们将为你提供服务，但也希望你能够做一些事情，让学校顺利运作。了解他们的期望并尽力满足这些要求会让你受益匪浅。

与大学的管理机构联系

大学管理机制有时候看起来很复杂，但是实际上没有那么复杂。你要做的主要是多和管理机构联系。

- 在接受函中规定的日期和时间内注册（登记或报名）。
- 定期登录大学电子邮箱，并及时回复工作人员的邮件。有些部门只通过电子邮件来发布课程和日常事务。
- 养成习惯，定期查看学校、学院和课程布告栏上的通知，看哪些课程要用到大学的虚拟学习环境（VLE）。
- 如果生病了，请联系学校（学院）工作人员、课程组织者，告知缺勤期限。如果缺勤期限超过自行担保的正常期限，请提供超出期限的医疗证明。
- 如果要更改地址或其他个人资料，请尽快通知学校。
- 如果因必须要处理一些特殊的个人问题（例如亲人去世，所有这些信息都将保密）而缺勤一段时间，那么请告知学校（学院）工作人员或课程组织者。
- 按要求回复书面信息。

安排好自己的大学生活

大学是一个令人激动的地方，课余时间会开展很多活动。如何在学习和活动之间做出合理选择？你需要做到以下几点：

- 有效安排活动时间；
- 合理规划任务，不要超过截止期限；
- 兼职不宜过多（建议一周不超过 15 个小时）；
- 谨遵校规，比如，不要剽窃、上网文明、承担用网责任；
- 学习之余安排好社交生活；
- 平衡好工作、学习、社交生活和其他家庭责任之间的关系。

学习新技能

大学学习通常要求学生以不同于中学或工作中的方式去学习。所以，你必须愿意自主学习新技能。例如，你应该：

- 提高现有技能；
- 愿意掌握新的学习方法；
- 培养分析能力；
- 学会有逻辑地思考问题，能够看到问题的双面性；
- 愿意以开放的心态来挑战现有的观念，并接受新想法；
- 准备好用批判的眼光来看待信息和观点。

合理规划学习

大学课程具有挑战性。学习领域不同，课程的教授方式也会有差别。一方面，你必须要参加一些讲座、课外辅导、实验操作或其他实践性课程；另一方面，还要为这些课程做好准备并且积极参与。某些科目会同时评估这两个方面，即使没有人明确指出这一点。你需要完成以下事情。

> **我需要学习多少东西**
>
> 这个问题很常见，但答案取决于很多因素，包括学生的能力和课程性质。官方机构认为，以一个学期为限，全日制学生每周的学习时间应该为 40 个小时。这个数字包括接触时间（例如，讲座、课外辅导、实践课等）和非接触时间（例如，阅读、参加评估和考试）。

每天

- 为讲座和其他学习活动做准备，阅读相关背景并打印演讲笔记或 ppt 演示文稿，它们会在讲座中用到。
- 参加讲座和其他活动，并做笔记。
- 遵守安全手册上面的规章制度，特别在实验室、实地考察，以及使用 IT 设备时。

每周

- 跟上讲座或其他活动的进度。为此，可以做补充阅读、学习案例、复习和浓缩笔记。
- 积极参与各种形式的教学和评估活动。为此，可以提问题和回答问题。
- 充分利用在线教材和其他设施。例如，每周多查看几次虚拟学习环境（VLE）模块，多留意公告并参与讨论。

其他场合

- 参加课堂辩论、年度会议和正式评估。
- 与辅导员一起参加所有会议——必须准时。
- 按时交作业。
- 根据课程要求，参加实地考察活动（请记住，你必须把这一项活动计入预算）。
- 在规定时间内报名考试。
- 按照要求提供课程反馈，例如在线或在课堂上。
- 如果你在课堂上或在学习中遇到什么困难，请告知学习咨询服务中心（或称学习支持中心）的课程主管、学习顾问或个人辅导员。有关这些服务的信息通常可以在大学网站上找到。

适应大学管理制度的小贴士

◎ **把上大学想象成搬到一个新的社区去住。**每一所大学都有它自己的文化和惯例。虽然在最开始的时候，你可能会有很多不懂的地方，但是你需要的信息通常可以在某个地方找到。可以先从大学的网站上开始找。在大学主页上，你可以使用搜索工具或A~Z索引（字母索引导航）找到所需内容。

◎ **独立思考。**大学不像中学，别人一般不会告诉你该怎么做、该什么时候去做，需要你自己根据课程手册中介绍的步骤来合理安排时间，以达到课程要求。

◎ **如果有任何疑问，请提出来。**如果你不知道要找谁、需要做什么、什么时候做，你可以问学院秘书或行政人员——他们通常是"移动百度"，拥有海量信息。

◎ **和别人合作。**你可能会发现自己不理解某些课程材料，但是不要担心，其他人可能和你同病相怜。所以，可以问问周围的同学，和他们讨论自己遇到的困难。你们通过合作，可能会找到答案。如果还不行，可以向讲师或辅导员寻求帮助。

◎ **如果需要帮助，请尽早提出来。**如果你的个人问题开始干扰学习，请向最适合的援助中心寻求建议。最好在事情还不严重的情况下就寻求建议，不要让小问题升级为大问题。

大学的教育方式

了解大学与高中的差别会大有裨益。如果早期阶段就能够认识到自己要对学习负责，那么你会更容易适应这个新的学习环境。

大学与其他教育环境之间最大的区别在于，大学里面的班级往往比中小学阶段的班级要大得多。一场讲座有 250 ~ 300 人参加，这种情况在大学里面再平常不过，特别是刚开学的时候。你"孤身一人"处在人群中的说法可能听起来自相矛盾，但这也是事实。从某种意义上来说，你对学习掌握主动权。虽然一些教学大纲做出了诸多规定，但是没有人真的会拿个小鞭子在你屁股后面追着你学习。你是否做好了上课准备，你有没有去上课，你能不能按时完成任务，或者你在其他方面能不能做好，都没有人会管，你也不会受到很多监督。

虽然大学里的大多数学院不会监督学生的课堂出勤情况，但也有例外。例如，如果你必须达到大学的要求才能获得该专业资格，那么全勤通常是你通过这门课程的一个必要条件。有些大学有时会在线记录出勤情况。

教学方式

高等教育和其他教育有很多不同之处。高等教育究竟有哪些不同之处？表 1–1 比较了中学、大学和工作场所在一些关键领域的异同之处。如果你能在学习之初就意识到这些差异，你将能够更好地适应它们。

表 1–1　　　　　　　　　　　　　大学究竟有哪些不同之处

比较方面	中学	大学（高等教育）	工作场所
管理者	教学人员	各学院（文理学院）/部/院/系	部门管理层
出勤	强制，受监督	自愿，依照纪律，受到不同程度的监督	自愿
课程	每堂课40多分钟	每堂课一到几个小时（典型讲座时长为50分钟）	会议：15分钟到3小时
信息发布	• 每日公告和通告 • 布告栏 • 电子通告方式	多数是电子通告方式： • 网页 • 虚拟学习环境（VLE） • 电子简讯 • 课程手册	多数是电子通告方式： • 网页 • 通告 • 电子简讯 • 员工手册
学生在一个班所处的位置	• 一群学生中的一员 • 小班 • 同学之间知道名字	• 很多学生中的一员 • 大班，可能有几百人 • 同学之间不知道名字	某个机构中的一员，每个人都有自己的级别
要求学生做什么样的准备	• 定期交作业 • 完成课堂作业	• 提前阅读资料，围绕主题展开研究 • 很大程度上是自学	• 阅读会议记录和相关论文 • 有时候会做简单的讨论，以了解情况
教学输入	• 学生受控于老师 • 老师给反馈	• 在讲座中，学生受控于讲师 • 在课外辅导、实践课和实验中，学生受到的控制较少 • 基本没有反馈	• 员工受控于公司 • 公司内部安排培训项目，并不一定由专门的老师来授课
教学策略	• 老师呈现新的学习内容，通过检查批改学生作业，来帮助学生巩固新知识 • 在后续的课程中，进一步帮助学生巩固新学的知识	• 在讲座中，师生的对话一般很少 • 讲师很少回答问题 • 在课外辅导课和实验课上，规矩少一些，互动多一些	• 开放式学习 • 在职：同伴指导

续前表

比较方面	中学	大学（高等教育）	工作场所
学习要求	● 节奏慢 ● 死记硬背 ● 答案可能就一句话，句子非常短 ● 老师出正确答案	● 节奏非常快 ● 学生需要独立思考	● 节奏多变 ● 持续的专业发展要求（迫于年度考核的压力或者员工有很强的上进心）
书面作业	● 重复课上教授的内容要求 ● 基本不需要创造型思维	● 学生需要证明自己已经了解教学大纲的内容 ● 求学生独立分析问题，特别是高年级学生 ● 期待原创性	批判性思维具备相当的书写能力来描述清楚事情的来龙去脉，内容要简洁明了
展示要求	● 明确表述想法 ● 通常不太关注拼写、重音和语法	● 可能对拼写、重音和语法错误做出相应惩罚 ● 必须对文字进行处理	● 按照部门风格，要求内容和展示百分百正确 ● 偷工减料的工作会被打回修改
学习资料	● 内容丰富多彩，一眼就能看出要讲的内容 ● 文字较少 ● 句子完整，特别是早期阶段 ● 图书馆资源有限	● 传统教科书 ● 期刊资源 ● 网络资源 ● PPT或课堂讲义 ● 图书馆资源丰富，可以在线访问很多期刊	● 公司内部图书馆或档案 ● 开放式学习或远程学习
评估流程	● 一个词或者简单的几句话 ● 老师给出反馈	● 本科生阶段很少进行初审 ● 只有一次提交作业的机会 ● 不可以就分数与老师讨价还价	
考试策略	● 国家考核，针对大纲，考课上教授的内容 ● 基本不需要创造性思维 ● 外部组织 ● 作业构成评估的一部分 ● 同一年不可以补考	● 内部考试，可能决定最终是否能被授予学位 ● 内部组织，外部考官监督 ● 可能涉及持续评估 ● 在早期学习阶段可以补考	专业机构可能要求参加外部考试

注：大学是一个特殊的学习场所。对于在学习期间遇到的事情，每个大学生的认知都会不一样，而且这些认知可能会受到早期学习经验和环境的影响。该表列出了三种学习环境的关键方面，以及每种环境的学习情况，可以帮你更好地了解它们的异同。

既然你选择上大学，那就要多了解一些它的教学方式。它与中学的授课方式可能截然不同，一个科目可能由几位讲师授课，一位讲师可能做两三个讲座，然后由下一个讲师继续讲。通常情况下，一个班的人数很多，上课时间紧，与中学或工作场所的学习环境相比，大学课上讨论的机会比较少，学生提问的机会也比较少。

当然，大多数讲师都愿意在自己和学生彼此都方便的时间里见面，讨论课程。但是你应该先迈出这一步——如果你在上课时什么都不说，讲师就默认你什么都懂了，不会过多地关注你。不过你还是有机会提问的，例如，在实验室课上和课外辅导课上，你都有机会提问。

评估体系

大学里的评估体系确实很不一样。在大学期间，作业一定要在截止日期前提交。讲师和其他教学人员不会定期事先查看要提交的作业。你只有一次提交机会。有些学生习惯先交一个草稿让老师看一下，有的时候可能多交几次作业。这类学生要适应大学的提交方式。此处的建议就是，不要养成之前依赖的习惯，你可以寻求同龄人的支持，接受并适应这种新的方式。阅读对方的作业并做出评价是一个双赢策略。同时也可以请家人阅读你的作业。

在大学里，分数通常是没有商量余地的。然而，在有些学校里，学生可以要求改分数。如果修改流程遵循内部审核的方式，那么你就面临一个潜在风险，即第二个评分人给的分数可能会更低，而且这个分数可能会记录在案。如果你觉得自己的成绩并不是作业所应得的，请和该评分老师预约时间，讨论自己哪些方面还需要提高，这样你的下一份作业会做得更好。这种方式可能更可取。

学会学习

如今，学习被看作一项终生活动，所以学会学习是一项最基本的任务。那么，首先你要培养独立思考的能力，也就是说，不能人云亦云，不能一味地接受教科书的内容，也不能照单全收世界权威机构的观点。

大多数问题都有很多方面，学习如何判断它们的优缺点是学生需要具备的一项关键技能。随着学习进步，你会发现自己的这项能力在不断完善，直到它变成你的第二天性。这样你才能够在毕业求职的时候，具备独立思考的能力，在求职者中脱颖而出。

你还需要根据自己喜欢的学习风格、课程内容和老师的授课方式，来调整你的学习方式。

另外，你还需要多动脑筋思考在大学里听到和读到的东西。讲师们为了证明问题的复杂性，通常会给出很多观点或想法。请对其提供的所有论证加以分析，选出最具说服力的观点。

适应大学授课方式的小贴士

兼收并蓄，开动脑筋。每个人在入学的时候，都具备一定的技能和知识储备。然而，读大学期间，你不仅要回顾旧的价值观，还要探索新的领域和发掘新的观点。最重要的是，以开放的心态来开展这次新的学习之旅，要批判性地探索各种观点——可能意味着你需要质疑自己现有的观点和理解。

◎ **跟上进度。**大学的教学节奏非常快，所学东西也不会重复；可能让许多学生措手不及。通常情况下，学校希望你在早期阶段就能够了解所要学习的内容。没有人会监视你在做什么，你很容易就把这段学习过程给忽略掉，从而影响以后的学习和考试。

◎ **合理安排时间。**这一点至关重要，这样你才可以平衡好社交、兼职与学习之间的关系。

◎ **如有疑问，请提出来。**自己主动弄清楚所有课程材料和学校的要求。如果有疑问，请咨询讲师或辅导员——你可能需要预约。许多讲师在办公室门口会贴上咨询时间，你可以随时去看。或者，你也可以发一封电子邮件给讲师，沟通好见面时间。

◎ **做好自己。**思考一下自己想要从大学中学到什么，以及你需要付出什么才能实现这一目标。不要被那些态度懒散的学生影响。如果他们想要放松，那是他们的事。此外，也不要被假装不爱学习的人骗了，这些学生喜欢偷偷下苦功。坚持你的个人职业道德，在你合适的时间内认真学习。

培养学习的关键技能

如果有人问你，你在大学学到了什么，这不仅是在问你学了多少专业知识，还问了你在以后的工作和生活中能用到多少所学的知识。本节概述了一些你今后可能会用到的个人可迁移技能。

雇主们找的不仅是化学家、历史学家或工程师，他们对应聘者有更高的期望值，他们要招的毕业生能够在不同情况下熟练应用一系列技能。这些技能通常被称为"个人可迁移技能"或"关键技能"。基本上分为两种类型：专业技能和通用技能。专业技能通常是在专业课上学来的；而通用技能在各个科目都可能用到。

关键技能领域

可以向雇主提供你的学位（或学历），以及你已经具备工作所需的一系列专业技能和知识的证据。然而，证明你还拥有其他可迁移的技能可就没那么容易了——特别是如果你都不知道这些技能是什么的时候。表1–2列出了五项关键技能领域，其中就有可迁移的技能，这五项关键技能领域分别是：

- 个人发展技能；
- 人际交往技能；
- 沟通技能；
- 专业技能；
- 知识性技能；

无论你是制订个人发展规划（PDP），制作简历（CV），还是向面试官概述目前为止你已经具备的技能，都可以参考此表。

表 1-2　　　　　　　　　　　　　　　五项关键技能及特征

个人发展技能		
自信： ● 同意/反驳别人的观点 ● 和别人打交道 ● 有礼貌地对别人提出要求 ● 承担风险	自我发展： ● 具备国际视野 ● 认识到环境问题 ● 处事灵活 ● 培养自信心 ● 自律 ● 按时交作业 ● 设定个人目标 ● 培养创造性思维 ● 抗压能力强 ● 积极适应变化	生存技能： ● 平衡工作/学习/家庭/朋友之间的关系 ● 构建人脉：社会和工作 ● 烹饪 ● 家庭管理技能 ● 实施基本急救 ● 保持健康的生活方式 ● 预约 ● 合理安排出行方式 ● 安排住宿 ● 善于理财

人际交往技能		
交往： ● 参加社区活动 ● 了解不同文化 ● 自律 ● 与他人合作 ● 培养解决问题的能力 ● 承担责任 ● 自信 ● 加入团队	团队协作： ● 主持会议 ● 言出必行 ● 展示忠诚度 ● 与团队成员合作 ● 建立团队 ● 给出指令 ● 给予/接收反馈 ● 激励他人 ● 谈判 ● 加入团队 ● 利用合理的论点/证据来劝说别人 ● 达成和解 ● 言语简明扼要	管理/领导能力： ● 成为领导者 ● 有效地管理资源 ● 设定会议目标 ● 合理管理时间

沟通技能		
视觉和听觉： ● 使用设计技巧 ● 制作PPT并演示	书面： ● 学术写作 ● 工作不出错	口头： ● 与不同的人开展正式/非正式对话

续前表

沟通技能		
• 制作海报 • 倾听别人的意见	• 制作简历 • 撰写往来函件 • 撰写正式文章/论文 • 制作海报 • 撰写产品评估报告 • 撰写项目/技术报告 • 撰写会议纪要 • 用文字描写某些特殊情境	• 自信地交流 • 展示案例/项目 • 正式/非正式辩论 • 在会议中参与对话 • 电话沟通或谈判

专业技能		
数字方面： • 处理数据 • 制作数据报告 • 读懂数据 • 展示数据	计算机技能： • 管理数据库 • 桌面排版（用计算机和专门软件为书刊等排版） • 使用键盘 • 文件存储 • 制作图表 • 处理统计数据 • 文字处理 • 使用电子表格 • 搜索网页	专业/创新： • 对美的鉴赏 • 富有创造力 • 会开车 • 使用与工作相关的技术

知识性技能
解决问题的能力： • 分析 • 收集数据 • 批判性思维 • 反思学习效果 • 制定适合个人学习风格的学习策略 • 评估信息

续前表

知识性技能
● 提出新观点
● 组织和策划
● 制定解决问题的策略
● 客观推理
● 重新设计和调整
● 研究
● 合理安排任务
● 着手职业规划
● 总结信息
● 工作积极主动

上述列表相对全面地列出了我们通常所说的个人可迁移技能或关键技能。选出所有你认为自己已经具备的技能，然后再选出所有你认为在大学里可以或需要进一步提高的技能。

有时也使用以下术语来定义在大学里应该掌握的技能：

- 核心技能；
- 就业能力；
- 学习方法；
- 硬技能和软技能；
- 个人技能；
- 个人可迁移技能。

如果用这种方式评估自己的技能，请将它们汇总成三个列表：

- 你已经具备的技能；
- 你想进一步发展的技能；
- 你完全不具备但想习得的技能。
- 你在制订个人发展规划的时候，请将这些技能汇总。

作为一名大学生，你应该将各种技能汇总，这样就可以知道在毕业前夕需要不断培养的专业技能和关键技能，以增强你对未来雇主的吸引力，从而创造一个更加美好的未来。

我们将在"未来职业规划"部分更加全面地探讨"毕业生"和"就业能力"的概念。

> **案例学习：关键技能**
>
> 某家慈善机构曾经招聘一名工科研究生来负责为发展中国家提供清洁水的开发项目。该机构要求应聘者具备几项关键技能：能够自己开展工作、拥有良好的人际交往能力和谈判能力、知道如何与现场的政府部门打交道，并能够提出成本低且行之有效的解决方案。获得该职位的学生曾经在体育活动中心担任过体育指导员（领导力和人际交往能力）；在电气零售商的客户服务台做过兼职（谈判能力）；在整个大学期间，他为了避免累积巨额贷款，将预算保持在一个很低的水平（解决问题和预算技能）。

提高技能的小贴士

请参阅课程手册，了解关键技能。这些手册可能会重点讲述习得和发展技能的机会，还会提到就读大学的术语和科目术语。

◎ **找到有助于提高技能的课外活动和经历**。将这些细节写入简历中。

◎ **选课时，别忘了考虑技能因素**。例如，不要仅仅因为某个科目"很简单"就选择它，所选科目要能够提高你的技能。

◎ **报名参加研习会和培训课程**。你随时可以通过参加以下课程和研习会来习得新技能或者实践所学技能，比如急救课程、IT研习会、短期语言课程和辅导课等。

第 2 章

THE
Study Skills
Book

学会自我管理

个人发展规划

在制订个人发展规划的时候，你需要反思你的学习情况、表现和成就，这个过程将有助于你合理规划个人生活、教育和职业生涯。

如果能够想清楚自己要在大学做什么，并且了解这将如何影响就业和职业发展，那么你会获益良多。为了帮助你完成这个过程，你可能被要求参加学校（或学院）组织的个人发展规划活动。针对具体的流程，各个学校可能有不同叫法，但是结果通常大同小异：你将被要求完成某种形式的个人发展规划（PDP）。许多认证学位的专业机构鼓励学生参加个人发展规划活动，并且大多数学位认证项目在积极引入个人发展规划课程。

个人发展规划的内容

个人发展规划的目标包括：

- 记录你的才能、成就和技能，并监测它们的发展情况；
- 阐明个人目标和职业目标；
- 充分了解要学的东西和学习方式；
- 设定个人目标和学习目标，并评估实现进度，为自己的发展负责；
- 提高就业能力；
- 求职时，将个人信息汇总至个人简历中，并汇总各类证据；
- 针对所选职业领域开始进修。

一些研究表明，参加个人发展规划活动的学生，在学术课程上的表现要优于不参加个人发展规划活动的学生。参加过个人发展规划活动以后，学生的学习动力更足，自我认知更清楚，对"就业能力"和职业选择的理解也更加到位。

个人发展规划过程通常包括以下要素。

- 思考：思考现状；了解自己的兴趣点、优劣势以及希望取得什么样的进步。
- 规划：你的目标是什么；为了实现这一目标，你需要具备什么样的技能和知识，以及如何获得这些技能和知识。
- 行动：设定大目标和具体的小目标，并且监测实现进度。
- 反思：评估所取得的成就。为了在个人、学业和职业的发展，你还需要在哪些领域做出努力。

该过程可以被看作一个自我审视的持续周期，而不是一次性就能完成的事情；大学的个人发展规划课程鼓励学生实践这一过程，并提供相应的机制，让学生记录想法和进度。

准备进度文件夹

准备你的个人发展规划文件夹，它通常类似于进度文件夹，主要包括以下所有或部分内容。

- 学习成绩单。它持续记录了学生就读期间所有的成绩，通常详细记录了大学生正在学习和已经学完的科目，以及获得的分数或等级，还可能包括一系列评估过的技能和其他成就（例如，参加安全课程或实地考察，或参加 IT 入门培训）。成绩单的风格和内容将取决于所在大学用来记录成绩的机制。
- 作品集。它是用来支撑个人发展规划和简历的证据。可以用纸质版或电子版的方式来保存它们。依照所选专业和科目，它可能包含你完成各项任务后所取得的成果，比如：撰写论文；论文综述；制作海报；分析问题；项目研究报告；设计和艺术品；实践报告；实地考察项目报告；使用 IT 和软件的证据，比如一份完整的电子表格。你可以用这些证据来审视自己的成就和目标是否达成，也可以将它们展示给雇主，来证明你的技能和能力。
- 个人发展规划。它涉及一系列分析，即自我认知、回顾之前的经历以及思考以后的打算。有些大学会安排井然有序的流程来帮助学生，比如，制定一个体系。利用这个体系，学生可以评估自己在不同领域具备什么样的能力和技能，并看一看这些能力和技能已经发生了哪些变化，以及今后要有什么样的改变。之后，学生设定自己在下一次自省之前需要达成的一系列短期目标（可以自己设定，也可以和辅导员讨论以后再决定）。
- 职业规划要素。目的是让你尽早考虑未来的职业选择，了解实现目标需要具备的才能和资质。
- 一份不断完善的简历。上述进度计划的内容都会写入简历当中，你最终会把简历交给雇主。通过将焦点集中在这一份终端产品上，你能够很好地评估学习和课外活动的相关性，更清楚地了解如何告知别人你所具备的技能和能力（简而言之，你能够为此提供什么样的证据）。

准备一份有针对性的简历

在制订个人发展规划的过程中，你可能会制作一份"通用"简历。但是，还有一点不容小觑，那就是在申请某个具体职位的时候，你还要制作一份有针对性的简历。制作该简历时，你可以保留通用版本上的相关内容，只做适当调整即可。

大学、学院或者学位不同，汇总进度文件的要求也不同。有些个人发展规划模板可能关注个人可迁移技能，而有的则关注职业规划。很多专业机构会规定内容和展示方式。有些个人发展规划主要由纸质版内容构成，包括工作表、文件、报告和计划；而有些则是电子版，你只需要把资料上传到服务器，就可以在线访问或者编辑。

回顾过去，展望未来

请回答下列问题。记下答案，了解各个领域存在的机会和目标。表2-1可以帮助你理清思路。

- 你的志向和目标是什么？可将其分为三个阶段——长期、中期和短期。
  - 十年以后，你想拥有一份什么样的职业？
  - 你需要一个什么样的学位才能踏上职业阶梯的第一个台阶？
  - 你能够在本年度采取哪些步骤来完成既定的学业目标？

- 你有什么样的兴趣和动力？虽然有些人的个人兴趣只是"爱好"，但是有些个人兴趣则会发展成一份"职业"。后者会促使你选修一些科目、学位课程，甚至是做一份事业。和兴趣一样，激励因素对你来说非常重要。有些激励因素和职业直接相关，而有些和职业只是间接关联。你可能想发财、想帮助比你穷的人、想教书、想治愈他人、想从事动物保护工作、想拥有朝九晚五的生活，或者想养家糊口。要了解这些因素不是那么容易，但是，一旦做到，你将能够开辟一条更加令人满意的教育和职业道路。
- 你在学习中和参加课外活动时能够学到哪些关键技能？你还可以通过查阅课程手册或质量保障局网站上的课程标准介绍，来了解可以学到的技能。请将习得新技能的机会加入规划当中，比如，通过参加研习会，来了解如何使用一款新的软件包。
- 你有哪些个性特征和个人素质？它们对你的未来有何帮助？请完成一份个性评估表（或与大学个人发展规划内容类似的评估表）。你评定的才能和未来的职业道路有什么关联？
- 你的学习风格是什么样的？思考清楚这一点，能够让你成为更加优秀的学习者。

表 2–1　　　　　　　　　　合理规划和总结个人发展规划内容

姓名：　　　　　日期：

主题	当前状态	行动方案	目标日期	备注
长期目标				
中期目标				
短期目标				
主要兴趣和动力				
关键技能——优势和有待提高的领域				
重要的个性特征和个人素质				
首选学习风格或偏好				

个人发展规划的小贴士

定期查看个人发展规划。在每个章节（也可以是一个话题、学期、科目或学年）学完以后，请查看个人发展规划，审视所写内容，适当更新计划。

◎ **和他人讨论你的规划。** 与尽可能多的人，比如辅导员、教职工、朋友和家人等，讨论你的选择和机会。和他们谈一谈你的感受，这将有助于你理清思路。他们提供的任何反馈或建议都会对你很有帮助。

◎ **制定目标。** 在学习每个新科目之前，想一下你在之前的课上以及过往经历（比如假期兼职）中学到了什么东西，然后制定一些新的目标和计划。不要好高骛远，但是也不要害怕失败。只要在朝着目标靠近，你就会有所收获。没目标才麻烦。

学会时间管理

有效地管理时间在大学生涯中至关重要。本节给出了一些建议，帮助你合理规划各项活动，专注于重要的任务。

成功的人大多能够在正确的时间做正确的事，并且能够快速实现目标，他们知道完成任务的诀窍。简而言之，他们拥有良好的时间管理技巧。像其他技术一样，时间管理也是一项有待开发的技能。以下是一些简单的惯例和建议，可以帮助你合理安排课程、理清先后顺序、按时完成任务。请衡量以下建议，然后根据个人需求和个性，找到最适合的方法。

作为一名学生，你需要平衡学习、家庭、工作和参加社交活动的时间。虽然可能没有太多人干涉你做决定，但是做决定仍然是一项颇具挑战的任务。

制定日程表、时间表和计划表

显而易见，有条不紊地规划活动是有效利用时间的好方法。请用日程表或计划表来记录日常活动的安排（例如讲座、运动、活动），千万别忘了提交作业或完成任务的截止日期。

- 从关键日期往回写，写下节点，比如"在图书馆查阅论文用到的所有资料"或"准备初稿"等。
- 定期查看日程表或计划表，让自己不脱离轨道，并且制订好每天和每周的计划。请在前一天晚上查看第二天的活动计划、一周结束时查看下一周活动计划，养成习惯。如果你的日程表是按"星期"来布局，那么你就可以看下周的计划。
- 为每周编号，如果时间跨度很长（如一个学期），你就可以知道时间是怎么过的。
- 对于一些关键时间，例如，学期考试和作业提交日期，可以考虑用"倒计时"的方式来为每周编号①。

如果你有一个大任务需要尽快完成，那么请制作一份详细的学习时间表（例如，考试复习、需要写篇幅很长的报告、需要写文献综述）。你可以：

- 将一个大任务分解成小任务；
- 在完成一个小任务以后，休息一段时间，再去完成下一个小任务；
- 在你感觉最清醒的时候（如上午），安排一些重要的活动。

时间表的一个优点就是，你可以看到自己的进度。你每完成一个小任务，请把它划掉或者突出显示。通过合理安排时间，你可以：

- 按时完成任务，而不会错过截止时间；
- 减少压力，因为进度在你的掌控之中；
- 轻装上阵，充分发挥潜力；
- 对自己的应对能力更有信心；
- 避免做重复工作，而且不需要一次完成多项任务。

合理规划对于完成大型或长期任务尤为重要，因为在最后期限看起来还很遥远的时候，你可能很容易养成"拖延症"的习惯。

---

① 例如，倒数第几周。——译者注

列清单确定优先顺序

一次要完成多项任务并不是一件容易的事。请每天将这些任务写在一个列表中,以免在完成任务的过程中,漏掉一些任务。你还可以看到需要完成哪些任务,更好地确定完成的先后顺序。

列完清单以后,你就可以将这些任务编号排序,按"重要和紧急"到"不重要也不紧急"的顺序开始排(见图2-1)。"重要"这个标准取决于诸多因素。例如,你的目标、每项评估的分数比例或提交日期。

每天应该尽最大的努力来完成列出的任务,从第一个开始,完成得越多越好。如果每天都可以完成清单上列出的任务,那么完成每项任务的过程会让你越来越自信。如果在晚上的时候,名单上所列的任务几乎完成了,那么你就会有一种满足感。此外,一旦优先任务得到解决,你也就不会那么紧张了。

将任何未完成的任务添加到第二天的任务列表中,并加上新任务,完成它们。但是,请先做完前一天未完成的工作,然后再完成当天新的优先任务。否则,那些未完成的任务会被一直拖下去。

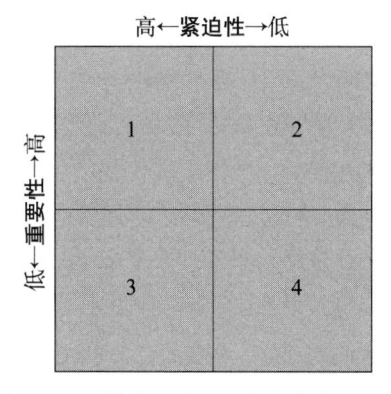

图 2-1 用紧迫-重要法来确定优先顺序

依照其重要性和紧迫性,将每项活动放入坐标轴中。请先完成第一部分的所有活动,然后依次是2、3、4。

决定优先事项涉及区分重要活动和紧迫活动：

- 重要性就是指评估任务完成带来的收益和任务未完成而造成的损失。
- 紧迫性与任务完成的时间长短有关。

例如，在正常情况下，洗衣服既不是非常重要也不是特别紧迫的事情。但是，如果你已经没有干净的换洗衣服，那你就得重新做决定了。因此，优先事项不是一成不变的，你需要反复评估。

在日常工作中培养良好习惯

许多人发现，每天／每周在特定时间做特定的事情有助于及时完成任务。你可能已经养成了这个习惯，比如每周二早上洗衣服，或者在每周日下午走亲访友。鉴于此，将工作相关的活动变成日常工作也是有用的，例如，每周一晚上都去图书馆预习下一节课要学习的内容。

良好的工作习惯有助于时间管理。

- 在工作效率最高的时候做重要的工作。大多数人可以说出自己状态最佳的工作时间（见表2-2）。当你找到自己的最佳工作时间时，请在你最清醒的时候学习；在你最疲劳易困的时候做一些日常活动。
- 充分利用碎片化时间。使用非高产时间，例如通勤中或睡觉前，记下想法、复习或制订计划。要做到笔记本不离手，时刻记下自己的想法。
- 将文件归档。如果文件保存得很合理，你就不需要浪费时间寻找下一步所需的东西。
- 始终有计划。项目不顺利的原因通常是没有计划。无论是要写一篇文章，还是要写一篇报告或完成一个项目，都要制订计划。这样有助于你清楚地了解进度。请写一个相当详细的计划，而不只是几个标题。长远来看，这将为你节省时间。

请在表2-2中，为你在不同时间段的清醒度和学习效率打个分（总分为10分）。

表 2–2　　　　　你在哪个时间段效率最高

时间段	清醒度打分
8~12 时	
12~16 时	
18~22 时	
22 时至次日 2 时	

如何避免拖延症

时间管理中最难的一部分就是开始动手做，拖延太容易了，比如：

- 说服自己先做相对来说不太重要或紧迫的工作；
- 老是换任务，导致所有任务都没有太多进展；
- 老是光说不练；
- 规划时间太长，却迟迟不肯动手做；
- 要写东西的时候，迟迟不肯下笔（有"写作障碍"）；
- 将多数时间花在展示性的东西（如封面或图表）上，而不太关注项目的"肉身（即有趣且重要的内容）"。

简单来说，拖延症是指将计划执行的任务推迟到后面执行。诗人爱德华·杨（Edward Young）写道："拖延就是浪费时间。"有一类拖延症和取代活动相关，因为它可以帮助你避免困难或自己讨厌的任务。例如：

- 你真的需要先查看并且回复完所有信息和电子邮件，或者更新社交网站上的状态，然后才能开始工作吗？
- 你真的需要看完电视节目，或再花一段时间玩电脑游戏？
- 为什么你今天晚上要做饭，而不是吃快餐？这样只会推迟学习时间。
- 既然一个简单的图表就能够让你继续接下来的任务，那你为什么还要画一个非常完整的图表？
- 为什么你很想和朋友聊天，而不愿意去图书馆？
- 购物改天也行，但是你为什么一定要今天去？

想要预防拖延症，特别是避免取代活动行为，你先要认识到自己的潜意识在做什么。你需要有意识地抵制这种个性，比如，分析自己的行为，设定任务完成时间或其他目标。你还要为完成这些目标制定"奖励"政策，以诱惑自己达到这些目标。例如，当我写完下一节以后，我可以休息一下；写完200字以后……

你还可以列出需要完成的任务，并将其按照"立刻""一会儿"和"稍后"分类。一定要让自己坚信，只有先完成"立刻"列表里面的任务，然后再开始"一会儿"和"稍后"类别的任务。千万不要觉得自己要是能把小问题先解决了，脑子里就只会关注大问题——这样的想法只会让你总是先关注那些不那么着急解决的问题。

延迟完成任务本身就是拖延症的一种形式，也是时间管理的另一个难点。对长期饱受完美主义困扰的人来说，这是一个特殊的问题。良好的时间管理者能够认识到什么时候该完成什么任务，即使任务没有处于"完美"状态。在大学里如果能够认识到这一点，你的注意力会分配得更加得当，而不是为了把某一项任务做到"尽善尽美"，完不成其他任务。做好多项任务（也许"不完美"）要比只"完美地"完成一项任务要好。

以下是开始执行并准时完成学习任务的十大建议。

1. 改善学习环境。你的注意力和集中度将取决于学习环境。

- 学习场所要整洁。虽然整理东西可能是拖延症的一种症状，但一般来说，你更容易在一个空的书桌上和整洁的房间里开始学习。
- 减少噪音。有些人可能喜欢背景音乐，而其他人却不喜欢。但是，通常情况是，正是其他人制造的噪音打断了你的思路。解决方案或许是你去一个安静的地方学习，比如图书馆。
- 逃跑。为什么不把你需要完成的所有任务带到一个可能没有人打扰你的地方去完成？如果在这个地方，完成任务是你唯一能做的事情，那么你的注意力会非常集中。所以，你只需要带上需要的纸和笔，还有资料就可以了。

2. **避免分心**。一旦朋友找你，你就很容易放弃自己正在做的事情，所以你必须有礼貌地拒绝他们的邀请。挂一个"请勿打扰"的小牌子，并向朋友解释原因；找一个安静的地方，不告诉任何人你在哪里；关机、关电视、关闭电子邮件程序。还有一个策略就是，你可以对朋友说："我现在不能来，半个小时以后如何？"

3. **在注意力最集中的时候猛冲**。你之后可以稍做休息，比如，散会儿步，然后再重新开始工作。

4. **找到开始行动的方法**。打破初始障碍至关重要，万事开头难。这个问题在写作时极为常见，因为有的人总认为文章的开头需要一个令人印象深刻且"极富感染力"的句子。这样做其实没必要，从简单的定义开始或重述问题是完全可以接受的。如果缺乏开始动笔的动力，那就从大局着手：你要拿到学位，要找工作，而完成当前这个小任务是实现这些目标的必经之路。

5. **关注积极面**。你可能对自己的表现和结果过于担忧，甚至影响你开始做事情的状态。例如，要考试或要做公开演讲了，很多学生会非常紧张，甚至不知道该怎么做准备或者做准备工作的时候一拖再拖。克服该困难的一种方式就是练习，比如，组织模拟考试或先让朋友当听众。关注积极的方面，即关注你知道的事情，而不是未知的事情；或者，你想告诉人们好结果，而不是那些尚没有答案的事情。

6. **写作的时候，不要按顺序写**。文字处理软件会帮助你按照顺序来排版，从而加快进度。因此，对于大型报告，你可以先从"机械"部分开始写，例如参考文献列表或结论部分。有时候，你还可以先写综述、摘要或目录，这样你就有了一个工作计划。

7. **分解大任务**。如果你因为任务量太大而不知所措，甚至影响你开始动手做这件事，那就将这个大任务分解成可管理且可实现的一个个小任务。然后，每天尝试完成一些小任务。这样你就能够把这些小任务都慢慢完成。最后，这个大任务自然而然也就完成了。

8. **和小伙伴并肩作战**。如果你是和小伙伴一起学习，那么你们可以为彼此打气，比如向对方表示理解，给对方讲笑话，或承诺在学习一段时间之后喝个小酒或休息一会儿。

9. **请求帮助**。你可能会觉得自己缺乏一种特殊技能来完成某项任务（例如，数学、拼写或者使用软件程序的能力），而且知道它已经阻碍了你的进步。请不要害怕向他人寻求帮助。与其一个人自怨自艾，还不如咨询同学、讲师或技术顾问，或上网查找解决方法。

10. **不要过度追求完美主义**。我们都想把事情做好，但做到最好需要花大量时间。我们应该合理分配时间，这样所有的任务才能够得到公平的时间分配。如果你觉得自己最开始的努力一定要完美无瑕，那么这种完美主义可能让你迟迟不能开始执行这项任务或让你的工作滞后。此外，做到尽善尽美并非是一蹴而就的事情，它是一个循序渐进的过程，需要长期的付出。你离完美越近，你的回报就越少。与其花时间把事情做到最好，还不如将这些时间用在更好地完成下一个任务上。

时间管理的小贴士

投资有利于时间管理的东西。比如，日程表、壁挂计划表、带日程表功能的手机、闹钟等，然后使用它们！

◎ **弄清楚自己到底是如何支配时间的**。时间管理专家经常要求客户写下他们在几天内所做的一切，以了解他们浪费了哪些有用的时间。如果你不确定自己在哪些地方浪费了时间，那么请在短时间内对自己所做的一切做详细记录，然后把这些事情合理排序。当你确定自己一天中在哪些方面浪费了时间以后，你就可以采取行动来减少（或去掉）这些时间。很多喜欢量化的人还可能为此制作一个电子表格，并计算出用于不同活动的时间百分比。完成时间表以后，请分析一下自己是否在哪一项活动中花费的时间过多，或者时间分配是否不均衡。在思考这些东西的时候，请记住，大学认为你应该每周花 40 个小时做与学习相关的事情。

◎ **自己设定一个截止日期。**你自己要设定一个完成作业或工作的日期，它要早于正式提交日期。这样你就有时间检查作业或工作，可以纠正错误并提高作品的质量。

◎ **计划要灵活。**天有不测风云。在执行计划的过程中，可能会有意想不到的事情发生。如果把时间表安排得太过紧凑，你可能会忙得不可开交。为了避免这种情况，请务必在计划中加入一些空闲时间，以应对意外事件的发生。

◎ **将"待办事项"列表中的内容排序。**制作好每日任务列表以后，请花一天时间想想如何确定完成这些事情的先后顺序，可以使用数字或星星为其评级排序。

◎ **考虑是否需要彻底改变生活方式。**你可能觉得本节所讲的东西基本和自己没关系，因为你大部分时间都在干同一件事，比如社交、照顾别人、工作或旅行。如果是这样的话，你可能需要彻底改变生活方式，以便将更多的时间花在学习上。你还可以咨询辅导员，他会告诉你该做什么。

做好财务管理

许多学生称，平衡预算是学生生涯中最难的一件事。学完本节，你将知道如何预测可能产生的成本、如何降低成本，以及在预算未起作用的情况下该怎么办。

读大学肯定会导致你的财务状况发生变化。这在很大程度上取决于你的个人情况，特别是家里能够提供的支持；作为学生，你的收入可能很有限，而开支几乎肯定会增加。如今，很多学生利用贷款来完成学业。尽管如此，他们也会想办法尽量减轻债务。

做预算

预算中包含你对自己在一定时期内的收入和支出预测。为什么要做预算？主要原因如下：

- 你会以更加切合实际的眼光来看待学生期间产生的成本，特别是对于那些不容易预测的费用；
- 你也不太可能从银行账户中取出超过限额的钱，以避免招致处罚；
- 通过预测在必需品上面的支出，你可以更好地了解自己是否有盈余来消费相对不太重要的东西或奢侈品；
- 可以为预期开支预留经费；
- 如果提前知道要贷款，那么你更有可能以最低利率借到适当金额的钱；
- 你更有理由相信自己所承担的任何债务都在掌控之中。

请使用表格做每周/每月/每年的预算。为了预测潜在支出，你应该：

- 参照过去的支出记录，并考虑通货膨胀因素；
- 使用其他信息来源，例如，商订的租赁合同和学生财务网站；
- 向读过大学的前辈或亲朋好友寻求建议。

如果你的支出不规律，觉得短期预算的方法不适合你，那么可以尝试拿一年作为一个周期，并将这些不常见且量大的支出分成 12 份，让每个月来分摊这笔费用。然后，你可以为每月做一个预算，把每月盈余存起来，而不是将其花掉。你也可以采用银行每月固定转账或直接借记的方法来维持好一年的开销。

另外，你还可以考虑使用电子表格来做预算，你可以根据自己的情况来调整收入和支出项，也可以实时更新实际值，这样就能更轻松地监控自己的收入和支出。

银行和贷款方案

开设银行账户

许多人在成为学生后才开始办理"真正"的银行业务。即使你已经有了账户，但是为了方便起见，或为了享受某个银行给出的激励政策，你也可能需要更换银行。有些事项由不同银行决定，如透支贷款。在办理透支贷款的时候，请找机会面对面地和银行工作人员商谈此事。

银行大都希望吸引学生成为其客户，因为学生的职业生涯相对稳定，并且赚钱潜力巨大。请先货比三家，找到最好的银行和账户类型，以满足你的需要。你可以在新学年开始的时候去参加新生周期间举办的各种展会，去和不同银行的客户代表聊一聊。或者，你也可以在线比较各家银行给的优惠（但是请注意，某些优惠政策可能不适用于学生）。

贷款方案

你有很多方式来完成学业，如学费贷款、生活贷款、助学金和奖学金。你是否能够获得这些款项取决于你在哪里上学以及你的个人情况。在大多数情况下，你毕业后才需要偿还贷款。有时候，只有在你的收入超过工资门槛的情况下，你才要偿还贷款。助学金一般用来资助家庭贫困的学生，不需要偿还。

当然，你会尽量减少工作以后要承担的债务。到那个时候，你的收入要优先考虑其他事情，比如，组建一个家庭。有两个方法可以帮助你减少债务。

- 做兼职来增加收入；
- 勒紧裤腰带，减少支出。

如何边打工边完成学业

大多数学生要优先考虑的应该是学习，而不是在上课的时候做兼职。工作（例如，上班的时长）可能会干扰到学习，甚至会让你没办法去听讲座。如果可能的话，尽量避免出现这种冲突。

大学当然希望你能够通过努力学习来获得学位。事实上，他们希望你是全日制去学习。这并不是说，你去听讲座、去参加课外辅导或参加实践就行了。你还要花时间自己阅读、复习、撰写论文和报告。在上学的时候，做兼职可能会影响学习，并且可能会减少社交、休闲或放松的时间。建议学生每周花在付费工作上的时间不要超过15小时。

大学假期是学生工作的好机会。你能够在这段时期做长时间且高强度的工作，还可以借此机会增加银行账户的存款，同时还不会影响学习。有些是季节性的岗位，有些是实习岗位。尽管后者的经济效益往往比较低，但可能会为你今后的求职攒出经验。就凭这一点，你也应该去做。

当然，别忘了在你的简历中加入你在大学期间所做的任何工作，因为这将表明你拥有职业道德、经验和技能，它们在你今后的职业生涯中可能有价值。上学期间的雇主也可能愿意提供相关工作实习证明。大学城和大学里也会在上学期间和放假期间提供兼职和全职工作。学生会和服务中心（"工作商店"或类似的）等机构通常有一个时间点来招兼职和假期工。

预算失控怎么办

如果你的预算似乎没起作用，或者你的预算接近或有可能超出授权透支限额，那么你必须与他人说一下自己的财务状况。这个人可以是你的家人、大学里的学生财务专家（通常在学生服务中心工作），或者学生会的人。银行顾问可能会告知你还有哪些资金来源（贷款）或延长你的透支还款期限。你可能会不信，但是大多数人确实会对你的需求表示理解，只要你坦诚相待。

另外，要及时回复有关债务的所有信息。说清楚你下一步的打算，并记下和你联系的工作人员的姓名，以及他们提供的信息。记录所有通信时间和日期。无论是和谁接触，你都应该随时和银行及其员工保持良好的关系，特别是提升或维护好你的信用状况。这在以后的生活中至关重要，例如，你可能想要贷款买车或买房。如果你超出债务限额或无法按期偿还债务，那么你的信用评级可能会大打折扣。

节省成本和做好预算的小贴士

尽量控制每周或每月的支出。根据预算,看看每周应该从银行取出多少钱,并尽量保持这个水平。一定要限制"口袋"里面的钱(口袋或钱包里用于日常开销的现金)。这样你就不会轻易地去买一些小物件,也不至于增加开销。如果你在特定时间内的开销超支了,请将其视为自己的贷款,并减少下一周可支配的现金。请记住,刚开学时候的支出一直比较高,之后,类似的开销会慢慢减少。

◎ **密切关注账户余额**。通过这样做,你可以避免超过透支限额。尤其不要忘了记下你从 ATM 中拿出了多少钱来填充钱包。采用银行每月固定转账或直接借记的方式来支付可预见的账单,这将有助于你更好地了解自己的支出,并且不会收到"惊喜"账单。但是,请确保账户里始终有足够的钱来支付这些账单。当你不再需要履行这些付款义务时,一定要记得取消它们。

◎ **为已知的成本和紧急情况预留资金**。在奖学金/助学金和贷款入账以后,可以预留其中一部分资金来支付已知的经常性费用、可预测的一次性费用和"紧急情况"招致的费用。仅将剩余的钱用作日常开销。

◎ **存取钱有讲究**。请将开学之初或年初收到的贷款或其他收入存入有息账户,这样你就可以拿到利息。在借款时,尽量少开账户,从利息最低的银行借款。就算要借的话,也请采用按揭的方式,这样你就不会很快花掉一大笔钱。货比三家,三思而后买,寻找特别优惠。必要时,请改变贷款计划或债务偿还计划。信用卡利息差异很大,记得办理利息最低的信用卡。尽量不要使用商店里面的信用卡,因为它们的利息通常很高,除非你可以每月还清上月债务。

◎ **节省保险费用**。货比三家总是值得的,这样你才能选中最合适的保险服务。有些公司提供专门针对学生的保险服务。你还应该弄清楚,就算你不在家,你是否属于家里保险的投保范围,或者说,你还能够享受多少服务。同样,别忘了看一下家里的旅游保险。一般来说,升级家里的保险,让其投保范围能够覆盖你,保险费用可能会低一些。

◎ **逛超市的省钱小窍门**。如果你要去超市买吃的,里面可有不少省钱小窍门。

- 核对购物清单，看看哪家超市卖的东西比别家便宜。
- 找出易腐货物的下架时间，快过期的东西一般卖得会很便宜。然后，调整你的购物时间。
- 看看哪些廉价或自有品牌的商品是可以接受的，购买这些商品。但请注意，有些只是看起来很划算，里面的量可能不足，或者质量不好。
- 警惕超市为了鼓励冲动消费推行的促销政策。去超市前，一定要列好清单，买东西的时候，严格按照清单来买。
- 要是有买二赠一的活动，那就抓住机会存货，但仅限于你经常要买的东西。
- 使用积分计划和学生折扣优势。
- 饿了的时候不要买东西。这听起来很傻，但你确实应该这么做，因为饿的时候容易存太多东西。

◎ **充分利用假期工**。如果你可以在假期找到工作，建议尝试以下步骤。

- 将一部分收入存入"不可以碰"的账户中，以支付上学期间的开销。
- 充分利用工作带来的"优惠"，如免费餐饮或廉价商品。
- 把小费单独存下来，可以用来请客，或者买个什么小东西。
- 确保你没有被征收紧急税（emergency tax）。如果不确定，请联系当地税务局，出示国家社会保险（NI）号。
- 就算手头比较宽裕，也不要老想着去买奢侈品，除非你真的需要。

第 3 章

THE Study Skills Book

适应大学的社交生活

对于大多数学生来说，上大学都意味着朋友圈会产生巨大的变化。与家人和老朋友接触的机会变少，还会结识新朋友，但这不会在一夜之间发生。本节将介绍如何建立新的朋友圈，并维护现有关系。

结识新朋友，不忘老朋友

一所大学就像一座城中城，其社区里面居住的居民有的来自当地，有的来自外地。校园里面生活、工作和学习的人都不一样，这个社区展现出了多样性。作为这个"国际大都会"的一员，无论是生活上，还是学习上，你都会结识新人，甚至会交到一辈子的朋友。但是，这不是一蹴而就的。

结识新人和结交新朋友需要花时间，而这个过程很大程度上取决于你居住的地方。许多大学为刚入学的新生提供宿舍。在这里，学生有可能在短时间内遇到各种各样的新同学，并且经常与来自不同背景的学生保持密切联系。虽然大多数宿舍管理处希望用分配宿舍的方式来"匹配"学生，但这未必总是奏效。你可能需要一些时间才能知道哪些人和你上同样的课，哪些人和你志同道合，或者哪些人和你的性格差不多。

但是，你和其他学生有一个共同点，那就是你们都远离自己的家人。所以，学校通常会组织一些社交活动来帮助新生适应新环境，并鼓励他们多交流。参加这些活动会让你觉得自己也属于这个集体。排队打饭、在内部自助洗衣店洗衣服或者泡茶等，这些都是交朋友和开启一段对话的好机会。

你也可能会选择和别人合租。这种选择的优势就是，你的室友很有可能把你介绍给他的朋友。但是这样一来，你能结交新朋友的机会就少了。为了弥补这个缺陷，你还需要花时间参加校园的社交活动。

如果你是留学生

留学生通常希望体验当地的生活，并提高口语水平。但是，如果留学生们老是凑在一起，他们就很难实现这个目标，还会形成一个留学生"聚居区"。如果你是一名留学生，请向当地学生介绍自己，并和他们请教有关语言和习俗的问题。你只有和母语人士进行互动，才不会老是想着只和自己国家的人打交道。参加社团和俱乐部，也是扩大朋友圈和积累大学生活经验的好方法。

如果你是走读生

在许多大学里，有大量学生选择住在家里。这可能是出于经济原因，也可能是许多学生已经在附近组建了自己的家庭。如果是这种情况，你也要在大学里结识新朋友。大学里朝九晚五的学习生活在很大程度上决定了你每天接触什么样的人和事。所以，你能结交的新朋友就是和你一起参加讲座、课外辅导、实践课或实验课的同学。

许多住在家里的学生要考虑交通问题，并承担家庭责任。所以，让他们晚上或周末参加社交活动可能不切实际。但是，如果他们能在开学前几周参加一两个这样的活动，那么也能混个脸熟，说不定也会结交到一些朋友。

如果你是已婚学生

在大学里面，已经有家室的学生人数越来越多。就算你已经有了家室，也请多融入校园生活，让你的声音和兴趣体现在大学活动和政策上。许多有家室的学生很乐意和与自己孩子年龄相仿的学生做朋友，相信你的想法也和他们一样。

学会与不同性格的人打交道

哪怕你很害羞，你还是得融入新环境，结交新朋友。我们为什么会成为志趣相投的人？每个人的答案可能不一样。如果你喜欢观察人，你可能会对表3-1中列出的一些性格类型感兴趣。你甚至会找到属于你的个性类型！

第 3 章　适应大学的社交生活

表 3–1　　　　　　　　　　你可能在大学里遇到的性格类型

性格类型	描述	如何与这类人打交道
蝴蝶	想要和所有人都成为朋友，想要加入各个小组；似乎认识所有人，似乎大家都认识他	如果你也是一只蝴蝶，那就刚好。如果你不是，请接受这种类型的人。他们通常很外向，并且乐于分享，不过只是短期熟人
狮子	通常只和自己团体或圈子里面的人打交道；这些圈子通常很难挤进去新人，除非你和他们有着相同的价值观或经验	除非现有成员介绍你进入他们的"狮子圈"中，否则你会很难成为他们中的一员。这群人刚开始的时候往往是舆论制造者，其影响力很大。但是，随着其他（非圈内人）圈子的形成，这群狮子的影响力会减弱
大象	活泼可爱喧闹的外向型。你总是能未见其人，先闻其声。他们似乎总是需要制造一些噪音：在走廊里走动的时候，总喜欢大声喧哗，完全忽视其他人正在工作 / 睡觉 / 学习的事实	如果你是大象，你可能希望找到其他大象一起玩儿。如果你不是，通过和大象交朋友，你将能够进入一个另类但是富有传奇色彩的世界
工蜂	总是会觉得自己能力不足，觉得要努力工作，来弥补这一点。那些喜欢工作的工蜂恰好就是工作狂	他们非常认真，往往只会和同类的人成为朋友
鼹鼠	羞涩、谦虚，经常让人觉得他们学习不怎么样。然而，他们的成绩其实非常好，只是他们不爱大声说出来罢了	这类人应该是大家关注的，因为他们通常很清楚课程的安排、学习重点，以及如何把这门课学好。一般来说，他们喜欢少说多观察。或许，在你打算了解课程内容的时候，他们可能已经读完了所有信息了并且理解了里面的含义
杜鹃	可能已经照单全收了所有关于美妙大学社交生活的炒作，可能玩得太嗨、太久了。一般来说，他们在大学第一年通常不会获得成功	这些人上大学的原因可能很简单，就是把它看作人生进入到下一个阶段的仪式。他们安排的优先事项可能不是为了拿到一个学位。如果你已经和这样一群人混在一起了，那么你可能需要回想一下自己的目标，以及想一想如何实现这些目标

续前表

性格类型	描述	如何与这类人打交道
信鸽	对他们来说，住在校内外都可以，但是非常恋家。因此，他们可能会减少与其他学生打交道的机会，而是更喜欢往家里跑，觉得在家更有安全感	这些人可能会觉得，与在家的生活以及以前的学习环境相比，大学生活有着天壤之别。所以，他们一有机会就会回家，或只是与家里人保持联系，而不愿意和大学里的人交朋友
蚱蜢	有着大象、狮子和蝴蝶的特征。他们活跃在各大聚会上，纵情欢乐。他们经常会很疲惫，忽略学习这一主要任务	这些人的价值观和行为不能带来成功，不能让你充分发挥潜力。如果你刚好和这群蚱蜢混在一起，又想要成功，那么务必记得为自己设置一些条件。也就是说，你的学习得跟得上，不会每周晚上都去参加派对
野兔	这群人通常忙得不可开交。例如，一份兼职接着一份兼职，以确保自己有偿付能力	这类人基本没有时间交朋友。有的时候，他们也需要培养一些友谊，这样才能借到笔记，了解一些基本信息。

注：当然，也可能还存在其他类型，并非你遇见的每个人都能够恰好定义为表中某种性格。

在学习场合与人交往

分享经验可能会让你拾得友谊。无论是听讲座、参加课外辅导还是去上实验课，你都会遇到很多同学，有机会交到一些朋友。你在教室外面等着上课的时候，这也是交朋友的好机会。或许只是几句闲聊，也有可能让你和别人成为朋友。在有些讲座上，老师还会鼓励学生和周围的人协作去完成任务，这也是扩大朋友圈的一个有效途径。你还可以自荐成为课代表，这样就能结识班上更多的同学。

听讲座的时候，主动向旁边的人介绍自己。如果你想要多接触一些人，那么不要总是坐在同一个位置；如果你想看得清黑板，听得清楚老师讲什么，那就尽量不要坐后排。座位越靠前，受到其他噪音干扰的可能性就越小。

在社交场合与人交往

对多数大学来说,学生入学以后自动成为学生会和社团的成员。这样的话,学生就可以使用学生会提供的所有设施,参加其举办的各种活动。这些服务通常由学生会的干事来管理。不过有些商业活动则由专业人士管理,如酒吧、咖啡馆和餐厅。学生会的执事人员由全体学生选出,过程受到选举主任的严密监督。你可以竞选优秀代表,来丰富自己的大学生活。

通过加入大学里面的许多俱乐部或社团,你可能会找到志同道合的人。大学里面可以参加的活动有很多,所以你要想好加入多少个社团。没有几个人会说自己有精力参加社团里的所有活动,而且每个社团的会费也不低。有些专业会组建自己的社团,并组织一些与专业相关的活动。泡吧、加入俱乐部和参加派对都是学生生活的一部分。你要平衡夜生活和白天的学习。你可以有丰富的夜生活,但前提是你白天仍然可以精神焕发。此外,这些社交活动是要花钱的,而你的钱也不是永远用不完。当然,待在家里不出门、省吃俭用的做法也是欠妥的。其实,你完全可以走出去,而且不用花太多的钱,酒吧或者学生会是巩固友谊的绝佳地方。就算不喝酒也没事儿,毕竟喝酒不是社交的先决条件。

在运动场合与人交往

在大学学习期间,学生经常喜欢引用的一句古语就是:健康的心智寓于健康的体格。用现在的话来说就是:拼命工作,拼命玩儿。参加体育协会或去上体育学院的课,不仅可以强身健体,结识热爱运动之人,还有助于学习。在校园里,有许多体育活动和设施可供选择,而且成本也不高。许多大学还允许家属成为会员。所以,有家室的学生也可以让家人融入自己的大学生活。

与朋友保持联系

随着时间的推移,你会参加很多课外活动,也会结交很多新朋友。新的人际关系和现有的人际关系如图 3–1 所示。

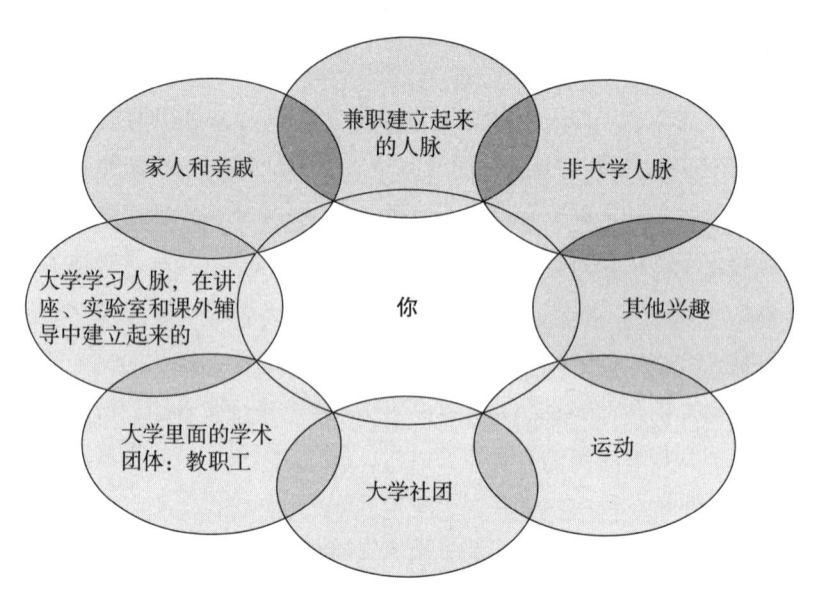

图 3–1 你的人际网

注：这些分组可能重叠，但其共同特征就是你。

请记住，不要有了新朋友，就把家人和老朋友不当回事儿了。他们都会很想念你，都想知道你的近况。特别是在你远离家乡以后，要多和他们保持联络，并时不时地与老朋友见见面。你还可以在每周固定的时间给家里打电话，或发送电子邮件聊聊你的近况，或安排视频电话。

大学社交生活的小贴士

就算你远离家乡，也不要在第一个月内回家。这可能听起来很残酷，但是你确实需要和家里人分开一段时间。因为你要是回家太早，就可能会错过一些入门培训和社交活动。等到返校以后，你可能会觉得自己被"孤立"起来了。适应新环境需要花一些时间。不过，你最好也多和家里人以及老朋友保持联系，比如，给他们打个电话、发条短信或电子邮件。

◎ 如果你住在家里，请尽量把事情安排妥当，这样你才能够参加晚间的社交活动。有些人觉得在家生活会让他们与大学的社交生活说再见。你不需要有这样的顾虑。如果你能设法参加一些特别感兴趣的活动，可以自由参加一些晚间活动，不用担心最后一趟巴士什么时候走，你可能会遇到志同道合的人。

◎ **主动向他人介绍自己。**你的开场白是否万年不变：你叫什么名字？你来自哪里？你的专业是什么？这些问题都被问过无数次了，别人可能简单回答一两句就完事了，而实际上你对他们的答案也没有那么感兴趣。但是，如果你能稍微拓展一下问题，比如，聊一聊他们对这次活动的感受和反应，那么你们的话就不会被"聊死"。

◎ **尽量不要只和本校的人打交道。**请另辟蹊径，结识新人。了解不同文化和社区。

◎ **孤独或思念家乡很正常。**你的生活方式自然会发生彻底变化，特别是刚开学的时候。你很可能觉得，自己纵然身处人群中，也会感觉很孤独。而大学似乎确实是这样一个地方。如果你确实觉得孤独，那么请告诉周围的人。在大学咨询服务中心的支持下，在牧师团队、个人导师、学习顾问，甚至是在师兄师姐的帮助下，你将能够制定策略，来减少内心的孤独，让你有一种归属感。你还可以参加一些课外活动，更好地融入大学生活。

如何在课外活动中受益

课外活动不仅会让大学生活变得丰富多彩，还会促进学术界和社会的进步与发展。大学里有大量课外活动可供选择，但是如何平衡这些活动与学术研究之间的关系，将决定你在大学里能否取得成功。

说起读大学，其实就是指你在大学城内的"校园社区"里学习。和所有社区一样，这个校园社区里住着拥有不同兴趣和爱好的人。你可以以多种方式来参加大学里开办的活动，也可以参加社区外的活动，来暂时摆脱校园生活。有些人可能会选择与志同道合的人参加体育或与技能相关的活动；有些人则喜欢做慈善；还有些人可能会选择参加学生会或社团，希望成为学生代表。参加这些课外活动可能会改变你的生活，比如，找到灵魂伴侣，找到一份可能影响未来职业的工作，让你慢慢养成一颗平常心。

参加课外活动

课外活动通常是一些志愿者活动，不会计入大学资格考试当中。但是，有些外部机构会对其认证，将其看作大学成绩单的一部分。如果是参加范围和资质可以查证的活动，有些大学会加学分。

各个学校安排的课外活动可能不一样。无论你们学校有什么样的活动，你会发现，学校里举办了很多校外很难见到的活动。许多校内活动是学生举办的，而校外活动往往会得到当地社区的支持。无论是哪一种情况，参加这些活动都将帮助你提高个人素质和技能，如领导力、团队建设能力和解决问题的能力。简而言之，就是雇主看中的许多关键技能。

如表3-2所示，有很多活动你都可以参加，理由如下。

- 过去参加过相同或相似的团体，因此，你有信心、能力和经验来帮助他人。
- 有兴趣或想法参与活动。例如，希望通过慈善工作来回馈社会，希望参加某种运动。
- 参加俱乐部、社团或体育队能交到朋友。
- 活动与学术兴趣之间的关系。例如，如果你正在学习法律，那么可以加入辩论队；如果你想提高语言技能，那么可以加入学生交流团；如果你在攻读生态学学位，那么可以加入徒步旅行俱乐部。
- 可以写入简历。例如，有些活动将培养或证明领导力、诚信或其他个人素质。有机会赚钱来完成学业，参加活动能够拿到奖金。
- 获得工作经验，建立人脉。例如，周末兼职、假期实习或打工。
- 做慈善来建立宗教信仰。
- 如果学校离家近，就有机会保留现有人脉。例如，与先前的小组成员保持联系。
- 有机会融入当地社区和"现实世界"当中，而不是把所有时间都花在校园这个象牙塔里面。

表 3–2　　　　　　　　　　　课外活动实例

活动	实例
慈善机构	在慈善机构工作；募捐；鼓励人们定期捐款
交流	读书期间，在国外交换一段时间；在国外打暑期工；帮助交换生
基于信仰的组织	参加教会服务；在主日学校或类似学校上课；去拜访教区居民
实习和就业	为当地公司、大型企业集团或政府机构工作
代表	竞选班级代表；竞选学生会或社团的代表；展开特别兴趣调查
和技能相关	学习一门语言；加入学生创业组织；考取急救资格证
社团	加入辩论社团、得州扑克俱乐部或音乐社团
体育	加入当地冰球队；参加大学羽毛球队；和朋友打壁球
志愿服务和社区参与	同伴指导；参加自然保护项目；向学生报刊社投稿

参加志愿者活动

在哪里能找到志愿者的活动信息？有几种方法可供参考。第一步就是，对于感兴趣的慈善机构或领域，你可以先在网上搜一些资料。许多组织是国家级的，但是它们有一个通用网站，能够链接到当地的慈善机构列表或联系信息。你也可以去当地图书馆、公民咨询局或地方政府办公室了解情况，它们会提供一些你可以加入的当地慈善机构的名单；你也可以从大学支持服务中心获取信息。

如果想要参加涉及儿童和老年人的活动，志愿者可能需要接受犯罪记录调查（有时称为"披露"）。这可能需要一些时间，也会增加招募组织的成本。你应该在开始的时候就和招募组织核实情况，以防需等待很长时间才能成为一名真正的志愿者。

成为学生代表，参与决策制定

成为学生代表也是一项特殊类型的课外活动。你可以采用三种方式成为学生代表。

第一种方式，成为学生会或社团执行委员会的候选人，竞选学生会轮休岗。这些岗位要求学生暂停一段时间的学习，以完成学生会的任务。轮休岗是付薪的，由选举产生，可能要承担以下责任：评审课程、管理学生设施、大学官员进行沟通。

你可以从学生会网站上找到相关信息，网站上可能会有当选职位的信息；有关师生联络委员会、代表和提供反馈机会的信息，请查阅课程手册或学校官网信息。

第二种方式，加入学校或学院高层的董事会或委员会。要做到这一点，你可能先要当选为班级、学院或学校代表。有些人可能认为，委员会的活动很无聊，而且确实是这样的。但是，你将有机会开阔视野，看到会议的进程，为同学们谋福利。

参与决策制定的过程如下：你先征集同学们的意见，以电子邮件的方式接收他们的意见；然后，在师生联络委员会或平行机构召开的会议（每年一到两次）上，你代表同学们表达他们的意见。

第三种方式，针对课程提供评估性反馈意见，来影响决策制定。反馈意见与课程的设计和评审息息相关。它非常重要，哪怕不是最重要的因素，也会影响课程内容的制定和课程输出效果。一般来说，学术界和外部参照点是影响课程设计的主要因素。但是，通过计入学生的反馈意见，将有助于确保教学内容的相关性，让教师以最有效的方式来教学。

很多老师会在课程结束时让学生填写反馈表格，有的还会在一个主题结束时这么做。你在填写评分和评论时，一定要做到客观公正——课程组织者会非常重视学生的反馈。理想情况下，老师们会让学生知道，他们采纳了学生们的反馈意见。

如果你觉得等到课程结束时才给反馈太迟了，那么你也可以直接给讲师、课程负责人或班级代表提建议。有时候，你可以通过电子邮件或虚拟学习环境来转达这些建议。

你可能忍不住想问，提供反馈意见对我个人有什么好处？事实上，你不应该这么问。这其实就是继承义务的问题。师兄师姐之前给老师提反馈意见，你是受益人。这是你欠他们的债务，你不需要直接偿还债务，但是你要将这些好处传递给师弟师妹。

平衡学习与课外活动

如果过于热衷参加课外活动，那么你可能无心学习。但是，你要是能够合理规划时间，那么这些问题就会迎刃而解。参加课外活动还有一个好处就是，雇主可能会注意到你在积极参加课外活动，会认为你在此过程中可能学习了相对完善的组织技能。

找机会参加课外活动的小贴士

◎ 多浏览学生会的布告栏或网站，了解俱乐部的信息及其开会时间。你也可以在每年开学的时候去参加学生会组织的社团博览会。届时，你会看到大学里活跃的各个社团。如果没有找到自己感兴趣的社团，请联系学生执行委员会，了解如何组建一个新的社团，遇到和你志趣相投的人。

◎ 想一想哪些活动最适合你的兴趣爱好以及最能调动你的积极性。这可能需要你的内省和反思。你可以和熟悉的朋友或家人来讨论一下。

◎ 咨询大学就业服务中心。提前想一想，你以后会申请什么样的岗位，以及现在参加哪些活动可能对你有价值？

◎ 了解更多关于学生代表的信息。向现有代表寻求经验，了解代表的具体工作内容，考虑好你是否喜欢这个岗位。

◎ 花时间反思所学课程，并提供建设性意见。你该如何比较不同的教学方法和模式？凭借现有资源，如何进一步改善课程？

◎ 让自己忙起来！只要你参加课外活动，就能有所收获。万事开头难！勇敢迈出第一步。别让自己闲下来，这样你才能够更好地适应大学新生活。

第 4 章

THE
Study Skills
Book

以学习为本：提升你的学习技能

作为学生，你应该想一想，如何才能做到擅长？这和你的个性有什么关系吗？这可能有助于你更加深入地思考，怎样才能处理好特定的学习活动？本节将探讨确定首选学习风格的方法。

如今，确定员工个性类型和学习风格的行业正蓬勃兴起，其目的就是帮助管理者确定培训员工的最佳方案，以建立高效的团队。在教育领域，人们很久之前就已经认识到，按照学习风格和偏好来调整学习技巧，将有可能带来更好的学习效果。这一做法在大学教学中越来越流行。

识别你的学习风格并合理利用

学习风格是个人在学习过程中收集、处理、识记并表述信息的一种方式。有些人将此称为学习偏好。有许多不同的方式可以对学习风格进行分类。可能没有一个类别能够完美地概括任何一个人的学习风格。我们都有一种或多种学习风格，它们还可能随着时间的推移而发生变化。

为什么了解你的学习风格至关重要

简单地说，了解你的学习风格，能够让你在大学中表现得更出色，它将有助于你：

- 确定你的学习优势和劣势；
- 提高学习效率；
- 更加灵活地解决问题，特别是在与他人合作的时候。

你与生俱来的学习风格在三岁的时候会得到显著发展。之后，它会受到你学会的行为方式的影响。在大众教育体系中，学生要想坚持自己的学习风格可能困难重重，因为摆脱主流教学方法的影响基本不太可能。因此，在上大学之前，你的个人学习风格都可能被"搁置"。上了大学以后，你才可以自己决定想学的专业及学习方法。

然而，你有时候还是可以找到与教学和评估相符的学习方法。如果知道自己"天生"的学习风格，那么你就更有可能找到相匹配的学习方法。为此，我们制作了一个简单的问卷调查表，帮助你在特殊系统迈尔斯-布里格斯性格分类指标表（MBTI）[①]中确定自己的偏好。

学习风格分类

存在型。描述一个对深层次问题很敏感的人，例如，人类存在，极其推崇个人自由和责任。

外倾型。描述一个将重点放在外部世界而非自己内部世界的人，通常十分外向，并且善于交际。

内倾型。描述一个将重点放在内部世界而非外部世界的人，通常十分害羞、沉默寡言和高冷。

动觉型。描述经常通过身体活动来表达个性的人。

迈尔斯-布里格斯性格分类指标表

迈尔斯-布里格斯性格分类指标表（MBTI）已经成为识别个性和学习风格特征的基准。管理人员、培训人员和人力资源专家经常用它来探索团队建设的方法。

MBTI 基于一张列入了 16 种人格类型的列表。请看表 4-1，做一个简单测试，了解你的特定个性或学习类型。16 种类型是通过四对性格类型排列组合得到的。你必须在每一对类型中选择一个类型。如果你不知道怎么选，那就想一想自己十岁以前喜欢做什么，因为该偏好可能代表你的潜在个性类型。完成这

[①] 迈尔斯-布里格斯性格分类指标表中人的性格，是美国心理学家伊莎贝尔·布里格斯·迈尔斯和她的母亲凯瑟琳·库克·布里格斯制定的。

个测验以后，你会得到一个类别组合，即一个字母序列（例如，ENTJ）。

然后请参照表 4–2，它将"解码"你的风格组合及其特点。利用 MBTI 确定类型以后，请查看表 4–3，上面列出了学习风格会对学习造成的影响。

表 4–1　　　　　　　　　　　　个性或学习自我评估

偏好量表 1——你倾向于将注意力和精力投注在外部世界还是内部世界	
外倾（E）	内倾（I）
喜欢参加活动和社交	喜欢一对一的沟通和关系
喜欢和别人打交道	在人群中感到不太适应
行动先于思考	思考先于行动
动力来自外部世界和人	想要了解世界
对烦琐的工作缺乏耐心	需要时间定期"充电"
1. 我的偏好是　　　　E □　　I □	

偏好量表 2——你是如何接收信息，以及注意到别人和事情的	
感觉（S）	直觉（N）
着眼于现实	着眼于未来
观察周围的情况，擅长记忆大量事实	找寻模式和事实之间的关系
本能地使用常识，并找寻切实可行的解决方案	相信利用本能和想象力能够提出新的解决方案
基于过去的经验，即兴提出解决方案	基于理论认知，即兴提出解决方案
喜欢清晰明了的信息，不喜欢事实模糊	不会因为真伪不明和信息模糊而受到困扰
	能够根据既得信息，分析发展趋向
2. 我的偏好是　　　　S □　　N □	

偏好量表 3——你是如何评估信息、得出结论和做出决策的	
思维（T）	情感（F）
客观分析问题，基于逻辑、分析决策造成的影响	基于个人感受做决定，同时会考虑决策对他人的影响
原则性和目的性很强	惯于觉察别人的需求，迎合他人
很诚实，不圆滑	寻求达成共识
接受冲突是在与人打交道的过程中产生的一种常态	不喜欢冲突
	非常讨厌紧张状态
3. 我的偏好是　　　　T □　　F □	

续前表

偏好量表 4——你喜欢什么样的生活方式，与外部世界如何打交道	
判断（J） 提前做详细的规划 专注于任务，完成任务，并照此以往 按照惯例来规划生活，并且设定完成日期 在截止日期前完成任务	理解（P） 兵来将挡，水来土掩，在工作中做计划 多重任务，擅长应对紧急事件，处事灵活，并且乐于接受新信息 喜欢灵活，不喜欢被束缚在条条框框当中 不受时间压力的困扰 临近截止日期时，工作状态最好
4. 我的偏好是	J☐ P☐

自我评估： 依次写下四个偏好，然后对照表4–2，确定自己的学习类型	☐ 1	☐ 2	☐ 3	☐ 4

本测验改编自 MBTI。一共四个偏好量表，每一个量表有两个选项——请选择最适合于对你的描述，并勾选出相应的字母。然后，将所选字母填入下列自我评估栏的方框中，并对照表 4–1 和表 4–2 中的代码。

表 4–2　　　　　　　　　个性或学习类型（来自 MBTI）

外倾型		
MBTI 类型		特征
1	ENFJ	友善、外向、好社交、热情。基于个人价值观做决策。擅长察言观色，但是容易受伤害；喜欢保持稳定的关系。积极帮助他人成长。能够照顾他人的情绪 关键词：易感应、富于创新、积极乐观、足智多谋、很强的适应能力
2	ENFP	健谈、外向、好奇心强和幽默。能够提出新想法，激励队友，依照自己的判断解决问题。规划的时候，可能忽略细节。喜欢做实验。享受变化与挑战 关键词：易感应、富于创新、有创意、积极乐观、足智多谋、很强的适应能力
3	ENTJ	友善、固执、坦率和做事有逻辑。顾全大局。对自己和别人要求都很高。天生的领导者，擅长管理团队，将事情完成。做事有条理，效率高。不太能够容忍做事不达标的人 关键词：果断、做事有条理、高效

续前表

		外倾型
MBTI 类型		**特征**
4	ENTP	友好、外向、幽默、处事灵活和难以捉摸。基于逻辑做决策。有独创性,擅长解决问题。容易忽略常规任务。喜欢做出改变。将困难视为挑战。擅长辩论。擅长"读懂"人 关键词:做事有逻辑、擅长分析、富于创意、有想象力
5	ESFJ	积极、友善、健谈、精力充沛。热心肠。不擅长处理批评或冲突。倡导通过团队合作来克服困难。在意细节和截止期限。非常忠诚,希望得到别人的认可和赏识。基于个人价值观做决策 关键词:做事有条理、责任心强、传统、实事求是、缺乏想象力
6	ESFP	热情、爱交际、健谈、冲动、充满好奇心。生活节奏快,是他人眼中的好伙伴。喜欢和别人和睦相处。处事灵活。对于任何新事物都能很快适应,擅长疑难排解。遇到问题就开启救火模式。知道如何激励别人行动起来 关键词:冲动、积极、易感应、有同情心、捉摸不透
7	ESTJ	充满活力、坦率、友善、做事富有成效。能够把事情做好。尊重事实。喜欢承担领导者的角色。做事有条理,能够按章程办事,并能把事情做完。基于逻辑做决策。做事直接,喜欢直言不讳,有时会让人觉得没有人情味和同情心 关键词:务实、实事求是、脚踏实地、传统、有责任心
8	ESTP	积极、爱冒险、健谈、充满好奇心、容易冲动。活在当下。能够客观地处理事实。没有废话,提出建议后,接着处理下一个问题。对理论不感兴趣,更喜欢在实际行动中解决问题 关键词:观察力敏锐、务实、逻辑性强、爱玩
		内倾型
MBTI 类型		**特征**
9	INFJ	独立、体贴、热心肠、缄默、有礼貌。看中形式和发展潜力。有创意,工作中展现独创性和天赋。目标清晰。喜欢设定目标。寻求理解别人,帮助他们实现潜能 关键词:做事富有成效、原创性、善良、沉着
10	INFP	缄默、善良、安静、敏感和敬业。对工作高度敬业。一般情况下,处事灵活,除非有违价值观,才会考虑原则立场。创新能力强。有时候会做一些看似不可能的事情,但是,最后也能把事情做完。不会向周围的人表现得很热情 关键词:富有创意、观点新颖、富有想象力、做事灵活

续前表

		内倾型
	MBTI 类型	特征
11	INTJ	自主性强、好奇心强、冷漠、富有想象力和创新精神。做决定之前会先做客观分析。擅长筹划，喜欢把理论付诸实践。缄默，对自己和他人都很挑剔；为所有人都设定了很高的标准 关键词：擅长分析、做事有逻辑和条理、目标明确
12	INTP	注重隐私、安静、常持怀疑态度、充满好奇心。看重形式和发展潜力。做决策的时候基于逻辑。对新想法感兴趣，说话有逻辑。热衷于思考和解决复杂的问题。在学习新知识的过程中，看重推理、分析和理解 关键词：不循规蹈矩、适应性强、捉摸不透
13	ISFJ	谨慎、温和、友善和体贴。根据个人价值观做决策。愿意承担大量责任。关心他人的感受。为他人服务。喜欢稳定，不喜欢冲突。对自己的信仰绝不妥协 关键词：勤奋、认真、做事有条理、果断
14	ISFP	善良、谦虚，擅长察言观色、考虑周到、忠诚。适应性强，喜欢和人打交道。乐于助人。认为和平至上。喜欢和别人组队工作。喜欢有自己的空间，喜欢按照自己的时间表工作 关键词：适应能力强、反应快、好奇心强、实事求是
15	ISTJ	保守、安静、实事求是和务实。非常可靠，出了名的做事精准。往往在权衡利弊之后才做决定。努力实现目标。喜欢日常生活有条不紊。乐于助人 关键词：一丝不苟、诚实、讲求实际
16	ISTP	做事有逻辑、务实、安静、自主性强和冷漠。喜欢获取新信息，了解新东西。评价客观，并基于逻辑做决策。喜欢通过分析信息来解决问题。喜欢在实施解决方案的时候不受约束 关键词：实事求是、处事灵活、足智多谋、客观、好奇心强

深度学习和表面学习

据称，人们要么是"深度"学习者，要么是"表面"学习者。例如，要么善于理论学习，并且很久都不会忘，要么就是短暂地记住事实。研究人员已经对此观点辟谣。他们指出，人们会根据自己的学习情境来有策略地使用这两种方法。

表 4-3 MBTI 对学习的影响

外倾（E）	内倾（I）
学习效果最佳： ● 讨论 ● 身体运动 ● 与他人合作 挑战： ● 独自学习 ● 阅读、写作、调查 ● 任何独自活动 建议：和别人一起学习；学习的时候，把自己想象成老师	学习效果最佳： ● 安静默想 ● 阅读 ● 认真听讲座 挑战： ● 在团队讨论中会害羞 ● 需要花时间思考 ● 讲座节奏太快 建议：和他人讨论的时候，先写下自己想要说的东西
感觉（S）	直觉（N）
学习效果最佳： ● 识记材料 ● 采用循序渐进的方法 ● 逻辑实际应用 ● 在现实场景中学习 挑战： ● 面对复杂情况没耐心 ● 上课节奏太快 ● 要求明确 ● 清楚对错 建议：从熟悉的事实转向抽象概念；使用多媒体技术来学习	学习效果最佳： ● 有理论 ● 关注一般概念 ● 顿悟，而不是观察 ● 利用纲要 挑战： ● 通读指南 ● 上课节奏太慢（对于他们来说） ● 觉得重复或练习很无聊 建议：找机会开启自教自学模式，比如使用多媒体
思维（T）	情感（F）
学习效果最佳： ● 材料客观 ● 课程主题和观点定义清楚 挑战： ● 课堂内容看似无逻辑 ● 概述教科书和讲义的逻辑顺序等 建议：如果课堂看似缺乏连贯性，请向讲师寻求指导讲解	学习效果最佳： ● 将想法与个人经历联系起来 ● 与他人协作 ● 帮助他人 挑战： ● 抽象主题，例如，那些和人不相关的主题 ● 讲师看起来很冷漠，没有人情味 建议：多向讲师提问题，以得到更多讲解，从而拉近和讲师的关系
判断（J）	理解（P）
学习效果最佳： ● 一次做一件事 ● 知道评分标准 挑战： ● 教学大纲在最后一分钟有改动 ● 时间表有改动 建议：制订更加灵活的工作计划，以应对意想不到的变化	学习效果最佳： ● 完成基于问题解决的任务 ● 面对压力的时候 挑战： ● 拖延症 ● 完成任务有困难 ● 冲动 建议：找到完成任务的新方法；将长期任务拆解成多个短期任务

这些测试结果意味着什么？

首先，你需要认识到，所有的组合都是有价值的：在 MBTI 或任何可以尝试的其他测试系统中，没有"正确的"或者"最差的"类型。

其次，你还要知道，得到测量结论的过程也十分重要。每一个系统都有助于分析成功的学习方法和优势，以及让你知道，在思考最佳学习方式的时候，这些信息将如何发挥指导作用。如果你能够更加深入地思考这一过程，那么基本能够知道如何改善学习方法。

如何做到这一点？这又取决于学习风格的分析结果、要学习的科目和教学方式。下面列出了一些案例供大家参考：

- 某同学发现自己在 MBTI 中的类型是"ESFP"，所以，他可能决定在复习的时候，和其他同学建立学习伙伴关系；
- 某同学明显具备发达的身体——运动智力或者明显属于动觉学习类型，那他在学习的时候，可能会将重点放在回忆现实生活中的案例和案例研究上，或回想某次实验室或课外辅导练习的细节；
- 某同学偏好感觉或属于视觉学习类型，那他在记课堂笔记的时候，可能采用图表和流程图形式，而不是清单形式。他们也可能发现，学习风格影响他们在团队中扮演的角色。

MBTI 受到的批评

MBTI 也遭到了一些人的批评，他们的担心主要是因为布里格斯·迈尔斯和布里格斯没有大学学术背景。二位的研究主要基于对卡尔·荣格（Carl Jung）教学的观察和无数测试的结果。尽管如此，企业在挑选员工时仍然将 MBTI 指标表用作心理测验工具。鉴于本书的目的，我们在此只列出个性类型，除非有意讨论个性特征对学习的影响，否则不过多涉及学习方面的问题。

表 4-4 中介绍了另外三种著名的分析工具和方法要点。它们都是基于经过验证过的学术工作，有些常用于就业面试中。

表 4-4 对学习风格分类的三种方法

科博周期学习风格（Honey & Mumford, 1982）	多元智能理论（加德纳, 1983, 1993）	VARK学习风格量表（Fleming, 2001）
基于循环的学习过程划分出的学习风格	重新细分智能。不同的人会有不同的智能组合，影响其信息处理方式	学习偏好的一个分支，源于加德纳的多元智能理论和MBTI（见本节内容）
主动试验：对新事物持开放态度，采用的方法客观公正	语言：运用语言的能力强；了解声音和韵律	视觉（V）：喜欢用视觉媒体学习；喜欢用荧光笔划重点；喜欢带图表的书
反思观察：从不同角度看问题，收集数据，得出结论	数理逻辑：擅长抽象思维，喜长推理，并有效运用数字	听觉（A）：喜欢和别人讨论；参加课外辅导和讲座，而不是阅读教科书
抽象理解：分析和整合信息，然后找到逻辑完善的理论与之对应	空间：能准确地将视觉形象转换化	阅读或写作（R或W）：喜欢所有格式的文字材料和情感语言丰富的讲座；喜欢把格式转换成文字
具体经验：喜欢尝试新想法和新理论，以了解其可行性	音乐：对节奏、音调和音色具有高度敏感性	运动（K）：喜欢所有用到感官的体验；喜欢联想记忆（回忆过去切实发生过的事情）
批评：狭隘地将人分为四类。在现实生活中，人们会根据所处环境，来调整学习方式	身体-运动：肢体动作多；擅长抒发情绪和动机	批评：风格与练习投入、策略和产出的联系太不紧密；有些人可能有多种学习偏好
	人际：能够觉察出他人的情绪和动机	
	内省：知道自己的内在感受、价值观、信仰和思维过程	
	自然探索：能够认识环境、生物体和其他自然物	
	存在：易受与人类存在相关的深层次问题的影响	
	批评：理论基础抽象，但是，人们可以增强提高学习效率的优势。此处提到了六种智能，如采用不同的处理方法，还可以分为7种、8种和11种智能。	

第 4 章 以学习为本：提升你的学习技能

065

充分利用学习风格的小贴士

◎ **思考你的学习风格会对学习的各个方面产生什么样的影响。**它会如何影响以下重要流程：

- 你如何在讲座中做笔记？如何在文章中做笔记？
- 你如何复习？
- 你如何和别人一起学习？
- 你如何在评估中表述自己的观点？
- 你如何在考试中作答？

◎ **着眼大局。**请注意，你最喜欢的学习风格可能不完全适用有些环境。思考如何因地制宜，结合自己的个性特征，选择最佳学习方法。

◎ **观察讲师。**如果学生有不同的学习风格，那么讲师也是如此。观察讲师的学习风格。这样你就知道他们为什么以某种方式展示信息，在听讲座和接受课外辅导的过程中，更加游刃有余。

◎ **讨论学习风格。**与朋友讨论学习风格，以找到志同道合的朋友。你们可以在听讲座的时候一起学习和研究。如果你的性格很外向，不喜欢一个人单独学习，那么这对你来说就再好不过了。

培养良好的学习习惯

大学的一大独特传统就是，学生自己选课，并制订相应的学习计划。我将介绍一些实用的方法，告诉你如何安排学习和整理资料，以完成学习任务和作业，做好考试复习。

在大学里，学习很大程度上取决于你自己。所以，你必须提前规划，合理安排，确定不同学习活动的优先顺序，不错过最后期限。你可能还需要自己掌控学习进度、内容和深度。你得想一想，需要学什么和做什么，才能安排好学习和生活。审视学习目标或成果，认真阅读评估反馈意见，都有助于你了解学习深度是否到位。

找到最佳学习场所，学会做笔记

每个人都需要一个合适的学习场所。理想状态下，这个地方应该"专属"于你。然而，如果没有找到这样一个地方，可以去看一看学校里面的自习室，或者图书馆的学习区域。当然，有些同学喜欢去公共图书馆或专业图书馆，觉得他们在这些地方学习不会受到打扰。学习环境也很重要，比如温度、光和通风条件等都不容忽视。桌椅的高度也不容小觑，这样你在学习的时候就不会缩在那里。如果环境太舒服了，你又容易睡着，所以不建议坐在安乐椅上和床上学习。

有的人天生就知道如何规划自己的生活和学习，而对于有的人来说，这比登天还难。毋庸置疑，每学一门课、一个主题，你都会获得大量资料和信息。有的是纸质版，有的则可以在网上和大学虚拟学习环境中获得。你需要把这些资料保存在容易查找的地方，并将相关内容和课程的其他要素联系起来。在听讲座的过程中、做研究时或做延伸阅读时，请做好你的笔记，并记住这些信息的来源。

表4–5提出了一些实用的建议，教你如何整理海量信息。

表4–5　　　　　　　　如何管理学习过程中出现的关键信息

每日的"内务整理"
1. 当你处于"低能量"（学习效率低）阶段时，请做一些日常记录工作，比如整理和备份笔记；当你处于"高能量"（学习效率高）阶段时，可以进行深入研究。 2. 做事要有条不紊。无论你收到或创建什么东西，都请把日期记下来。 3. 请将材料有序归档。买一些大的扣眼活页夹，一门课一个。这些文件夹要带有彩色分隔物，以区分课程的不同内容，这将有助于你快速检索东西。你可以按字母或时间顺序排列各个主题，看你自己喜欢。确保检索的时候，前后内容要一致。 4. 无论使用什么来源的资料，请务必记下所有参考信息，以便今后重新定位这些资料，或者在文章中引用它们。鉴于此，请按照自己惯用的参考系统，记下所有相关信息，比如哈佛的参考文献格式。

续前表

公式
1. 为每门课程制作一个公式表，在上面列出所有公式以及每个符号所代表的意思。然后将其保存在课程文件中可以轻松找到的位置。 2. 确保你复制的公式是正确的，请注意区分大小写和上下标。例如，大写的 V（max）= 直流电压的峰值，而小写的 v（max）= 交流电压的峰值。 3. 可以将公式表保存在文件前面的塑料袋中，这样可以避免它们被折角。有条件的话，还可以用贴膜机贴膜，这样不仅更加经久耐用，还可以随时拿来参考。
电子检索或创建的资料
1. 针对正在学习的课程，请为每一个主题创建一个单独的文件夹，这样你就更容易知道你想要的东西在哪儿。 2. 保存资料的时候，使用文件名。这个文件名必须对你有意义，也就是说，哪怕你在几个月之后再尝试检索这些资料时，也能轻松找到。比如，你可以在文件名里面添加日期，例如：龋齿 170406.doc。 3. 在个人电脑上备份所有资料。例如，保存你必须提交的任何电子版作业，以便生成其他副本，以备不时之需。 4. 插入页码。在脚注处插入你最近一次编辑文档的日期（有些软件会在你每次处理完文档以后自动更改日期）。这将避免不同的版本发生混淆。 5. 熟悉你使用的软件，看一看如何在文档页脚打印文件名和完整路径。

如何找到"专属"于你的学习场所取决于你当时的情绪，你要完成的任务，以及在你不忙的时候，哪些资源可以供你使用。有些人习惯在图书馆的某个特定位置学习；而有的则喜欢在家里学习。不管哪种方式，都要选择适合你的学习方式和习惯。不要担心你的方式和别人的不一样。

培养学习技能

首先，如果你在本科早期阶段就知道自己要学什么，要培养什么样的学习技能，那么这将对你大有裨益。你要学习以下技能：

- 学习如何使用 IT 设施；
- 知道如何使用文字处理软件相对高级的功能，例如，微软公司的 Word 可能是在大学中最常用的软件；

- 学习如何使用专业软件；
- 熟练使用键盘；
- 知道图书馆的藏书、参考资料和其他专业资源的位置；
- 知道如何访问图书馆的电子目录和其他电子资源，提高使用图书馆资源的效率；
- 用互联网搜索正确可靠的资料；
- 能够组织、构建和撰写具备一定研究水平的文章，为专业领域更高层次的学习做准备。

如果你能够在一定程度上学会上述技能，那么你将在整个大学生涯中受益无穷。如果你需要获得帮助，才能学会上述某项技能，那么请咨询所在大学的相关服务中心，也可以看看学校是否安排了相关的技能培训课程或入门培训。可以在大学主页上找到支持服务信息。你可以查找以下信息：

- IT支持服务中心：文字处理、软件或打字技能；
- 学习中心：学习顾问的帮助；
- 图书馆：入门或强化课程。如果要查询具体信息，可以去问询处，了解如何搜索或查询。

另外，想一想你有什么学习任务，你可以分配多少时间来完成任务，你决定如何来完成任务，等这些步骤都完成以后，那就撸起袖子加油干吧！你可能会觉得前10分钟很难坚持，但是只要你坚持下来，后面或许就是康庄大道。

学习是一个多方面的活动。科目和主题不同，学的东西也不同。你需要考虑的第一件事就是，需要做些什么，才能把东西学好。你可能需要做到：

- 注释或重写笔记，复习在讲座上新学的知识；
- 查阅相关的纸质版资料；
- 在虚拟学习环境中或网上查找资料；
- 为撰写报告或论文做准备；
- 为考试做好准备。

只有知道要学些什么，才能够合理分配时间，并确定完成任务的先后顺序。你必须认识到，主动思考课程材料至关重要，而不是被动阅读。

规划固然至关重要，但存在过度规划的风险。因此，要尽量在规划和生产力之间取得适当的平衡。

如何积极主动地学习

毋庸置疑，大学的学习取决于你自己，但如果你在参加相关讲座、仔细阅读完推荐的文章，并向其他人求教后，仍然不明白某些内容，那么你可以到学院里面去找可以帮助你的人。通常情况下，你可以问学校里的秘书，可以和哪些老师请教。或者，你也可以给讲师发电子邮件，约个时间见面，或者直接把问题发过去。老师们都喜欢学生问问题，而且可能在几分钟内就能为你解决难题。他们也可能因此了解到，哪些内容需要在班上重新再讲一遍。

如果说完成学习就是把笔记抄一遍或从头到尾把各个章节读一遍，那么这并非难事。这可能是学习过程的一个环节，但是你要想一想，自己在做什么以及为什么这么做，这一点更重要。表4-6列出了一些常见的学习活动，以及当你在做这些事情的时候，要问自己的问题，这样你才能避免陷入"机器人"模式，才能真正吸收阅读的内容，知道如何写作。

一般来说，大多数人往往不会启用他们的视觉记忆能力。用荧光笔把关键页上的标题或粘贴标签的位置做突出显示，让各个页面的布局或笔记的位置更加清楚，这有助于你更容易找到并记住相关内容。

表4-6　　　　　常见的学习活动，以及当你在做这些活动的时候，要问自己的问题

重写课堂笔记
● 核心思想是什么 ● 我是否需要按照自己的逻辑顺序来重写这些笔记 ● 这是否占用了太多的时间？如果是这样，那么尽量不要把课上的笔记记得乱七八糟。如果你认为重写笔记对你的学习有帮助，那么你是否可以放弃冗长的句子，将笔记浓缩成要点清单或流程图/表的形式

续前表

阅读的时候做笔记
- 信息的架构是什么
- 如何快速了解要点以得出概要？如何将信息重组为简明的笔记
- 我需要多少细节来：
- 了解主题
- 获取对作业有用的信息
- 为考试复习
- 做笔记的最佳方法是什么

思考/反思
- 我对这个话题有什么看法？千万不要把别人告诉你的方法当作唯一的方法。质疑自己的想法，学会批判性地思考问题。愿意根据新方法、信息或论据来重新定义你的观点
- 我应该寻找什么？信息还是概念？如果是信息，那么你的信息来源有多可靠？是否可以通过其他资源来交叉核实？如果是概念，如何论证每个观点？论据是否有说服力？还可以找到其他什么论据？在哪里可以找得到
- 是否有新模式出现？寻找关系或主题，如：
- 因果（原因和结果）
- 比较和共性、对比和差异
- 一系列观点、支持论据和反驳论点
- 与问题和解决方案相关的信息

解决问题
- 答案是否合理？单位是否正确
- 内容和步骤是否符合要求
- 是否忽略了什么要求
- 使用的公式是否正确
- 使用信息的方式是否得当

着眼大局
- 这个话题内容与早期的讲座和学习如何联系起来
- 它将如何与课程学习目标相匹配
- 在接下来的阅读或实践中，我需要探索或了解哪些领域
- 复习的时候，我应该特别关注哪些点

培养独立学习习惯的小贴士

找到自己的最佳学习时间。你在某个时间段的效率会最高；发掘出这些时间，然后尽量在这段时间里面多学习。

◎ **了解校园设施的开放时间。**了解图书馆、学习中心或计算机房的开放时间。如果你喜欢在这些地方学习，请据此规划好学习时间。

◎ **提前规划。**想一想你在接下来的一周/月要做的事情，然后合理安排时间，按时完成所有作业、实验课和课外辅导布置的任务。

◎ **建立个人归档系统。**将笔记、讲义和其他任何纸质资料有序存入个人归档系统。

◎ **思考学习的基本原理。**着眼大局，不要过度拘泥小节。

◎ **注意休息。**学习的时候，一定要注意休息。还要记得社交，定期和同学、朋友去放松一下。这样你才不会两耳不闻窗外事，一心只读圣贤书。

◎ **和同学一起学习。**虽然学习主要是靠自己，但是如果能够和别人一块学习，能够对一下笔记，讨论一下学习难点，并共同制定一个任务去完成，这是一件双赢的事。这将有助于你巩固学习成果，发现弱点。

◎ **制作专业的词汇表。**通过写下专业术语和通用术语的简单定义，你将更容易记住它们。想要词汇参考本？你只需一本按字母顺序分块的电话簿就能解决所有问题。它不仅价格低，还不占地方。你可以按照字母顺序记下新词或专业术语，这样就很容易检索你要找的词汇，而不需要在一长串不做区分的词汇中"大海捞针"。

◎ **巩固学习成果。**正确使用行话，正确拼写术语；如果学的是量化课程，你还需要掌握一些关键公式，让它们成为你的第二天性。换句话说，就是要求你反思自己的学习情绪。请养成习惯，经常浏览你的词汇表或公式表，这样你才知道如何去拼写难词或列出正确的公式。

◎ **解决课外辅导中遇到的问题。**请回答课外辅导中布置的问题，就算你不需要把答案交上去。如果提供了参考答案，自己去看一下。如果不知道怎么解决，可以向讲师或辅导员寻求指导，他们通常会竭尽全力地帮助你。如果找到了一个满意的答案，请把课外辅导的资料和相关主题笔记一块保存起来。

学会批判性思维

> 批判性思维可能是大学里获得的最有可能迁移的技能，未来的雇主也会期望你能用它来应对职场上的挑战。通过学习批判性思维的一些概念、方法和谬误，你能够提高自己的分析能力。

如何运用理论和技巧来提高思维分析能力？许多专家认为，批判性思维是一种可以通过实践来培养的技能——该观点是大学教学的基础。接受大学教育以后，你慢慢会知道，要拿高分，单纯的死记硬背远远不够，你还得知道如何分析事实、得出观点并论证。只有充分理解基本过程，你才能达到辅导员的期望。另外，就算你不知道如何完成一项新任务，你的答案至少要有条理。

如何有逻辑地分析和解决问题

著名的教育心理学家本杰明·布鲁姆（Benjamin Bloom）和他的同事们发现，教育中的学习和思维有以下六种级别：

- 识记；
- 理解；
- 应用；
- 分析；
- 综合；
- 评价。

布鲁姆等人（1956）表明，学生在学习过程中自然会经历这六种思维过程（见表4-7）。请看下表内容，你会发现，在大学以前的学习主要集中在记忆、理解和应用上，而大学教育则更多关注分析、综合和评价。后者的要求往往和评估问题中使用的指令词关系很紧密，详见下表中的范例。然而，在解读这些指令词的时候，请务必小心，因为科目不同，指令词中规定的过程和任务可能代表不同的东西。例如，虽然"描述"在自然科学中可能代表较低层次的活动，但在建筑学等科目中，它可能是一项高级技能。

表 4-7　　　　　　　　布鲁姆等人的思维过程分类

思维过程（难度逐级增加）	常见的问题指令
识记。了解事实就是指，它可以随你处置，你可以记起它，也可以识别它。但你不需要在更高的层次上理解它	● 定义 ● 描述 ● 识别
理解。理解事实就是指你理解了它的意思	● 正反对比 ● 讨论 ● 解读
应用。应用事实就是指你能够将其运用	● 证明 ● 计算 ● 举例说明
分析。分析信息就是指你可以将它进行分解，并能说清楚各个部分之间的联系	● 分析 ● 阐述 ● 对比
综合。创造就是指你从各个知识体系中提取相关事实，然后以一种新的方式用这些事实来解决问题，或提出新观点	● 写作 ● 创作 ● 整合
评价。评价信息是指，你判断该信息和主题之间的相关性	● 建议 ● 支持 ● 得出结论

人们常常把"批判的"和"批判"这样的词理解为对一个问题的否定。而大学教育则倡导另一种观点，认为它是指"在权衡了一个话题的各个方面之后做出的谨慎判断"。

有些学科把独创性看作一个思维过程，例如，艺术设计、建筑学、戏剧或英语写作。在这些领域中，独创性就相当于表 4-7 中的"综合"。有些人还提出，独创性应该排在"评价"的前面。

在分析写作中的指令词和其他形式的评估要求时，请思考评分人要求你执行的思维过程，并尽力达到所要求的水平。表 4-8 给出了一系列例子，帮助你了解需要展示的思维过程，你以后可能会用到。

要用到批判性思维的领域

在大学教育中,以下情况可能要用到高级思维能力:

- 艺术和社会学领域中的写作;
- 医学和护理学领域中的问题分析;
- 基于真实机器和建筑物的工程问题;
- 法律场景;
- 科学领域中基于项目的社会实践。

表 4-8　　　　　　　　布鲁姆对大学常见课程进行思维过程分类的案例

思维过程(难度逐级增加)	案例		
	法律	人文学科,例如,历史或政治	涉及数值的课程
识记	你可能知道一个案例、法律或条约的名称和日期,却不了解与其相关的内容	你可能知道,在国际关系中,河流是一个重要的地理和政治边界,但不知道其中的原因	你也许可以写下一个数学方程,但并不理解符号的意义或者方程的用途
理解	你能够理解法律法规中包含的准则,以及相关内容	你明白这条河形成了一道天然屏障,它很容易被识别和防御	你可以理解方程符号的含义,如何以及何时用这个方程
应用	你能够判断出法律原则适用的情况	你可以用这些知识来阐述和平条约的条款	如果给定背景信息,你可以使用这个方程并得出结果
分析	你可以将特定场景的事实与原则联系起来,并用适当的权威来佐证这些原则的应用范围	你可以把这条河的意义解释为边界,它关乎和平条约签署国领土的得失	你可以阐述这个方程的推导过程
综合	通过推理和类比,你可以推断该法律在哪些情况下适用	你认同这个概念。如果今后出现边界争议,你知道如何运用这个概念,避免出现敌对状态,而造成后续影响。	你可以将一个方程和另一个方程联系起来,得出一个新的数学关系或结论

续前表

思维过程（难度逐级增加）	案例		
	法律	人文学科，例如，历史或政治	涉及数值的课程
评价	你可以根据自己的判断，在权衡和评估利弊之后，给客户提供建议	你知道怎么去讨论，用河流当边界是否会阻碍达成让各方都满意的条款	你能够基于一个方程的求导过程和基本假设，来讨论其局限性

如何提升和整理你的思路

假设你认识到，解决某个问题需要用到批判性思维，例如，辅导员布置的论文，或者是你在学习过程中碰到的问题，或者是家庭问题——买什么样的车，租何地的公寓。下面的建议可以帮助你得到一个合乎逻辑的答案。你应该把下面的内容看作一份菜单（告诉你该做什么），而不是食谱（告诉你怎么做）——分析不同阶段的任务，思考它们对解决问题有什么帮助。选取适合你的建议，也可以改变它们的顺序。

- **找到问题的症结**。你的初步任务就是找到问题所在症结，写下问题描述，注意措辞要非常准确。如果练习中问到了具体问题，请仔细分析它的措辞，搞清楚所有相关含义。你要是加入了小组学习，最理想的状态应该是，所有成员都对问题的理解达成了一致意见。
- **合理组织问题的解决方案**。可以从"头脑风暴"开始，找出潜在解决方案或观点。你可以一个人完成，也可以和小组队员一起做这件事，通常可以分为三个阶段：
  - **开放性思维**。从所有可能的角度或位置考虑问题，写下你能想到的所有观点。在这个阶段，不要担心你的想法是否相关或重要。你可以使用"蜘蛛网图"或"思维导图"来构思想法。
  - **整理观点**。接下来，把观点分类（或给副标题）整理，同时将其分为正反方观点。图表或网格都有助于理清脉络。
  - **分析**。找到与问题相关的观点。摒弃无关紧要的观点，把相关的内容放在最前面。

- **获取背景信息，看看你对事实的掌握情况**。你很有可能需要收集相关信息和想法，以支撑你的观点或立场，还要提供一些实例、解释或方法。弄明白所收集的信息。这个过程可能很简单，例如，查字典和技术文献，找出关键词的精确含义；也可能需要你和同学或辅导员讨论自己的想法；也可能要你阅读一系列资料，来看看别人如何解读这个主题。
- **核实相关性**。考虑你收集到的信息和想法是否与问题相关。你可能需要重新分析这个问题，整理收集的证据。例如，赞成或反对一项主张的证据；支持或反对一个论点或理论的证据。用表格或网格来整理信息非常有用，这也有助于你得到一个客观公正的观点。对于无关紧要的材料，要坚决丢掉。
- **提出论点，思考论证方法**。分析相关信息和观点，然后提出自己的观点，再围绕这个观点展开讨论或得出结论。写结论的时候，所有判断或观点都要有证据或来源支持。学术写作中经常会要求提供引用和参考文献。
- **回答问题**。一旦决定好要说什么，下笔写出来就容易多了。

价值观判断

价值观判断只反映发言人或作者的个人观点和价值观，不是被评估或斟酌过的客观事实。例如，一个人要是赞同某个观点，那么他可能会把那些支持该观点的人称为"倡导团体"的成员；要是他不赞同这件事，那么支持它的成员就变成了"激进分子"；类似的还有"环保主义者""环境保护狂""自由战士"和"叛乱分子"。价值观判断通常暗含贬义（消极）。例如："青少年是不可靠且性情不定的人，不能为自己的行为负责。"

在学术论证和讨论中，为了让某个观点言之成理，各种各样的语言工具会被用到。了解这些语言工具在批判性思维中颇具价值。除了专注论点本身，你还要思考它的论述方式。

有许多不同类型的逻辑谬论，表4-9只列出了一些常见的例子。了解了这种思维方式，你就会发现，在广告和政治等领域，错误的逻辑和辩论技巧随处可见。分析这些方法有助于提高你的批判性思维能力。

表 4–9　　　　　　　　推理中常见的逻辑谬论、偏见和政治宣传技巧

谬论或政治宣传	描述	案例	如何应对
人身攻击	攻击的对象是论述人的性格，而不是论点本身；这在媒体和政治中尤为常见	总统的道德行为有失体面，所以他的财政政策也行不通	指出这个人的性格或所处环境和他的观点没关系
群众效应	大众接受的观点；但这并不能代表它就是正确的	大多数人支持对蓄意破坏者实施体罚，所以我们应该组建训练营	提防跟风和同伴压力效应。在评判对错时，不要受这些因素影响
经验之谈	使用个别案例来反驳基于统计资料的论证	我的外婆是个烟鬼，她活到了95岁。所以，吸烟不会影响我的健康	要考虑证据是否具有代表性，不能一叶障目，孤立地看一个例子
权威效应	因为专家或权威同意某个结论是正确的，就认为它是正确的；在广告中，名人代言和推荐的情况经常出现	我的教授认可史密斯的理论。我非常佩服教授，所以史密斯的理论一定是对的	指出其他专家们不同意这个结论，并解释不同意的点，以及为什么；把重点放在关键问题上
无结论即是有结论	因为没有证据支撑（或反对）一个案例，所以该案例一定是假的（或真实的）	你没有不在场证明，所以你肯定有罪	指出在没有证据的情况下，任何一种结论都不成立
论证有失偏颇	选择例子或证据来支撑或反对一个案例。作者只引用支持观点，忽略反对观点	我的顾问认为，全球变暖的情况是不会发生的	阅读该主题的相关资料，讨论不同观点，以得到一个全面的结论
委婉语和术语	玩文字游戏，说话遮遮掩掩，或者夸大对手的立场——为了达到某种效果，使用温且情绪化的语言；使用专业术语，使观点听起来权威	我是一名电梯操作员，说明我责任心很强	谨防（多余的）形容词和副词，它们可能会影响你思考证据的方式
重复	反复说同样的事情，直到人们相信它。在政治、战争宣传和广告中很常见	"豆找亨氏"（Beans means Heinz）	谨防广告用语，它们缺乏实质性的论据

续前表

谬论或政治宣传	描述	案例	如何应对
偷换概念或错误的对立	为了达到声东击西的效果，让人更易于接受或反对某件事，故而陈述一些无关紧要的内容，而核心问题实际上并没有得到解决	寻求庇护的人都希望享受福利政策带来的好处，所以我们拒绝这类人进来	指出谬误，将重点放在核心问题上

要想避免以偏概全的做法，你可以有意识地从各个角度讨论问题。避免"绝对"字眼，慎用暗示没有例外的词，例如，永远、绝不、所有和每一个。只有完全确信那些事实百分之百可信的时候，你才可以使用这些词：

- 谬论：用来证明某个论据（真假）的错误逻辑或观点；
- 偏见：只强调某一个观点或立场的信息；
- 政治宣传：用来论证（通常）极端的政治或道德观点的虚假或不完整信息。

学会批判性思维的小贴士

◎ **专注于手头任务。** 阅读相关资料或与他人讨论问题时，很容易分心。不要在准备阶段浪费太多时间，尽快开始行动。

◎ **写下想法。** 写下想法很重要，因为这会迫使你去阐明它们。此外，想法往往稍纵即逝，所以你得有一个永久记录。回顾以前写的东西会让你变得更加挑剔，并能激发灵感。

◎ **描述事实的同时，多做分析。** 从表4-7可以看出，分析是一种比描述更高级的技能。许多学生只是简单地引用事实或观点，却没有解释其重要性和相关性，没有说清楚自己对这句话的理解，因此丢分。

◎ **注意文献引用格式。** 这一点很重要，因为它证明你已经阅读了相关资料，让你避免剽窃嫌疑。引文的惯例各不相同。请查阅课程手册或其他信息，仔细遵照说明，否则你可能会丢分。

◎ **虚心接受同学和辅导员的建议和观点。**与他人讨论可以提高学习效率。你可能得到一些新思路和新观点。你哪怕对别人的观点发表意见也是有用的。只要你阅读了相关资料，辅导员就会提供有用的指导，并且通常会很乐意帮你。

◎ **保持开放的心态。**尽管在刚接触一个话题的时候，你可能会产生先入为主的想法，但你还要试着去接受不同的想法。你可能会发现，在你做了一系列阅读和讨论之后，你最初的想法会发生变化。如果没有足够的证据来支持任何结论，那就先不要发表意见。

◎ **论述全面。**如果有人要求你就一个主题发表看法，请全面分析。讨论所有相关的观点，给出你的结论，并加以论证。

学会信息分析与评估

现如今，随着媒介的大量涌现，我们有海量的信息可用。评估证据、数据和观点不可避免地成了一项核心技能。本节将帮助你了解信息和想法的来源及其可靠性，并探讨事实、想法和真理之间的差异。

无论你学什么或从事什么样的工作，你都必须具备评估信息和观点的能力。该技能涉及多个层面，还会因手头任务而异。分析信息的时候，你应该关注信息本身的准确性或真实性、信息来源的可靠性或潜在偏差，以及信息的价值，即它与论点或案例是否相关。哪怕是基于相同的信息，你也有可能遇到互相矛盾的证据或者相互冲突的论点。你需要评估它们各自的优缺点。要完成这些任务，请多了解信息的来源和性质。

信息与观点的来源

从本质上来说，事实和观点来源于个体的研究和学识。它们可以是描述、概念、说明或数据。从某种程度上来说，信息或观点必须被传播或发布，否则没有人会知道它们。通常，信息和观点最先出现在一次文献中，二次文献会将其整理。了解这个过程，将有助于你分析和评估信息，选定合适的证据或文献引用方法。

评估的本质

在自然科学科目中，你需要说明和核实数据的可靠性。这样你才能做出有意义的假设，并加以检测。因此，评估是科学方法的核心。

在非自然科学科目中，想法和概念很重要。你可能需要客观分析信息和论点，提出自己的观点，并论证。

评估"事实"的来源

并非所有"事实"都是正确的。你读到的内容很可能是错误的，也可能被误引或被歪曲，或基于错误的前提（基本原则）。网上的信息尤为如此，因为它不太可能被审查或编辑。从逻辑上讲，信息越连贯，它就越接近一次文献。显而易见，这在很大程度上取决于文献的作者和赞助商（谁给了他们钱）。因此，评估来源的另一个重要方法就是，查找文献的所有权和出处（从谁开始、从哪里开始，以及为什么）。

- **原创作者**。你能确定是谁写的吗？如果有作者签名，或者标题下署名的那一行写了作者的名字，那么你就可以判断所读内容的质量了。要是知道或者可以假定作者是这个领域的权威，那么判断就没有那么难。否则，你还要做一些研究（例如，将姓名放入搜索引擎中）。

  当然，仅仅因为某教授说了某个观点，并不能说明该观点就是正确的。如果你知道该观点是凭借教授的多年经验和研究得到的，那么它比某个不知名的网络作者提出的想法要可信一些。如果未注明作者，说明可能没有人愿意为该内容承担责任。那你就得考虑这是否事出有因？

- **出处**。是否找到了作者的工作地点？你可以借此了解事实或观点是否有学术研究做支撑。如果作者在公共机构工作，那么他可能需要遵守一些出版规则，需要将自己的作品提交给出版委员会，然后再出版。这样的话，要是文章中有诽谤性或错误的内容，他们当然更有可能陷入麻烦。还有一个问题也不容忽视，即公司或政治派系是否能够凭借事实内容获得既得利益。

事实、观点和真理

如果书单很长，或者你被各种不同的观点"轰炸"时，你会容易困惑，会忽略事实、观点和真理之间的差别。对于许多研究工作来说，研究者意识到这个问题是前提，尤其是在艺术、社会学和法律领域。

例如，在艺术和社会学等许多领域，通常没有"正确"或"错误"答案，只有一系列立场或观点。因此，你的答案可能与同学和辅导员的观点截然不同。你备受褒奖的理由可能是提出了自己的观点并加以论证，而不是因为照搬照抄讲座中或标准文本中阐述的"路线"。即使辅导员在批改作业时不同意你的结论，也会根据你的表现酌情给分。表4-10中提供的清单有助于你评估信息是否可靠。

表4-10　　　　　　　　　　　　评估信息的可靠性清单

评估作者的身份和文献的性质	信息评估及分析
❏ 你能找出作者的名字吗	❏ 其他人是否引用了此文献
❏ 你能确定作者的相关资质吗	❏ 出版日期是否影响信息的准确性？例如，它是在事件发生的时候写的，还是事后写的
❏ 你知道谁是赞助商吗	❏ 你是否关注过信息的内容，而非其形式
❏ 你知道谁为这个工作买单	❏ 使用的语言是否暗示了信息的可靠性
❏ 这是一次文献，还是二次文献	❏ 信息是事实，还是观点
❏ 一次文献是否被审查或编辑过	❏ 你是否检查过论点中的任何逻辑谬论
❏ 内容是原创的，还是演化的	❏ 你是否考虑过任何与数字相关的错误
❏ 该文献是否引用了其他文献	❏ 你是否用过统计学来分析数据
❏ 你是否核查过相关文献	❏ 如果有曲线图，它（们）绘制得怎么样

然而，在历史、政治学和经济学课程中，学生很容易武断，得出的结论有失偏颇。这些情况有时被称为"价值判断"。内容包含未经证实的观点可能会

让你丢分。

真理这个概念可能造成分歧，因为它涉及许多让人困惑的哲学概念。在辩论中，只有各方都接受它，它才是真理。如果某个论点缺乏可信度或者在某种程度上是不可接受的，这将增强反论点的说服力。

真理和事实的概念涉及客观性和主观性的概念：

- "客观的"是指，基于对事实不偏不倚的考虑；
- "主观的"是指，基于一个人的观点。

大多数学者希望看到一篇客观的文章。当然，你还是很有必要在写作过程中适时陈述自己的观点，特别是在有些证据可能佐证的是反方观点时。关键是要找出合理的理由来让你的观点站得住脚。

很多曾经被认为无懈可击的"事实"，现在却被认为是荒谬的（比如，人们曾经认为太阳绕着地球转）；曾经被认为荒谬的东西，而现在却被普遍接受（例如，板块构造的大陆漂移观点），这样的例子不胜枚举。除此之外，社会的主流观点也可能会随着时间的推移而改变，讨论的整体框架甚至都有可能发生变化（例如，关于奴隶制或妇女解放的讨论）。鉴于此，学术界坚持的一个核心原则是，如果有人挑战公认的事实和观点，那这种做法通常是可以接受、甚至是可取的。因此，我们应该保持开放的心态和钻研精神。只要一个观点有最新且合理的文献佐证，我们就应该接受它。

论证你的观点或结论

分数高低可能取决于你的论点是否有说服力、你的论证是否合理。证据有多种形式：统计或数字、文献或观察结果。你需要评估所有证据的相关性和价值，并且别忘了在文章中注明资料来源，否则这些证据在评分人看来可能是无效的，你甚至可能会被指控剽窃。尽量给出一个中立的结论，这一点很关键。至少从表面上来看，你考虑到了反论点和反证。你还要阐述别人的想法或观点，并解释为什么你得出了这个结论。

> **案例学习：事实和观点**
>
> 1999年9月30日，世界田径100米短跑的世界纪录是9.79秒。这是一个事实。随着时间的推移，记录可能会发生变化，但这种说法仍然是正确的。有些人声称，许多世界纪录是服用药物的运动员创造的。这是一个观点。有证据支撑这一观点，但这些案例中的证据可靠性最近又处在了舆论的风口浪尖上。对于滥用药物的指控，公众可以猜想、赞同和反驳，但这些指控并不都是正确的。你的任务就是，找出事实与观点之间的区别，然后再加以利用。不要回避争论，要搞清楚事实、真理、你对证据的看法以及证据来源的可靠性。

评估信息的小贴士

◎ **筛选引用的资料。** 有条件的话，尽量阅读和引用一次文献。不要依赖二次文献，因为作者为了支撑自己的案例，可能有选择性地去掉一部分信息，而你的案例或许恰好需要该信息来佐证；他们的解读方式也可能和你的不一样。

◎ **利用"三角学"来阐明含糊信息。** 例如，交叉印证。也就是说，查看和比较多份资料。所有资料应该尽可能独立（例如，不要拿一次文献和二次文献或三次文献做比较）。如果所有资料的观点一致，那么你就能确定立场了。如果不同，那你可能需要选出更具说服力的观点。

◎ **关注文献的年限。** "旧"并不一定意味着"错误"。但彼时的观点和事实在此时可能发生了变化。你能找出变化吗？哪些关键事件、工作或方法的变化导致结论发生了变化？

◎ **评估资料中引文的重要性和质量。** 这尤其适用于评估学术期刊上的文章。通常，学术期刊中的观点会引用其他著作来论证。这些引文说明，先前已经有了一些研究，这些观点或结果有真正的学术研究做支撑。如果你不确定引文的质量，请考虑以下问题：引用文献的出版年份很久远吗？引用的文献是原创成果吗？作者是否只引用了自己的著作？是否只引用某一位研究者的成果？

◎ **分析语言**。单词及其用法可以透露出很多东西。是否有主观或客观的句子结构？前者可能是一种个人观点，而不是客观结论。有宣传的迹象吗？有些表示"绝对"的术语可能暗含偏见，如"每个人都知道""我可以保证"。论证不全面也会造成观点有失偏颇。在分析话题的时候，作者有多认真？有些作者可能会偷懒，如使用一些夸大或模棱两可的词、新闻用语或俚语等。但是，要始终记住，在评估中，内容应该比陈述更重要。

◎ **评估内容，不要以貌取物**。仅仅因为信息的呈现方式很好，比如，在一本光鲜的期刊上或者在一个"妖媚"的网站上，你并不能因此判断内容的质量。请尽量透过形式看本质。

◎ **保持怀疑态度，但三观要正，评价要客观**。无论信息的来源多么可靠，都有必要对事实或观点保持一定程度的怀疑态度，并质疑论据的逻辑。即使是一次文献的信息也可能出错——不同的方法可能会造成不同的结果。在创作过程中，作者不一定想过为什么要用某种方法。另外，尽量不要把某个观点捧上天，这样你才能客观公正地评估其优点和缺点。

◎ **尽量把事实和观点区分开**。作者在多大程度上支持一个观点？是否引用了相关事实，比如，通过文献引用或作者自己的研究？是否有用到数据来证明观点？这些信息是否可靠？你能否通过查看原始资料来验证信息的真实性？作者为什么会提出一个有失公允的证据来论证自己的观点？

◎ **找出错误论点和逻辑错误**。重点分析论述方法，而不是事实本身。你可能会发现，论据中有常见的谬论，从而找到其逻辑错误。

◎ **仔细观察数据和图表及其分析方式**。数据有没有错？作者是否考虑了这些数据错误，适当情况下是否进行了量化？如果这样做了，你是否知道重要数据之间的差别有多可靠？你是否采用了适当的统计方法来分析这些数据？假设是正确的吗？结论是否正确解读了所有测试结果？仔细观察所有图表，其绘制方式可能是为了强调某个特定的观点，例如，改变轴的起点位置。

◎ **统计方法不是万能的**。且不说统计方法实际上不做论证，只处理概率。此外，只有满足一定的前提条件或假设时，统计方法才可能用来分析和展示数据，而非任意时候（"你可以用统计方法来证明所有东西"）。为此，你至少要大致了解一下"统计方法"和常用技术。

◎ **查看作者的成果引用情况，以及如何引用的。** 在许多科学科目中，你可以利用《科学引文索引》来查找文章或作者被引用的频率，以及被谁引用的（可以在汤森路透科学网上获得）。阅读这些资料，看看其他人是如何看待这些最初发现的。有些综述性作品，即使发表时间比你的晚，也可能会提供有用的见地。

如何提高阅读效率，加深理解

无论学什么专业，你都需要进行大量阅读。我们将介绍一些帮助你提高阅读效率的速读技巧。

你在学校要阅读的大部分材料都是按照传统学术风格编写的。乍一看，它们的内容都很冗长，但是，印刷版的材料中所罗列的内容（学术资源）都很有条理。如果能够利用这一优势，了解文章的写作结构，你应该会发现，要读这么多页的书没那么难，你不仅能够理解文章的内容，还能节省不少时间。

在开始阅读任何文本之前，你最好先想清楚你阅读的目的：

- 如果你要找一个特定的信息点，请参考索引或章节标题快速定位，这应该不算难事；
- 如果是通过读教科书来扩充课堂笔记，那么你可能需要调整阅读方式；
- 如果是为了欣赏作者的写作风格或作品的美感，例如，小说，那你就不能读得太快，还可能要重读一些关键部分。

有时可能需要不同的阅读方法。例如，对于文学作品，你需要精读。老师上课的时候会教你一些专业的阅读技巧。

阅读和理解是做笔记的前提。你可以一边阅读，一边做笔记，但这并不总是最有效的学习方式。最终，你说起来是在做笔记，其实只是把你读的内容重抄了一遍。但如果你能先把要读的东西大致"扫"一遍，了解上下文的内容，然后再做笔记，那么你的笔记内容会更翔实合理。

纵览文章的结构框架

这篇文章可能是老师布置的作业，也可能是你在扩充课堂笔记或者复习的时候，在图书馆里看到的貌似相关的资源。无论是哪种情况，你都要做一项初步调查，熟悉它所包含的内容。你可以使用结构中的元素来回答与内容相关的关键问题，这些元素如下。

- 标题和作者。该文章看起来对你当前的任务有用吗？作者是所在领域的权威吗？
- 出版商的内容信息。里面的内容是否能够满足你的需要？
- 出版细节。是什么时候出版的？是否是最新内容？
- 目录。内容是否能够满足你的要求？是否可以从各个章节的标题中看出文章内容的详细程度？
- 索引。索引全面吗？它能帮助你迅速找到要查看的内容吗？你能快速找出参考资料吗？
- 大致印象。文章看起来难吗？有了副标题，文章读起来是不是更容易？可视化信息是否清晰且易于理解？

通过回答这些问题，你可以决定是否需要进一步深挖文章：是需要阅读整本书，还是只要看其中的一部分？抑或是这本书目前没太大价值？

搞清楚文章的写作结构

通常，结构清晰的学术文章都会遵循一个标准模式——都有引言、正文和结论。引言有时可能有几个段落，有时可能只有一段。同样，结论可能是几段，也可能只有一段。图4–1是一篇文章的布局，里面包含五个段落：一段引言、一段结论和中间三段不同长度的正文段落。

在文章中，每一段都要有一个主题句，陈述整段的内容。每段都有一定的作用。例如，有些用来描述，有些用来举例，而有些则用来列举某个观点的正反面。

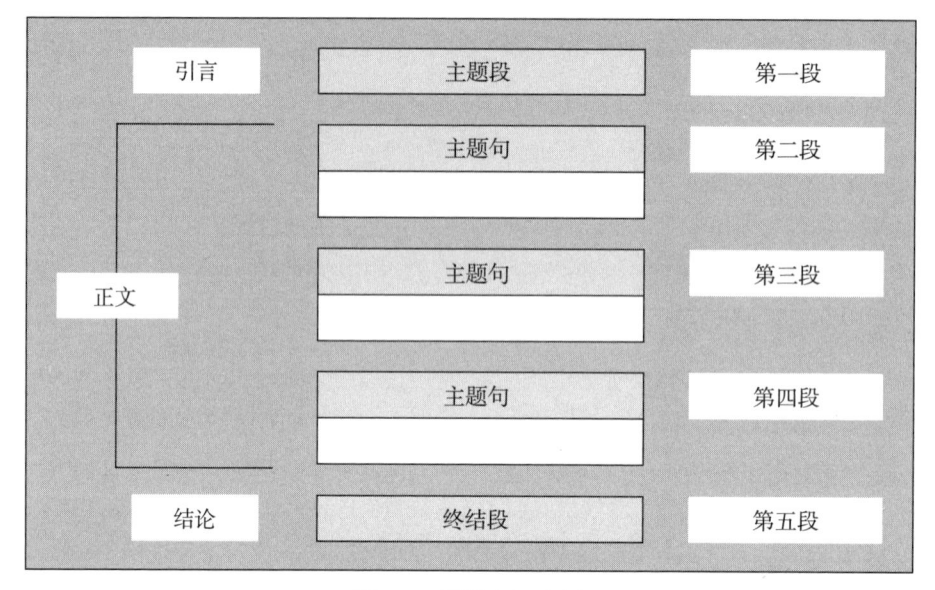

引言	主题段	第一段
正文	主题句	第二段
	主题句	第三段
	主题句	第四段
结论	终结段	第五段

图 4-1　谋篇布局范例

很多学术文章的结构也类似。"路标词"通常会显示段落以及句子的功能，引导读者了解文章的逻辑结构。例如，"然而"表明马上要给出与前文相反的观点了；"因此"表明马上要阐述结果或影响了。

我们可以利用上述结构知识，来了解文章的大意：

- 阅读主题段和终结段，甚至只读主题句；
- 找出与你兴趣相关的关键词，可能需要详细阅读某些段落，有时可以使用标题和副标题来快速定位；
- 寻找路标词，判断潜在"论点"。

速读技巧

在描述速读技巧之前，我们有必要先了解读者的"操作"速度。有些读者在阅读的时候，并没有把每个单词当作独立单元，而是使用眼睛的余光或边缘视线（你盯着看的时候，眼睛能看到左右两边的最大范围）来划分阅读单元。

所以，他们在"一瞬间"或一个"注视点"中吸收的是一组单词，如图 4–2（a）所示。在这个例子中，需要四个注视点来读完一句话。

这种阅读速度比逐字阅读的速度要快，如图 4–2（b）。在这个例子中，读者用到了 11 个注视点，所以他的阅读效率很低。研究还表明，以这种方式阅读的人，不仅效率低，其吸收信息的速度不太可能赶得上大脑的理解速度。因此，阅读速度慢会阻碍理解，而不是帮助理解。

（a）注视点　　注视点　　注视点　　注视点

| 学习期间 | 他们 | 需要 | 读很多书 |

（b）

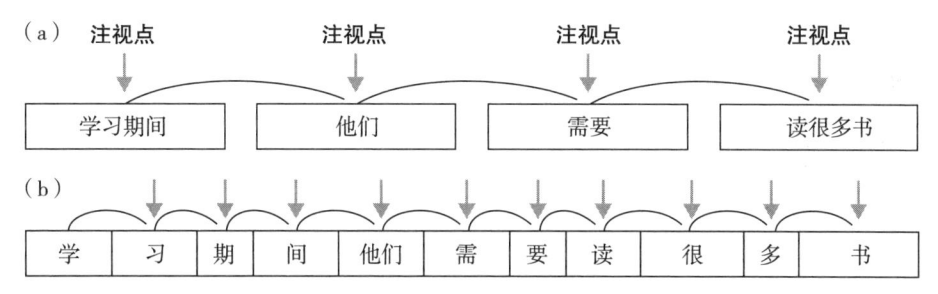

| 学 | 习 | 期 | 间 | 他 | 们 | 需 | 要 | 读 | 很 | 多 | 书 |

图 4–2　阅读时的眼球运动

你可能在某种程度上已经具备了这些速读技巧。请多做表 4–11 中所示的"眼操"练习，进一步加快你的阅读速度。

表 4–11　　　　　　　　　　"眼操"练习

快速阅读	是一种技能	它需要培养
阅读文章	的时候	你会发现
先读	每个部分、章节或文章的	第一段
和最后一段	会很有用	由此
你能够	了解	文章的
来龙去脉	和概要	虽然所有的学术文章
确实都要经过	认真编辑以后	才能出版
但是，这并不意味着	每篇文章都会遵守	这个模式
但是	一篇写得好的	学术文章
会遵照这个模式	而作为读者	在精读

089

续前表

之前	你应该	先弄清楚
这个模式	这有助于你	了解
整个文章的内容		
在你想	做笔记的时候	你不应该
在最开始的时候	就拿着纸和笔	准备抄笔记
当然	你需要记下	参考书目的
出版信息	但是,不要在	你开始
第一遍阅读的时候	就忙着	做笔记
最好	先通读	一遍文章
反思和回想之后	再基于你记得的东西	写下笔记
由此	你可以	得到一个框架
精读之后	你可以	围绕这个框架
整理笔记	有些人喜欢	一打开书
就做笔记	但是	随着疲惫感增加
这种人	最终只会	照搬照抄
课本上的内容	这样的话	学习或反思
就很少了		

请快速阅读表 4-11 中的文字。从左到右以正常的方式阅读,目的是让你在阅读时尽可能利用眼睛余光,这样你的注视点就会减少,因为这种方式会迫使你的眼睛专注于一组单词的中心词。这个意群是自然产生的——通常是基于语法或逻辑框架。你的眼睛也许会感到不舒服,说明它们对该模式还不太熟悉,还在适应阶段。请多加练习这篇文章,提高眼球的移动速度。

你还可以使用"手指追踪"的方法,即用手指指着你正在读的句子,让它跟随你的眼睛在页面上的路径来移动,以提高你的眼球移动速度、让你的注意力集中在正在读的单词上、防止你跳到前面读过的句子或者后面还没读的内容上。有些人喜欢在正在读的那句话下面或上面放一个书签,以避免眼睛跳到其他内容上。

其他有助于提高阅读速度和加快内容吸收速度的策略包括：

- **略读**。查找某个信息的时候，用眼睛把一个列表或者一个页面粗略地看一遍，找到里面的关键词或者短语，比如，在电话簿中查找联系人或地址。
- **浏览**。例如，先快速浏览整篇文章，大致了解全文内容，然后再精读。
- **找出主题句**。通过阅读主题句，你可以大致了解全文内容，加深对文章的理解。
- **找到路标词**。如上文所示，它们能够帮助读者理清整篇文章的逻辑。
- **找意群（由语法上有关联的词汇构成）**。你在潜意识里根据单词的自然意义将它们分组，以减少注视点，从而提高阅读速度。你可以通过"眼操"练习来提高阅读速度。
- **从标点符号中获取线索**。例如，根据标点符号来理解内容。标点符号对你的理解至关重要。

阅读速度和效率与理解能力息息相关；读得太慢会妨碍理解。显然，你需要通过理解测试，看自己是否真的理解了文章的主要内容。SQ3R阅读方法就用到了理解测试——纵览（S）、问题（Q）、阅读（R）、回忆（R）和检查（R）。该方法还提到了如何提高记忆力和学习技能，对考试复习也有帮助，如表4–12所示。阅读的时候，你必须积极处理文本中的信息，而不是简单地开启"机器人模式（不读白不读，读了也白读）"。

表 4–12　　　　　　　　　　阅读的目的是记住东西：SQ3R 方法

纵览阶段
● 阅读一节或一页笔记的第一段（主题段）和最后一段（终结段） ● 阅读中间段落的主题句 ● 如果有标题和副标题，重点关注 ● 研究图表的关键特征
问题阶段
● 你对这个话题了解多少 ● 作者讲了些什么 ● 你需要找到哪些信息

续前表

阅读阶段
● 快速阅读全文，了解各个部分的要点；可以利用手指追踪的方法 ● 回到问题阶段，重新审视你最初的答案 ● 寻找关键词、关键句和路标词 ● 不要停下来去查生词 - 先读完全文再说
回忆阶段
● 把书或笔记合上，尽量回忆看过的内容 ● 写下关键标题/注释/图表 ● 翻书检查回忆的信息是否准确无误；建议回忆期为一次 20 分钟
检查阶段
● 休息之后，试着回忆要点

导致阅读速度变慢的因素

除了找到快速阅读的方法，你还应该知道影响阅读速度的因素。

- 阅读的时候旁边有分心的事物，比如，电视、音乐或聊天等背景噪音。默读（和大声朗诵一样，读出每个单词）。
- 逐字阅读。
- 太累了。
- 视力不好。如果视力不是 20∶20[①]，那就得去做视力检查；眼睛超级重要，不能忽视。建议配一副阅读镜。
- 光线不足。如果可以的话，阅读的时候旁边开个台灯，光直接照到文字上；在光线不足的情况下阅读，眼睛很容易疲劳，从而影响注意力，缩短阅读时长。

阅读在线资源

当然，你也可以把网上得到的材料打印出来。如果是这样，请参照本节其

---

① 相当于国际标准视力表中的 1.0。——译者注

他地方描述的原则。然而，出于成本或环保的考虑，或者仅仅是为了评估要不要把材料打印出来，你可以直接在屏幕上阅读。为此，请考虑以下几点内容。

- 网页设计师经常依照屏幕的尺寸把文本分成很多块，而且各个"页面"之间有链接，导致你很难获得对该主题的全面描述。鉴于此，你在做出判断之前，一定要通读所有材料。
- 网络材料的编写风格通常很简练，里面的列表带有项目符号，关键信息也容易消化，还用制图法来突出显示重点内容。但它可能缺乏学术著作该具备的细节，例如，例子的数量和深度。
- 网上材料很容易获得，所以你在阅读过程中可能更偏向使用现代资源，不爱用典型学术的东西。无论任何时候，都不要忘了查看阅读清单上是否列出了标准的纸质版资料，再看看能不能在图书馆里找到它们。
- 请使用"查找"功能（在微软的 Word 和 IE 浏览器中使用"Ctrl+F"），直接跳到关键字。
- 如果你要长时间盯着屏幕看，请调整好座位高度。眼睛要和屏幕的中点大致持平。
- 多休息。站起来，四处走走，然后再工作。
- 如果你戴眼镜，请多准备一副阅读镜，方便阅读屏幕上的材料。可以去学校的健康和安全中心或者眼镜商那里了解更多信息。

如果要把资料打印出来，请留意屏幕上的"经济打印"图标。

加深理解并提高阅读效率的小贴士

不要"来者不拒"，要搞清楚你的目的。 想想你为什么要阅读。关于你想要学习的科目或主题，你已经收集到了哪些资料。课堂讲义会告诉你这个主题的呈现方式和论证过程等。你是要大致了解全文，还是要找到特定信息？请根据你的情况，使用合适的方法和材料。

◎ **根据文本类型来调整阅读速度。** 如果只是阅读报纸最边上的一篇逸闻趣事，那你就不需要像读学术书籍中的关键章节那样仔细阅读。

◎ **先易后难，先掌握基本信息，再啃"硬骨头"。** 并不是所有文本都是

"读者友好型"。如果你发现有一段文字很难理解，那就跳过这一段；在这上面花再多功夫也不一定能懂。请接着往下读，然后在该停的时候停下，例如，在一节结束。这个时候，你可以回到前面难的部分，再读一遍。通常情况下，你会更容易理解它的意思，因为你对上下文已经有了一个大致了解。同样，不要每次遇到生词就停下来。请接着往下读，尽量根据上下文猜意思。当你完成阅读后，请在字典中查找生词，并将其添加到你的个人词汇表中。

◎ **定时休息。**阅读时间过长会适得其反。注意力在 20 分钟后会最集中，但在 40 分钟后就会慢慢分散。多休息，但是不要本末倒置——休息时间不能比学习时间还长。

◎ **留意文本中的参考资料。**阅读的文章中会出现其他作者的观点；当然，并不是所有引用都与你的阅读目标有关。请记下你非常感兴趣的内容。文章结尾或书末会给出参考资料的完整出版细节。当你读完了"母"文章以后，可以拿那些参考资料做补充阅读。

如何提高做笔记的效率

作为学生，必须知道如何记读书笔记。有太多信息需要记录和保留。本节概述了一些实用方法，教你把所读和所想的东西以笔记的形式记录下来，这样在日后还可能用得上。

大多数课程会提供一份阅读清单，上面推荐一些阅读资源。科目不同，阅读清单也不同，但大致包括以下内容：教科书、期刊文章和网络材料。有时，会给你具体的参考资料；有时，你必须自己在文本中找到相关材料。上一节描述的方法将帮助你快速识别文本中最关联的部分，以及要在笔记中记下的内容。

在学习过程中，你需要培养做笔记的能力。要想找到一种适合你的方法，这需要时间，还要不断尝试。它要符合你的学习风格，要契合你计划完成任务的时间，还要适用于研究的材料和主题领域。这一节提出了一系列方法，教你从获取的资料中提炼关键点，并记下来。

做笔记其实是一项投资。你的笔记可能成为未来学习的必要资源，所以千万不要把它们扔掉。特别是为课程作业做的笔记可能会在考试的时候用得到。笔记是复习的好帮手，能够帮助你回忆复杂的概念该如何理解；还可以为你的答案提供一些例子、细节或"色彩"。

为什么要做笔记

通常，学生在写作业或复习的时候会做笔记。对于有些文本，学生可能"不费吹灰之力"就能理解其中的意思，而有些则需要精读。你需要想好做笔记的目的。例如，你的目的是：

- 概述主题；
- 记录顺序或过程；
- 分析问题；
- 提取论证的逻辑；
- 比较不同的观点；
- 引用；
- 在文本中添加自己的评论，例如，把文本中的重点和在讲座上或课外辅导中讨论的内容联系起来。

这些都将影响笔记风格、细节和深度。

笔记的要素

如果能养成好的做笔记习惯，你会节省出很多时间。

- 在所有笔记上记录资料来源的全部细节，即：
  – 作者姓名和首字母；
  – 完整的标题，以及所在章节和页数；
  – 出版日期；
  – 出版商和出版地。

如果你打算引用这些信息，那你就需要用到这些来源。

- 建议记下做笔记的日期。
- 你的笔记必须在六天、几周或几个月之后都有效。请将它们进行个性化设置：
  – 加下划线；
  – 加亮；
  – 颜色标记；
  – 编号列表；
  – 项目符号；
  – 特殊布局；
  – 要点加框；
  – 记忆术（使用一系列字母或单词来帮助记忆一个关键点），例如："清热解毒"（用来记住戒指戴在不同手指的意义——"清"对应食指，就是单身的意思，表示"清清白白"；"热"对应中指，就是"热恋"中的意思；"解"对应无名指，就是"已婚"的意思；"毒"对应小拇指，就是"独身"的意思）。

你需要记录什么

做笔记的时候，你很容易掉入一个陷阱，即开始前一定要备空白纸和笔，然后在阅读过程中把"重要的"点记下来。但用不了多久，你就相当于在重写这本书。为了避免这种情况，你得记住一些诀窍。

- 想好做笔记的目的。
- 找到最适合该任务的笔记风格和布局。
- 浏览要阅读的内容。
- 确定作者的目的，例如：
  – 叙述事件或过程；
  – 陈述事实；
  – 逻辑推理或逻辑论证；
  – 分析问题或情况；

- 批判某个论点。
- 分析作者对此科目的"态度",以及这与你的目的有何关联。
- 记下在阅读过程中想到的点。
- 如果有其他文章,请将它(们)和这篇文章联系起来。
- 用自己的语言改写,而不是抄写。如果你一定要抄写,那么请使用引号,并记下参考资料的详细信息。

做笔记的策略

此处介绍了几种做笔记的策略。图 4–3 到图 4–9 列举了一些例子。不是所有策略都和你的主题有关,请选择适合你的。其中,有些策略可能看起来不太合适。但是,若稍做调整,它们可能适合你。表 4–13 比较了每种策略的优缺点。

表 4–13　　　　读书笔记的不同布局比较(图 4–3~ 图 4–9)

笔记类型	图	优势	劣势
关键词	4–3	利于获取信息	文本结构必须有条理
线性布局	4–3	数字列表。适合将概念分类	格式限制,很难倒回去插入新信息
时间线	4–5	帮助识记一系列事件;一个过程的很多阶段	不能记太多信息
流程图	4–6	让复杂的内容结构明晰化	占用空间;可能显得笨重
概念图或思维导图	4–7	适合在一个页面上记录信息	混乱;很难看懂;并不适合所有的学习风格
矩阵图或网格	4–8	适合记录不同观点、方法和应用	内容或信息量受空间限制
鱼骨图	4–9	适合阐述论点的正反面	内容或信息量受空间限制

有些策略可能符合你的学习偏好,对你有吸引力。例如,"视觉学习者"可能更喜欢图 4–7 中所示的概念图。

其他策略可能更适合别的任务:如果需要分析一系列复杂的观点或立场,你最好使用矩阵策略,如图 4–8 所示;如果需要评论双方的论点,你可以使用鱼骨图或其变体,如图 4–9 所示。

主题：农村人口减少	资料来源：Ormeston, J, 2002. Rural Idylls 格拉斯哥：Country Press
问题	农村人口减少 传统社区瓦解 外来者定居——宿舍村
原因	农业机械化 集群化生产 农场变大，雇用工人变少 传统农业和相关活动减少
影响	家庭分散——新生儿数量减少 商店、邮局、学校和医院关闭 交通枢纽减少
解决方案	住房补贴来留住家庭 使经济活动多样化，例如，旅游/活动/度假 刺激农村经济的发展——农场商店、农贸市场 丰富传统农作物的种类——寻找新市场

图 4-3 关键词笔记的样例

(a)

主题：肥胖症儿童	资料来源：Skinner, J, 2001. Diet and Obesity 爱丁堡：Castle Publishing
1. 生活方式 1.1 电视、电脑游戏的一代 1.2 无监督的闲暇时间——久坐	4. 家庭 4.1 父母吃得多，孩子们和父母一样 4.2 速溶食品 4.3 食物作为鼓励和奖励
2. 饮食 2.1 不断"吃"垃圾食物 2.2 添加剂或加工食品 2.3 缺乏足够的新鲜食物，如水果和蔬菜等	5. 学校 5.1 不吃学校食堂的饭菜，常常光顾小吃店或快餐店 5.2 健康-饮食计划课程
3. 锻炼 3.1 看别人运动，自己不去参加 3.2 学校的团体性项目运动减少 3.3 孩子被过度保护，不能到户外"自由玩耍"	6. 医疗服务 6.1 较少强调预防肥胖症 6.2 缺乏对父母和儿童的健康教育

（b）

主题：有机材料的基本特点	资料来源：Baker, j., 2001. Chemistry for University 曼彻斯特：Midland Publishing

1. 固态 – 分子晶体 – 粉末，聚乙烯，薄膜
2. 独特的物理特性——高技术应用
3. 优点
   3.1 万能特性——利用有机化学来调节
   3.2 容易获得——有机合成
   3.3 成本低——原料便宜
   3.4 容易控制——可熔性和可溶性：易加工
4. 劣势
   4.1 相对脆弱
5. 重要类型
   5.1 导电 CT 盐
   5.2 导电聚合物

（c）

主题：运算放大器	资料来源：Scott, D.I., 1977. Operational Amplifier 考文垂：Circuit Publishers

1. 通常是一个集成电路；可以是分立元件
2. 集所有技术于一体：双极型；FET；MOS；BI-FET
3. 实际上是一个高度稳定的差动放大器
4. 优势
   4.1 高电压增益 – 类型，100000
   4.2 高输入阻抗 – 类型，1 欧姆 – 可以更高，FET，MOS
   4.3 低输出阻抗 – 类型，600 欧姆
   4.4 低漂移，BI-FET 最佳
   4.5 宽电压供电范围
5. 缺点
   5.1 带宽相对窄一些 –GBP 类型，1 MHz（但是对直流电起作用）
   5.2 分立元件放大器非常不稳定，需要相匹配的晶体管
6. 常见类型
   6.1 741——最常见
   6.2 LM 380——普通音频放大器
   6.3 TDA 2030——普通功率放大器 –20 瓦，40 欧姆

图 4-4 线性笔记的样例

注：它们是从三个不同的学科中选出来的。这三个主题都适合采用层次分析法。

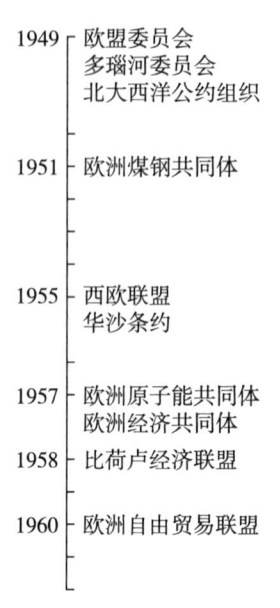

```
1949 ┬ 欧盟委员会
     │ 多瑙河委员会
     │ 北大西洋公约组织
     │
     │
1951 ┤ 欧洲煤钢共同体
     │
     │
     │
     │
1955 ┤ 西欧联盟
     │ 华沙条约
     │
     │
1957 ┤ 欧洲原子能共同体
     │ 欧洲经济共同体
1958 ┤ 比荷卢经济联盟
     │
1960 ┤ 欧洲自由贸易联盟
     │
```

图 4–5 时间线笔记的样例

注：这种设计适合展示一系列事件。此处是欧洲组织的发展进程。

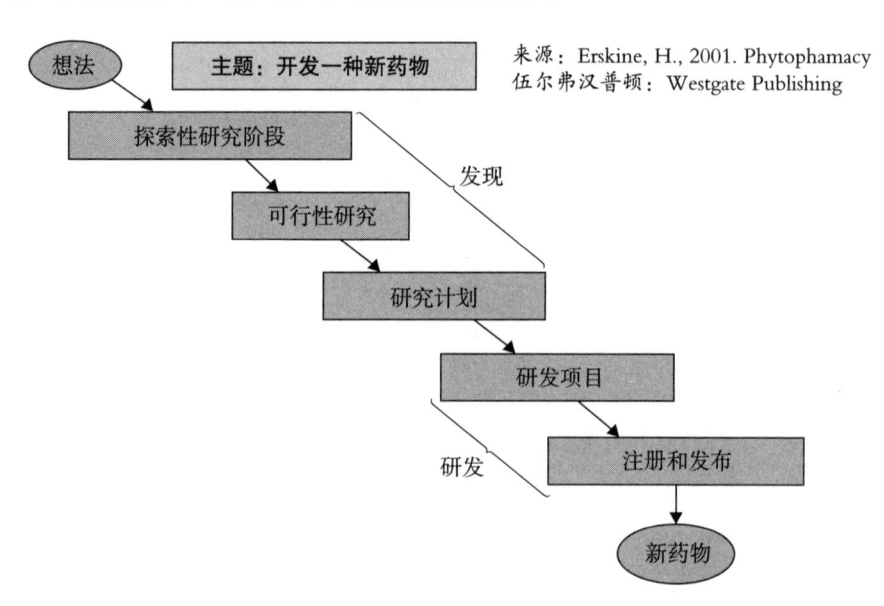

来源：Erskine, H., 2001. Phytophamacy 伍尔弗汉普顿：Westgate Publishing

```
想法 → 主题：开发一种新药物
        ↓
      探索性研究阶段 ┐
        ↓          │
      可行性研究    │ 发现
        ↓          │
      研究计划 ────┘
        ↓
      研发项目 ┐
        ↓     │ 研发
      注册和发布┘
        ↓
      新药物
```

图 4–6 流程图笔记的样例

注：这种形式非常适合描述复杂过程。

第4章 以学习为本：提升你的学习技能

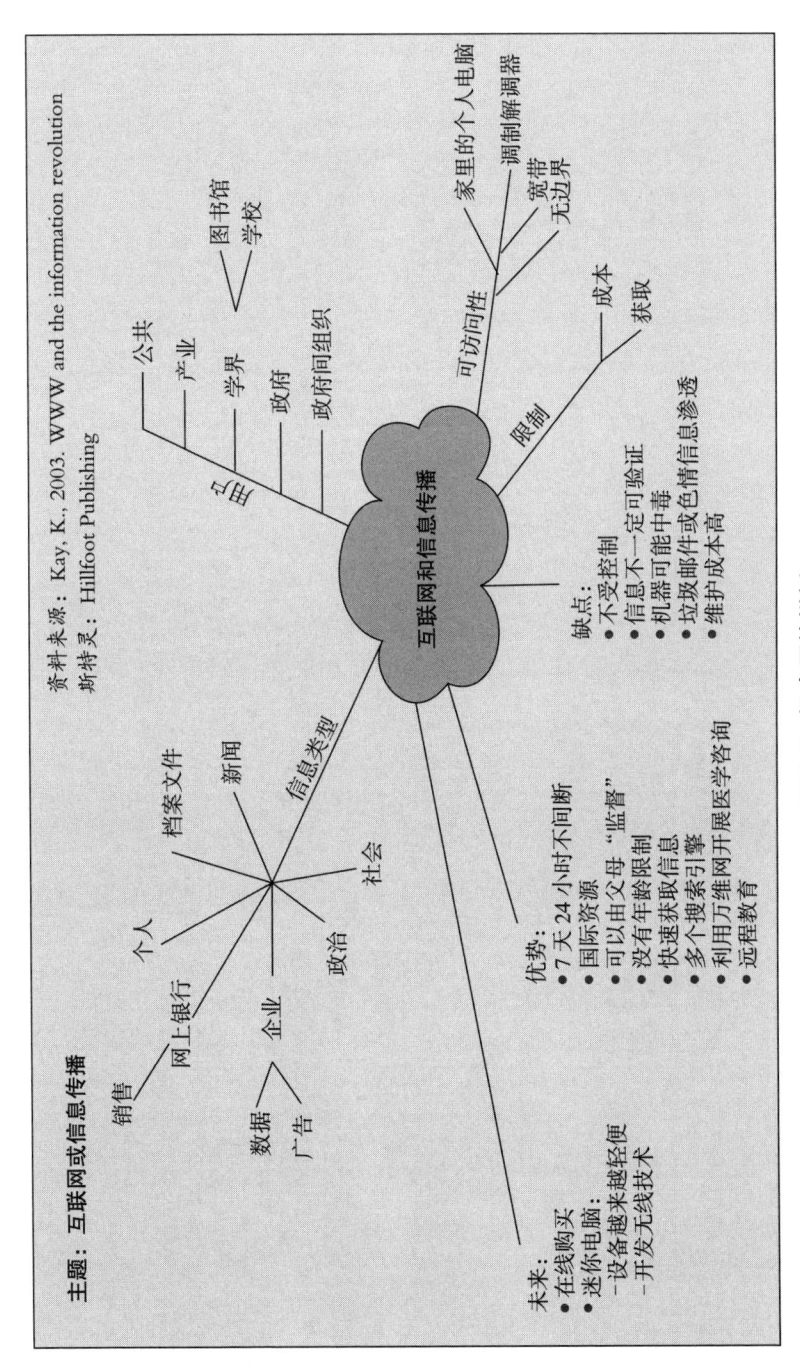

主题：互联网或信息传播

资料来源：Kay, K., 2003. WWW and the information revolution
斯特灵：Hillfoot Publishing

互联网和信息传播

信息类型：
- 档案文件
- 新闻
- 社会
- 政治
- 企业
  - 数据
  - 广告
  - 网上银行
  - 销售
- 个人

几：
- 公共
- 产业
- 学界
- 政府
- 政府间组织
- 图书馆
- 学校

可访问性：
- 成本
- 获取
- 家里的个人电脑
- 调制解调器
- 宽带
- 无边界

限制

缺点：
- 不受控制
- 信息不一定可验证
- 机器可能中毒
- 垃圾邮件或色情信息渗透
- 维护成本高

优势：
- 7天24小时不间断
- 国际资源
- 可以由父母"监督"
- 没有年龄限制
- 快速获取信息
- 多个搜索引擎
- 利用万维网开展医学咨询
- 远程教育

未来：
- 在线购买
- 迷你电脑
- 设备越来越轻便
- 开发无线技术

图 4—7　概念图的样例

101

资料来源：Walker, I.M.A., 2005. Urban Myths and Motorists
伦敦：Green Press

主题：交通拥堵

解决方案	委员会的观点	警察的观点	当地企业的观点	当地社区的观点
修建人行道	+维护费用低 -初始投资	+更容易监管 +汽车犯罪减少 +闭路监控系统的监控更容易	+购物和商业活动更加安全 -驾车的顾客会减少	+购物更安全 +对市/镇的环境污染减少
停车转搭公共交通计划	+执行交通政策 -初始资金投入 -停车场的维护	+减少市区内的交通拥堵 +减少交通事故 -潜在的停车场犯罪	-经常光顾的客户流失 -不方便 -顾客流失到别处	+对市/镇的环境污染减少 -代价高
提高停车费	+罚款创收 -修建停车场的费用高	-对执法者产生敌意	-经常光顾的客户流失 -装卸货麻烦	-居民因为在马路边停车而受到处罚
汽车限行。例如，单/双日出行	+易于管理	+更容易监管	-商用车寻求豁免权	+提倡拼车出行 -不方便
增收城市行车拥堵费	+创收 -安装追踪系统要成本	-替代路线出现交通堵塞	-经常光顾的客户流失	-影响工作/休闲活动 -成本

图 4-8 矩阵图笔记的样例

注：该表清晰地展示了各个群体对待同一个问题的赞成（+）或反对（-）观点。

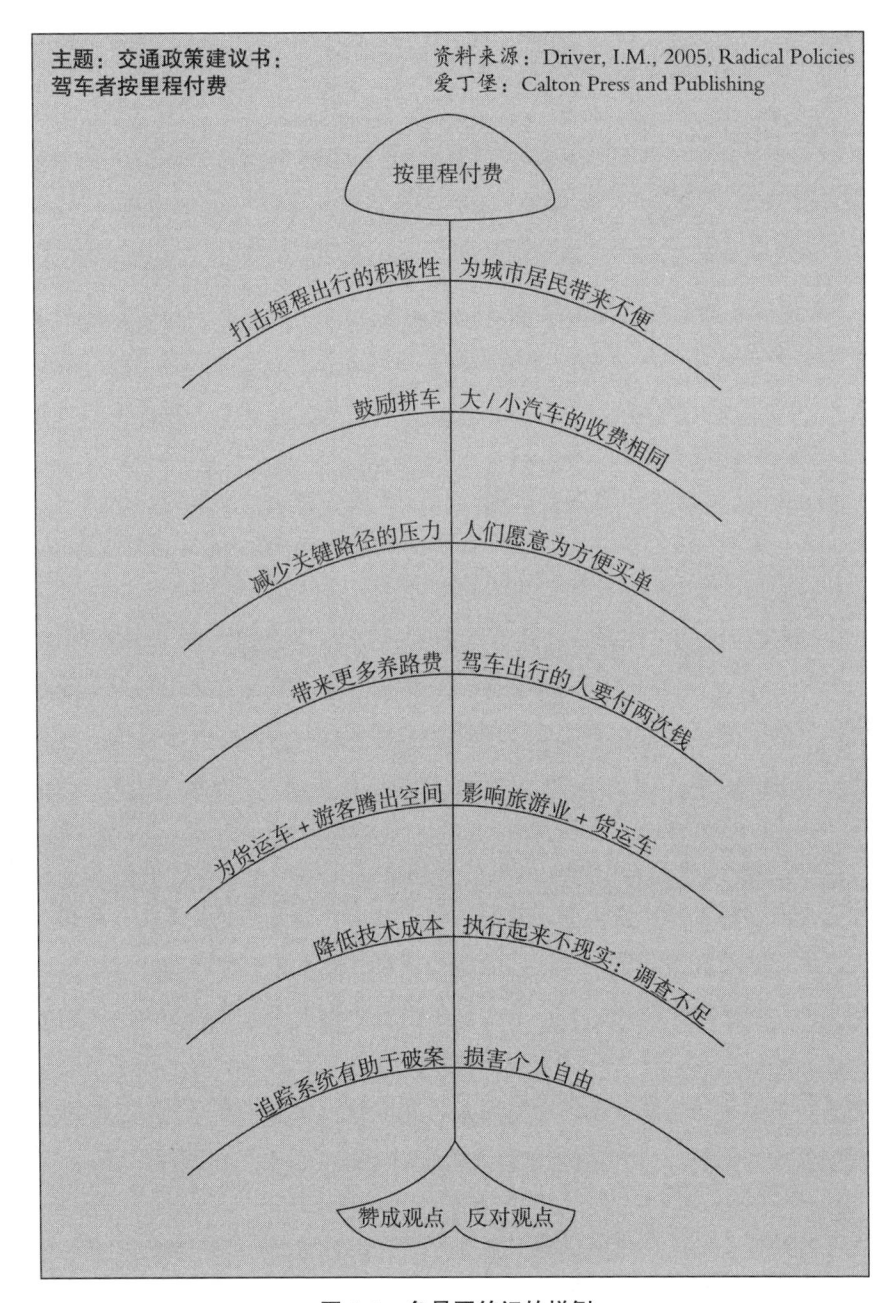

第4章 以学习为本：提升你的学习技能

主题：交通政策建议书：
驾车者按里程付费

资料来源：Driver, I.M., 2005, Radical Policies
爱丁堡：Calton Press and Publishing

按里程付费

打击短程出行的积极性 | 为城市居民带来不便

鼓励拼车 | 大/小汽车的收费相同

减少关键路径的压力 | 人们愿意为方便买单

带来更多养路费 | 驾车出行的人要付两次钱

为货运车+游客腾出空间 | 影响旅游业+货运车

降低技术成本 | 执行起来不现实；调查不足

追踪系统有助于破案 | 损害个人自由

赞成观点　反对观点

图 4-9　鱼骨图笔记的样例

注：鱼骨图适合展示一个论点的正反面观点，非常适合视觉学习者。

103

做笔记的小贴士

留足空白处。不要在一张纸上塞满信息；请在表格或其他重要信息周围留下空白空间。这时候，你的脑部"视觉"部分会工作，更容易帮你回忆信息。这些空白处以后还可以用来添加细节。

◎ **让你的笔记令人印象深刻。**让你的笔记在视觉上令人印象深刻。不过你也没必要花太多时间让它们看起来很漂亮，这并不一定会带来回报。请试着找到一种平衡——视觉上令人印象深刻，足以触发你的回忆，但不需要太过精美，没必要让它们变成毫无意义的艺术作品。不只用笔记美观来取代学习。

◎ **做笔记的时候一定要多思考。**对于更深层次的学习来说，你不仅要总结别人写的东西和想法，还要评估读到的事实和观点。试着把不同信息串起来，看你读的东西和既定任务能不能联系起来。

◎ **开发自己的"速记"模式。**有些学科有自己的缩写，例如 MI（心肌梗死）或 WTO（世界贸易组织）。还有一些标准缩写，例如，i.e.（例如）等。你还可以根据经验，开发专属于你的缩写和笔记符号，比如，数学符号、短信语言或者其他语言使用的单词。只要你记得住这些东西，只要对你来说有意义，那就可以成为做笔记的有用工具。

◎ **通过复印来节省时间。**有时你可能不需要记太多笔记；有时某一本书或其他资源在图书馆的需求量非常高，属于短期租借类。如果是这样的话，你可以考虑把相关书页复印出来，之后在复印的材料上面划重点和加注释。值得注意的是，版权法可能会限制读者复印东西——具体细节请遵照图书馆的公告内容。不过，这类活动只是一种学习技巧，在本质上是一种消极行为。如果你做笔记是为了复习或识记，本节描述了一些更为积极的方法，它们可能会更加适用。

◎ **直接引用文本中的材料时要谨慎。**如果你决定直接引用文本中的材料，那么千万别忘了把它在所引用书籍或文章中的页码给记下来。并在引用内容旁边插入作者、出版日期以及页码。

如何自信地演讲

发表演讲会带来很多收获。只要遵循简单的指导原则,你就可以做好准备,获得自信,并有效地传达信息。

你可能要在几种情况下做演讲——从课外辅导课上做简单的口头总结,到参加毕业论文的答辩。你的讲话既可以比较随意,也可以用高科技的视觉辅助工具。本节将着重讲述正式的演讲形式,尽管类似的原则也适用于其他地方。

计划和准备要讲得内容

无论什么场合,做好准备都很重要。要有一个深思熟虑的计划、良好的支持材料和清晰的主要结论,这将会增强你的信心,提高听众体验。然而,排练次数过多会适得其反,会让演讲变得枯燥乏味。请尽量避免出现这种情况。

有经验的演讲者都知道,轻微的紧张是很重要的,因为这样,你会在传递材料时产生能量和灵感。也就是说,如果肾上腺素不流动,你的表现可能缺乏活力。你应该把焦虑转化为优势,当成对你有用的东西,而不是阻碍你的东西。

结构

每一次真实的演讲都应该有一个开头、一个中间部分和一个结尾。常言道,"表达你要说的,大声说出来,然后告诉大家你已经说过了"。这句话恰好符合这个结构,你不需要再去找提纲计划。

- 引言。介绍自己,陈述演讲目的,说明你打算如何解读这个主题,并提供相关背景信息、主要内容。这将取决于演讲的性质。如果介绍的是科学或工程领域的项目,你可以从方法开始,然后转向结果。在这个过程中,可以采用一系列图表来引导。

- 听众。如果是在艺术领域的讨论课上,你可以讨论主题的各个方面,并给出例证,或直接引用他人的话。

- 结论。总结前面提到的内容，阐述你的所有观点是如何串起来的，并谈一谈可以改进的地方，例如，进一步研究的建议，或者研究该主题还可以从哪些角度入手。最后，你应该用一系列"关键句"来概括整个演讲，感谢听众聆听。

创建脚本或一系列提示

演讲基于一系列书面内容。这些书面内容会经历以下几个阶段的演变：

- 头脑风暴或绘制一张概念图，思考一下你需要覆盖哪些内容；
- 列出各个主题或标题，并简要说明；
- 制作脚本——拟定讲话内容，考虑时间限制；
- 将脚本减少到一系列关键字和要点——提示词。

随着经验的增加，你会发现自己可以从第二阶段直接跳到第四阶段。你也许只需要脑子里想想恰当的措辞，不需要把确切的词写下来。

推荐采用提示词的做法。这些提示词有时被称为"线索"，它们既可以是卡片上的标题，也可以是PPT（同类辅助工具）中的要点。这些标题构成了演讲结构，这样你就不会东拉西扯或迷失方向。它们还有助于制造一种非正式的气氛，从而吸引听众的注意力。你只需要记住怎么扩展每一点的内容就行了。

在演讲的时候，建议不要照着书面文字去读，即使你觉得自己事先知道要说的每一个字会更有信心。因为这种演讲方式似乎总是干巴巴的；还会让你的说话方式变得不自然；你还会因为忙着看脚本，以至于几乎肯定无法与听众进行眼神交流。

同理，你也不应该背下演讲内容，一来需要花费大量的精力，二来会导致你的演讲枯燥生硬，就好像你已经为这次演讲逐字编写了脚本。所以，你的彩排应该适度，既要让你自信起来，也要给听众传达出一种即兴的感觉。

- 练习可以让你在使用这些材料的时候更加自信。
- 你可以发现那些你不能用言语表达的复杂内容，然后专门练习这些内容。
- 你可以发现自己的演讲是否符合时间规定。

- 向朋友演讲。让他们对你的演讲从可听性、清晰度、演讲风格（包括手势）和视觉辅助工作这些方面加以评论。

行之有效的演讲

这不仅是指大声说出来，让听众听到你说的话；也不仅是指发音清晰，让听众能听清你说的内容。这些技能都是最基本的要求——尽管你也可能看到了，许多演讲者甚至连这些都没做到。让朋友对你的措辞加以评论，以确保你符合这些基本标准。

好的演讲不仅能保证信息的传播，还能吸引听众。你可以用两种主要方式来完成该目标：一是用你的行动和肢体语言；二是采用适当的方法。

首先，不要一直站着不动，或者像机器人一样说话。你应该有一些变化，这样才能保持听众的兴趣。

- **稍微走动**。但是，一定要面朝听众，这样他们才听得见你说话。当然，不要老是走来走去，物极则必反，一定要把握一个度，用适度的手势来强调你的观点，但不要像风车一样挥动你的手。
- **和听众进行眼神交流**。但是不要总是盯着一个人或一个地方变换演示类型。
- **让你的演讲更有趣**。例如，在黑板上画图表，也可以利用视觉辅助工具。但是不要做得太过火，以免分散听众的注意力。

其次，试着让听众参与进来。用设问句引发他们的思考，哪怕你会给出答案。问他们一些问题，比如"你们中有多少人读过这篇文章？"然后跟着说"……为了让照顾那些没有读过的人，我将简单地回顾一下要点"。还可以在演讲过程中组织活动，让听众参与进来。当然，演讲者必须非常自信，这样效果才会很好。要是演讲时间很长，听众已经开始分心的话，这种方法会非常有用。

使用幻灯片等演示工具

过去，如果演讲过程中要用到图片和信息，标准方法是使用幻灯片或35

毫米的摄影底片。字幕片比边写边讲更有优势，可以让你和听众看到一样的东西，还不会背对着听众。但如果里面塞满了文字，幻灯片就会显得很沉闷。如果要用到高清图像，那么幻灯片就很有价值，但有一个重要的缺点是，制作幻灯片需要用到复杂的设备，步骤也会比较麻烦。

如今，这两种媒介都已被虚拟的"幻灯片"所取代，这些幻灯片是通过微软的 PPT 等软件制作的。它们十分灵活，你可以轻松地插入数字图像。一个显著的缺点是，你需要一台计算机和（昂贵的）数字投影机来投射它们。如果你打算使用这种类型的软件，请检查演讲厅中是否有合适的设施，或者是否可以借用或预定。

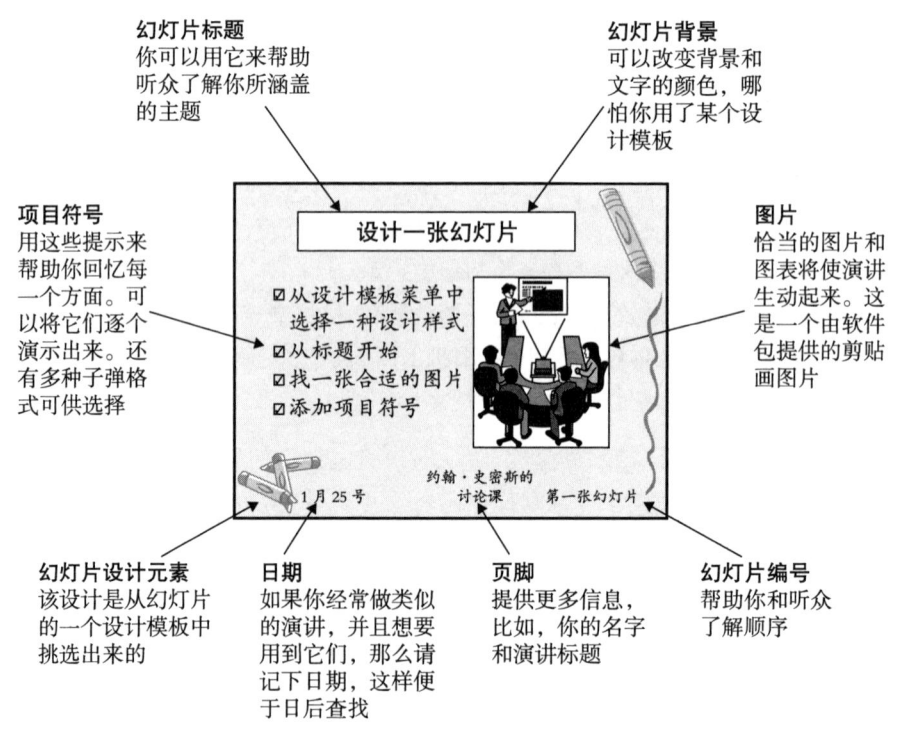

幻灯片标题
你可以用它来帮助听众了解你所涵盖的主题

幻灯片背景
可以改变背景和文字的颜色，哪怕你用了某个设计模板

项目符号
用这些提示来帮助你回忆每一个方面。可以将它们逐个演示出来。还有多种子弹格式可供选择

图片
恰当的图片和图表将使演讲生动起来。这是一个由软件包提供的剪贴画图片

设计一张幻灯片

☑ 从设计模板菜单中选择一种设计样式
☑ 从标题开始
☑ 找一张合适的图片
☑ 添加项目符号

约翰·史密斯的
1月25号　讨论课　第一张幻灯片

幻灯片设计元素
该设计是从幻灯片的一个设计模板中挑选出来的

日期
如果你经常做类似的演讲，并且想要用到它们，那么请记下日期，这样便于日后查找

页脚
提供更多信息，比如，你的名字和演讲标题

幻灯片编号
帮助你和听众了解顺序

图 4-10　幻灯片的构成

注：其他软件也有类似功能。

你可以为每一张幻灯片选用不同的设计，围绕主题列要点，把文字和图片或图形一起放在上面。你还可以在上面写一些提示词，但是演讲的时候，你不能只是简单地照着幻灯片，逐字读出来上面的内容。听众明明可以在屏幕上看得到那些东西，演讲者还要照着念，那这样的演讲是不是超级无聊。

如果你不相信自己有能力根据要点自由发言，那么可以借助 PPT 中的笔记功能，来写下你可能忘记的信息。然后，你可以在一张 A4 纸上打印出每张幻灯片和相关笔记，在演讲期间以备不时之需。请使用"打印 – 设置 – 打印批注"指令，在"颜色或灰度"项下选择"纯黑白"，要么你打印出来的就是彩色幻灯片（包括幻灯片背景也是彩色的），不然这样会浪费宝贵的打印机油墨。

本书不会手把手教你制作幻灯片，但是只要你跟着手册或者在线自助教程，学会了这些基础知识，那么表 4–14 中所示的技巧就可能非常有用。一定要检查你的 PPT 版本与演示的电脑系统是否兼容。

表 4–14　　　　　　　　　　利用 PPT 来制作幻灯片的建议

方面	备注
背景和文本颜色	仔细选择一个背景或幻灯片设计模板。深色文字配上浅色背景，确实会吸引人的注意力，但如果看久了的话，可能让人很难集中精力。而浅色文字配上深色背景则让你的眼睛没那么累
幻灯片设计	标准的 PPT 设计模板是别人用过和测试过的。如果你没有时间准备的话，那就用这些标准的设计，但是很多听众以前可能都看过。不过，你只要往背景中加一张图片，这就算是你的原创内容了。但是，你还是得知道，插入图片也是要花时间的
文本大小和字体	标准 PPT 的文本大小是默认的，这意味着每一张幻灯片上很难放很多信息。你可以改变这个功能，但是字数限制是有理由的：在每一张幻灯片上塞太多东西不是一个好的做法。文本的大小不得低于 28 磅，据说无衬线字体在屏幕上读起来最舒服
插入图片	如果可以的话，试着在至少一半的幻灯片中插入一张图片。即使这些图片不完全有关联，它们也有助于留住听众的兴趣。一个只有要点的演示文稿看起来会非常枯燥。如果你自己没有图片，可以从网上下载不受版权限制的剪贴画或者图片

续前表

方面	备注
逐点演示	使用"动画"功能来逐条展示幻灯片上的内容。这将有助于你控制演讲节奏，确保听众在听你说话，而不是读你的幻灯片。为了让听众不迷失方向，你可以设置一张罗列所有副标题的幻灯片，在你每次讲其中的一个标题前，先把这张幻灯片放一次
特殊功能	你可以使用特殊功能来引入每一张新的幻灯片，还可以让文本从不同方向进入到每一张幻灯片当中，甚至伴随着声音。你也可以链接到网站（如果你的电脑已联网），并播放数字视频剪辑。不要因为这些"铃声和口哨"而犯迷糊，这些特效确实会让你的演讲更加生动，但它们也可能会影响主要信息的传递效果
讲义	可以考虑给听众提供幻灯片的讲义。在 PPT 中，你可以使用"文件－打印－设置－讲义－每页6张幻灯片"的选项来打印讲义。在打印时，最好从"颜色或灰度"选项中选择"纯黑白"，要不然所有的幻灯片打印出来都是彩色的，包括背景。给幻灯片编号，这样有助于听众跟上讲义的内容

回答问题

这是许多人担心的环节，因为他们无法控制可能被问到什么样的问题。他们会觉得自己如果不知道答案，可能会出洋相。要想在这一环节有好的表现，建议如下。

- 猜题。试着预测人们可能会问什么，并准备好答案。如果你不完全理解一个问题，那就要求澄清。如果其中一部分是模糊的或者对你来说没有意义，你也可以让提问者或主持人重复这个问题。
- 重复问题，让那些可能没听过问题的人听清楚问题。提问者面对的人是你，而不是听众，他们的声音可能不清晰。这也会给你匀出组织答案的时间。
- 三思而后行。与其脱口而出你在脑海中想到的第一件事，还不如花点时间来衡量一下各个方面。你可能觉得必要的停顿时间有点长，但听众可不这样想。
- 如果你不知道答案，那么就说你不知道。如果你是在瞎扯，每个人都看得出来。如果你实在想说点什么，不希望像智力障碍者一样站在那里一句话也不说，那么或许你可以说，"我现在还不知道答案，但我会找出答案，之后再回答你"。

🔧 做好演讲的小贴士

◎ **正确着装**。你的衣服应该看起来很干练，但前提是你要觉得舒服。非正式着装可能会被解读为你对听众缺乏尊重，可能会让人觉得你的演讲会很草率。

◎ **为了缓解紧张状态，请深呼吸**。你可以在演讲之前这么做，也可以在演讲过程中暂停的时候这么做。

◎ **音量适中**。在演讲开始的时候，问后面的听众是否能听到你的声音。或者，提前在演讲厅练习，让朋友当你的听众，问他们是否听得到。如果有你认识的听众，可以让他们向你发出信号，告知你说话的声音太小（或者太大声）。

◎ **让听众看到或听到视听辅助设备**。如果你要使用某种投影系统，确保你或者你的影子不要挡住投射的图像。可以在你开始之前问听众是否能看清楚幻灯片，和听众互动。对着听众讲，而不是对着地板、你的笔记、屏幕或远处的墙讲。看着他们的脸，观察他们的反应。如果他们看似不理解你所说的话，那就用另一种方式来重复。如果他们看起来觉得很无聊，那就加快你的语速，或者向他们提问，"逼着"他们思考。把听众想象成你的朋友，用热情、激情和真诚与他们交谈。他们也会以友好的方式来回应。

◎ **语速不要太快**。神经紧张了，语速容易加快。下定决心让自己语速慢下来，吐词要清晰。如果你的演讲超出了时间，或者投影系统不能用，那就实施"B计划"。如果有时间限制，请提前计划好，这样你就可以在演讲的主要部分跳过一些内容（比如，跳过一些幻灯片）。这比无法完成你的结论更可取——与演讲细节相比，人们可能对结论更感兴趣。而且，他们还可以在最后询问那些跳过的材料。以讲义或笔记的形式打印出幻灯片，这样就算投影系统不能用，你仍然可以使用这些幻灯片。

◎ **试着享受演讲过程**。如果你能从演讲中获得乐趣，那么听众也会喜欢你的演讲。相反地，如果你自己看起来都不感兴趣，为什么他们要感兴趣？

第 5 章

T
 H
E　Study Skills
　　Book

如何提高课堂学习效率

以讲座形式授课是多数大学授课的基本形式。对于许多学生来说，讲座是一种新的学习方式。你需要知道如何适应不同的讲座风格，并如何充分利用大学中的讲座时间。

在课堂讲座中提高学习效率

关于课堂讲座

"讲座"一词来自拉丁语"lectura"，意即阅读；值得记住的是，在现代，讲座最开始的形式是一篇课文，而且有些讲师也确实会大声地朗读课文。然而，许多讲师采用了不太正式的教授方式，他们只是简单地拿笔记作为参考，而不是一字一句地读出课文。

课堂讲座的时间表由学院编排，而课外辅导课、实践课、实验课和实地考察时间则通常由下辖学院安排。一般来说，讲师们自己不能决定什么时候开讲座或者开展其他形式的教学活动。这些通常由专门负责排课的部门根据教学设施的使用情况来统一安排。

一般来说，正常的课堂讲座通常是：

- 持续 50 ~ 60 分钟；
- 由该科目的专家来授课；
- 根据主题和科目，提供不同的学习观点——事实信息、想法、分析、论证、对比观点、方法或案例；
- 指导学生学习一个主题——学生可能需要去做很多补充阅读。或者说，你需要学习一些案例或做实验，以夯实知识基础，并提高理解能力；
- 会提供一些介绍性或补充性的材料。你在课外辅导课、实验课、实地考察或现场参观中可能会进一步学习；
- 可能会在讲座中或讲座后以在线学习的方式进行评估。

在学习有些科目的时候，有些主题对你来说可能似曾相识，你可能已经在其他教育阶段或其他科目中学过。如果是这样，那么你很容易就想翘课或者不想做笔记。但现实情况是，哪怕是同一个主题，老师上课的方式和教学目的可能都不一样。这些区别往往很微妙。你不能采取一律不听的态度。讲师可能会让你在以前的学习基础上更上一层楼。常言道，温故而知新。所以，多多复习"旧"的东西，并时刻准备好吸收新方法和重点，这才是明智之举。

课堂讲座的形式多种多样，准备好体验不同的讲座形式——并不是所有的讲座都涉及听力和做笔记。虽然有些讲师一直可能会遵循特定形式，但有些可能会根据主题、班级规模或课程的学习阶段来更改其授课方式。常见的讲座形式有：

- 传统的课堂讲座：
  - 50 分钟不间断的独白；
  - 给出课程目标；
  - 给出完成目标的方法；
  - 介绍详细内容；
  - 总结要点。
- "组合式"讲座：
  - 讲课 25 分钟；
  - 休息 5 分钟，学生如果在讲座第一阶段有任何不懂的地方可以提出来；
  - 然后讲师再讲 25 分钟，进一步介绍内容。
- "活动型"讲座：
  - 20 分钟左右的讲座内容；
  - 然后，10 分钟的课堂活动（可能与同学合作解决问题）；
  - 然后，花 15 分钟，全班针对小组练习的内容展开讨论；
  - 最后，讲师就讲座、小组练习和全班讨论的主要问题讲解 10 分钟，比如，阐明要点，总结正、反方观点，指出利弊。

课堂讲座的重要性

每个人对于各个科目的课堂讲座可能会有不同的期望。以下关于讲座的重要性将帮助你了解和适应该授课形式。

- 在讲座中听到的内容不一定能在教科书中找得到；
- 讲座的目的不是把任何话题的方方面面都讲一遍，其目的通常是，概述关键问题、主题或框架，以帮助学生进一步展开学习；
- 讲师呈现的观点不一定代表自己的立场，可能只是在探索领域内不同的方法和态度；
- 虽然学生可以通过虚拟学习环境拿到一些讲义，但这些讲义通常并不能反映相关讲座中提到的所有内容；
- 即使是同一门课，不同讲师的讲课方法也会有所差异；
- 每门课的风格不一样，每个专业的风格也有所不同；
- 有些讲座是强制性的，例如，法律、医学或护理等职业学科。

即使不是强制性的，也有必要去听讲师讲解这个主题，为之后的理解和应用奠定基础。某些学科专业的课程分为多个主题，由不同的讲师负责讲解自己擅长的主题。

如何从讲座中获得最大受益

虽然学生在讲座中通常不会和讲师互动，但有时候他们会被要求执行某种任务，比如，与坐在旁边的人合作完成一件事。除此之外，讲师还希望学生根据讲座中的信息来做笔记。表 5–1 列出了学生在讲座前、讲座中和讲座后应该做的事情。

在大多数讲座刚开始的时候，讲师会首先介绍将要涵盖的内容。如果错过了这个时间，你可能无法理解讲座结构和内容逻辑。因此，一定不要迟到，否则，你可能会因为错过几分钟而不清楚讲座的主旨。通常情况下，讲师还会在上课前几分钟盘点重要的"家务"，然后在讲座结束时总结关键问题、事实、理论或过程，并大致介绍下一次讲座的内容，让学生知道下一个阶段的教学工作与这一个阶段的内容之间的联系。提前离开讲座不仅不礼貌，还会错过整个

表 5-1 如何从讲座中获得最大收益

讲座前	讲座中	讲座后
● 以下信息通常可以在课程手册或虚拟学习环境中找到： — 了解讲座何时何地举行、课程基础知识的框架。如果错过了讲座，你的知识体系可能会不完整 — 了解时间表变化的通知方式，例如，是通过布告栏或虚拟学习环境的公告，还是电子邮件形式 — 确定电子邮件的主题，提前做一些基本阅读 ● 查看讲座或主题的学习目标或成果 ● 看一看每个主题分配了多少场讲座。这对你平衡复习的精力任任很重要 ● 要迟到。迟到的人会打断讲师的思路，从而影响课堂的效果。你应该在讲座开始前5分钟就坐在座位上 ● 关闭手机 ● 在讲座上录音不是常规做法。如果你想要录音，必须在讲座之前获得讲师的许可。有些讲师可能因为版权原因而拒绝你的请求。有视力或听力障碍的学生可以直接与讲师和学校的残疾人服务中心联系，以接受特殊待遇	● 务必在讲座中写下讲师的名字、主题和日期。这有助于你按顺序未保存文件，并对复习有帮助 ● 文字记录每场讲座的信息： — 如果讲师发了讲义，那么请在听讲座的时候，记得把重点划出来，或者做一些附加说明，这被称为"注释" — 如果讲座没有发给你讲义，请记笔记。合适讲座和学科内容的笔记风格。别忘了参考讲师的风格 — 提炼"自己"的浓缩笔记。比如，做笔记的时候，使用词汇缩写、短语、数学符号或标点符号衍生出来的笔记标准缩写 ● 参照讲座模板（见表 5-3）。讲座开始时，讲师会概述讲课目标，实现这些目标的方式，以及会在讲座中用哪些"路标"词，来表明一个阶段向另一个阶段的过渡 ● 千万注意讲师特别强调的点。这些内容很有可能出现在之后的评估中 ● 根据讲师的讲课风格，适时调整笔记风格 ● 记下在讲座中提到的任何参考信息（通常是作者姓名和日期）	● 如果有不明白的地方，一定要及时搞清楚。可以问同学，也可以查阅相关资料或网站。如果还有疑问，可以咨询讲师 ● 讲座一结束，千万记得把笔记重写一遍。有些人喜欢把笔记重写一遍，觉得重写笔记有助于加深理解和巩固知识。然而，也有人认为，这么做毫无意义，还耗时间。他们更喜欢参考资料，讲座内容做一些补充阅读 ● 当你听了一段时间的讲座以后，请考虑各个主题之间的联系和与之相关的理论点。讲座结束之后，你可能还要阅读其他材料，完成作业。千万别忘了这件事，因为它们十有八九会以后的评估有关 ● 尝试将讲座内容与学习目标或成果相匹配。这有助于你更加全面地了解课程的来龙去脉；让你知道哪些讲座教了你什么东西以及为什么以后的学习中很有用 ● 在笔记中写下自己的想法和问题。合理安排记笔记风格。请记住，笔记是关键。对你完听讲座之后的反应，深入思考你所记下的问题和想法，证明你具有批判性思维

讲座系列的关键指导和解读。有些讲师似乎在没有准备讲义的情况下就能滔滔不绝、侃侃而谈。但是讲座其实并不是即兴的东西，而是规划和研究的产物，是讲师们经过深思熟虑并且精心准备之后才找到主题的最佳呈现方式。

提高课堂学习效率的小贴士

◎ **以积极开放的心态去听讲座**。例如，你可以带着：

- 学习动机；
- 对该主题的兴趣；
- 以前的知识；
- 从课程手册中了解的学习目标；
- 批判性思维。

◎ **为讲座做准备**。对于你觉得很难的主题，可以打印和阅读发布的任何讲义，也可以提前预习教科书上的内容或回答问题，这样你就能在讲座中学到很多东西。

◎ **参加所有讲座**。你可能会因为许多原因而错过讲座。在大多数情况下，讲座是课程的基础。如果你错过一次讲座，那么你很容易接着翘课，到最后你可能根本就不去参加了。这是不可取的，因为你会很难跟上进度。不要因为可以从虚拟学习环境中获取材料（按照你认为的）就觉得万事大吉了。这些材料只是框架性的东西，讲座上说的东西是不能替代的。此外，不要认为把讲座的内容记下来就可以顺利通过评估或测试了；讲座只是为学习提供了一个框架，还需要你做进一步阅读和批判性思考，以加深理解。

◎ **带着脑子去听课**。也就是说，你得弄清楚讲师的讲座风格、讲座结构和演示的思维过程。这样的话，你就能够找到关键点，并根据讲座风格、展示方式和讲座形式来量身定制做笔记的策略。请采用积极的身体语言，暗示你在参与讲座过程。

◎ **不要忽视可视化信息的重要性**。如果讲座中出现了幻灯片、字幕片或白板，那么请将上面出现的重要细节记下来。如果这些信息不重要，讲师是不会直观地呈现出来的。

◎ **记下参考信息。**特别留意讲师提供的任何参考资料。他们通常只会提及作者和出版日期。你可以在课程手册中找到完整信息。请在讲座之后尽快查阅参考资料，并将相关参考信息添加到课堂笔记中。

提高听课技巧

课堂讲座不只是传递信息、想法和论据。了解不同讲师的讲课风格，掌握适应不同的讲课风格的策略，无疑有助于你提高课堂学习效率。

适应讲师的讲课风格

你可能会在学习生涯中遇到许多讲师：有些很好，有些不太好；有些你会喜欢，有些你不喜欢。然而，一切都是浮云，重要的是搞懂讲课的内容。无论你对讲师或主题的态度如何，你都必须认真学习课堂讲课的内容。

表5–2中列出了一些常见的讲课风格和相应的听课策略。这些案例只是部分讲课风格，每位讲师都有独特的授课方法。你要做的就是，结合每位讲师的特质，适时调整自己的听课策略和笔记风格。要认真听课，学会记下有用的笔记。一旦具备了这一项技能，你就能够更好地抓住每堂课的重点。

表5–2　　　　　　　　　不同的讲课风格和相应的听课策略案例

讲师类型	潜在策略
段子手。这样的讲师喜欢说笑话，并且在整场讲座中可以"信手拈来"笑话。许多人都喜欢这类讲座，但你需要区分观点与笑话。采用这种风格的好讲师并不是真正的笑话"堕落者"，其实他只想用笑话来传递想法，并保持听众的注意力	在讲座中听"路标"词和短语。也就是说，当讲师说自己要如何讲解一个主题时，你一定要在讲座中特别关注这些词和短语。你还要记录讲座结构：一是可以看出你对这堂讲座的理解，二是之后可以将其当作复习资料。记住笑话和段子可能有助于你记住内容，不过你一定要看出这个"障眼法"背后的真相

续前表

讲师类型	潜在策略
大雄蜂。这类讲师讲课没有抑扬顿挫，也就是说，他的声音或表达没有任何变化。他讲的内容从根本上来说可能很有趣，但是学生很难吸收	你必须仔细听他们用了哪些具体的词语来表达意思，而不是期待他们用语调来强调讲座各个阶段的变化，例如，当他们转移到另一主题的时候，就要更加注意聆听
漫谈者。有些讲师喜欢闲扯。他们看起来是偏离了重点，或者根本抓不到重点。然而，有些看起来七零八碎的想法被拼在一块儿之后，其实是一个思维缜密且合乎逻辑的论据	不要不听，做笔记就是了！你应该认真听他讲，并把单个要点一一记下来。渐渐地，你会发现逻辑变得越来越清晰，讲座早期阶段提出的观点可以用来支撑结论。之后，你可以为讲座的内容要点排序，还可以参考教材，这样便于记住内容
说话含糊者。不是每个人天生就是公众演讲者，讲师也不例外。有些人很有才华，但是在一大群人面前却表现不佳。他们说话的声音可能很小。对于他们来说，开讲座的地方越大，越是问题	如果是这种情况，你可能不太容易找到应对策略。靠前排坐，会让你更接近扬声器，这可能会有所帮助。还有一个小窍门就是，你与讲师进行眼神交流、对他微笑或做出对他讲的内容很感兴趣的样子。这种策略能够在你们之间建立信任，对讲师来说可能是一种鼓励，他的话语声可能会变得更加清晰。另一个策略就是，你可以向课代表反映情况，然后由课代表向院里面反映这个问题。或者，你直接和讲师预约，告知你遇到的问题——讲师可能不知道坐在第三排以外的同学根本听不清他在说什么。学生可以要求讲师使用翻领麦克风，来解决学生上课听不清的问题
多动症。有些人喜欢在思考的时候走动。比如，有些讲师喜欢在讲课的时候在讲台上走来走去，或者像大风车一样挥舞着他们的双臂，或者不经意地摆弄设备	讲师的行为举止可能会分散学生的注意力。但是尽量别被干扰，跟着讲师的思路走。多观察，看一看他的这种特质是不是一种"代码"。例如，讲师用手、胳膊或其他肢体动作的时候，是不是为了强调某个重点？做笔记的时候尽量看着讲师，这样你才有可能从讲座中学到更多东西

续前表

讲师类型	潜在策略
技术达人。有些讲师非常擅长使用各种辅助工具。比如，你的讲师不喜欢光说，还喜欢在讲座中使用幻灯片或视频。优秀的讲师会根据讲解的需要使用恰到好处的媒介。有时候，PPT 比传统的醋酸酯幻灯片更加清晰和精确，此外，你还可能拿到纸质版 PPT（有时可以在虚拟学习环境中找到）	要记下幻灯片的细节可能有点难，或许你可以在虚拟学习环境课程上下载幻灯片，并将其打印出来，以便稍后再次查看它们。PPT 是开展团队合作的好机会。如果幻灯片上塞满了信息，你可以和其他同学达成协议：你们中的一个人负责记录老师就幻灯片口头讲的内容，而另一个则负责抄下幻灯片上的内容，然后分享笔记。这样的话，你们得到信息就是完整的——口头和视觉
自我主义者。许多讲师在讲课的时候喜欢沉浸在自己的想法当中，以至于他们有时候会一叶障目。因为专业知识和研究背景过硬，学校安排他们做讲座。但是，这也可能会造成他们在讲座中给出相对狭隘的观点。你要做到兼收并蓄，考虑其他观点和方法，这样才能够全面地看问题	仔细研究他人的著作。讲座结束后，你可以去图书馆，查看同一主题领域其他"大咖"的最新出版物。查看你的讲师发表的期刊文章，并从参考列表中找出同领域其他专家发表的著作

有的讲座对甲同学来说很理想，但对乙同学来说却是一场噩梦。有些人喜欢循规蹈矩和有条不紊的讲课方式，而有些则很讨厌这种方式，他们更青睐有活力且更加刺激的风格。你需要适应不同的风格。

尽管学科不同，讲师不同，授课方式会不一样，但是我们还是可以找到一些适用于大多数情况的通用特征。表 5-3 列出了讲师们在讲课时常用的一些结构元素和特色语言。

表 5-3　　　　　　　　讲座的结构要素及其特色"路标"语言

讲座元素	特色语言
讲座开始时	
介绍——概述主题	"在今天的讲座中，我准备……"
目标——确定讲座目标	"我们将看以下几个方面……"
讲座形式	"首先，我会通过……然后，我将……最后，我准备……"

续前表

讲座元素	特色语言
讲座中	
下定义	"我先定义……"
举例	"给大家举一些例子……"
描述： ● 过程 ● 事件 ● 立场	"第一阶段是……" "首先……然后……" "核心就是……"
提供理论或论点： ● 陈述关键论据 ● 阐述每个论据 ● 论证论据 ● 提出一个反驳观点 ● 论证反驳观点	"该论点的支撑论据是……" "这说明……" "通过这个论证，我们可以看到……"；"该论证表明……" "反方观点是……"；"这与以下观点相矛盾……" "我们可以看到，这与以下内容有一定的出入……"
列举一个算术题例子	"我将告诉大家如何解决这类问题……" "这里有一些数据可能会用到，利用×××的公式……"
得出逻辑关系	"所以，我们能够看到……"
指出关键问题	"关键因素是……"
强调重要性	"必不可少的是……"
为了澄清或强调某个点而重复	"换句话说……"
过渡到下一个主题	"下面，我们将讨论下一个主题……"
讲座结束时	
点明主题	"这可以和周二的讲座内容联系起来……" "明天，我会进一步讲这个话题，并且……"
结论——总结讲座的关键信息	"下面，我们来总结一下今天讲的几个关键内容……"；"今天的关键信息有……"

听课策略

讲座"体验"是指学生和讲师之间的互动（两者都与讲课的内容相关）。

讲师会把全部注意力都投放在教学材料上。为了完成这些材料,他们会花大量时间去研究和做准备,同时还要考虑到学生的水平和内容的相关性。而学生则需要全神贯注去听课。如果做不到这一点,那么他们很可能会遗漏某个关键点或对某个论据产生误解。

学生不仅要认真听老师讲课,还要认真思考讲的内容,这样才会知道什么时候做什么样的笔记。

表 5-4 列出了一些学生听课时的状态例子以及应对策略,其中有值得学习的榜样,也有不好的案例。

表 5-4　　　　　　　　　　　　学生的听课状态

类型	表现和解决方案
梦想家	听课的时候神情恍惚,眼睛注视着窗外,错过了很多参考信息和案例——需要专心致志,并通过从头到尾做笔记来有意识地将注意力集中在课堂上
倾听者	认真听课,关注讲师用来凸显讲座结构的"路标"词和短语,并采用灵活的做笔记模式——根据内容,采用合适的风格来记录关键点(给出支撑信息)、案例或参考信息
网络人	利用听讲座的机会,给笔记本或手机充电、收发电子邮件、更新 Facebook 状态或玩游戏。他们自认为可以一心多用,能在上网的同时消化讲座内容。经验丰富的讲师一眼就能看出哪些学生在干这些事儿,而且可能会请他们离开教室——需要丢掉这些小玩意儿,必须全神贯注听老师讲课,记录真正有意义的笔记
录音师	在讲座上录音。这是在侵犯讲师的著作权,他们可能被赶出课堂——需要通过做笔记来提高独立学习的能力。请注意,某些残疾学生若将录音内容用作个人用途,或许可以录音
喜欢贮藏的松鼠	专心听课,试图把每一个字都记下来,但实际上却没有真正理解讲座内容,因为没有选择性地做笔记——记重点,而不是逐字记录
科技狂人	使用不同科技手段做笔记。虽然用笔记本电脑记录讲座内容有优点,但如果出现技术故障,笔记可能会丢失——需要培养手写做笔记的能力,还可以借此练习写字速度,为考试写作做准备

续前表

类型	表现和解决方案
交头接耳者	整场讲座都在对着旁边的同学窃窃私语,让讲师分心,影响别人听课——不要太自私。需要将精力集中在讲座的内容上,而不是发表评论,这样也好让其他人认真听讲座

提高听课技能的小贴士

◎ **选好听讲座的位置。**靠前的位置可能听得更清楚,但可能不是看可视化辅助材料的最佳位置。尽量远离可能让你分心的人。后排可以"做"很多事情,但不会对你的学习有好处。

◎ **了解行话。**熟悉技术术语和行话能够帮助你理解内容。因此,可以提前阅读教科书的相应章节。

◎ **组织有序。**准备好所需设备,例如纸、荧光笔。

◎ **不要试图把讲师说的话都记下来,这不是听写。**如果有东西要记,讲师会说的。你也可以听要点,然后用你自己的话写下来。

做好课堂笔记

不管是什么学科,讲课的目的都是呈现主题,具体来说,就是通过讲解、利用案例或参考资料来引入重点,让学生加深理解。那么上课专心听课和做好笔记就显得尤为重要了。

大学课堂上的讲座旨在告诉学生如何学习某个主题,而不是为某个主题给出最终答案。讲师讲课会按照特定顺序提供课程的基本信息。在许多科目中,讲课只是引入一个主题,而不做全面分析。对于有些科目,讲课是强制性的。这可能是由验证多项专业资质的专业协会来决定的,而不仅仅是大学里面的一项规章制度。

讲座并不能让你充分了解一个主题，也肯定不是考试复习的全部要求。因此，你要主动做一些事情，例如，记录更加全面且易于理解的笔记。你还可以在阅读参考书目和做笔记的时候，将课堂笔记当作基础。这种方法在很多科目的学习中都适用。

每节课中务必记下的内容

每次听讲座的时候，请记下日期、讲师的名字、讲座主题或标题，并且按时间排序（1，2，3…）。还要注意讲座开始时提到的课程目标。

你会在一周内参加许多讲座，一天甚至可能会有多场。记录你的所见所闻是有必要的。同时，还要考虑你是出于什么样的目的来做笔记的，因为这将影响你的策略。例如，可能是为了：

1. 记录讲师说过的话，为了以后参考或考试复习；
2. 记下要点，用作空闲时间的补充阅读；
3. 书面记录结构清晰的论据、一系列想法或目的。

做笔记的方法

在讲座中如何才能做好笔记将取决于：

- 你捕捉信息的能力，以及你是否能够辨识出论据、讨论或流程顺序；
- 你的字迹是否工整；
- 你独有的学习个性或风格；
- 讲师的讲课风格；
- 你所学的课程及其惯例；
- 具体的授课内容。

你在阅读中做的笔记布局会体现你的学习风格和你对讲座内容的理解。但这在讲座中不太可能，因为你在跟着别人的思路走，没有太多机会做反思。因此，课堂笔记的设计是即兴的，而且不受个人控制。但是，随着经验的增加，你会更加适应讲座形式，知道要采用什么样的笔记形式。

如何做好笔记

记录要点——不要想着把每个字都记下来（逐字记录）。这是不可能的，因为你肯定会漏掉一些东西，比如，不理解的观点、内容和案例。选择合适的笔记风格，确保这些笔记在几天、几周或几个月之后对你仍然有意义，例如：

- 突出讲师强调的要点；
- 在新观点或新术语前面标星号（*），便于以后查询；
- 小标题或关键字采用印刷体；
- 课程常用的或你造出来的缩略词；
- 在你针对讲师的观点所做出的回应前面加符号（例如，#号）。

表 5-5 概述了四种常见的做笔记场景，以及提炼关键信息和做笔记的方法。而图 5-1 列举了四种笔记形式，并讲了它们分别适合记录什么样的内容。

每场讲座都是独一无二的，授课策略也会因人、话题和学科惯例等因素而异。请根据展示模式、讲师风格和讲座内容来确定笔记格式。你可能遇到以下四种做笔记的场景。

听讲座和做笔记的小贴士

◎ **讲座前。** 阅读该主题的基本背景信息。比如，推荐的基础教科书或好的百科全书上有该主题的介绍。对互联网资源要提高警惕，因为上面的信息有可能是假的或是错误的。

◎ **获取辅助材料。** 有些讲师会用到虚拟学习环境，在讲座之前或之后为学生提供讲义、课堂笔记、字幕幻灯片或 PPT。如果能够下载到这些材料，你的笔记会更加全面。请注意，是否提供此材料仍由讲师酌情决定。

◎ **讲座中。** 选择一个合适的座位，以方便你看白板、投影屏幕或电视显示器。不要坐在门口、教室后排（爱闲扯和迟到的人经常坐在后排）或嘈杂的空调通风口下方。

◎ **纸张尺寸**。A4是讲义和打印材料的标准纸张尺寸。因此，你做笔记的时候可以使用A4纸，与文件纸的尺寸保持一致。使用页边空白的窄横格纸可能更省钱。有些科目可能需要使用空白的纸而不是横格纸，这样便于画图表和做数学运算。字迹和写字速度也会影响你的选择。如果你天生爱整齐，那么纸上有没有线条对你来说都无关紧要（你可以在空白的纸上写更多的文字）；如果你写东西乱七八糟，那么这些线条将会让你的笔记看起来更加整齐。不推荐使用记者使用的那种小速写本，因为一页写不了多少笔记就满了。

◎ **保存笔记**。选择一种策略，把你的笔记系统地归档，最好做到万无一失。两孔大页纸或A4文件成本低，而且很容易买到。你可以把每门课的笔记纸（比较薄）分开保存或者每门课用一本带孔文件夹保存，并使用带颜色的分类指示贴将课程内的各个主题分隔开。养成讲座结束后就保存笔记的习惯，以免它们沉入你的背包或运动包底部，再也无法重见天日。

◎ **调整风格**。没有一种做笔记的方法可以适用于所有风格、内容或场景。你需要按照讲师的授课风格和内容来调整笔记风格。

◎ **讲座之后重写课堂笔记**。大家对此观点不一。你需要问自己一个问题：你从此次练习中会获得什么？有些人认为这是学习过程的一个重要方面，能够加深理解，有助于回忆课程内容。而有些人开始这样做以后，很快就觉得，如果把讲义重写一遍，让它看起来更加整洁、清晰和浅显易懂，他们根本就没有足够的时间来重写讲义。如果重写讲义只是为了让笔记看起来更加整洁美观，你还不如考虑拿这些时间去做补充阅读，然后把这些"原始"讲义作为参考或者用作参考资料笔记的骨架。

表 5–5　　　　　　　　　　　　　做笔记的场景

场景 1	场景 2	场景 3	场景 4
"连续的"讲座：讲课过程中没有使用讲义或可视化辅助工具	讲座中使用纸质版讲义	讲座中使用字幕幻灯片	讲座中使用 PPT
听： ● 课程目标或讲座的结构大纲 ● 参考资料的作者和出版日期。这是讲座中引用文献的惯常方式。然后，你需要从阅读清单上找到对应的标题、章节或页码索引 ● 与主题某些方面相关的主要人物、日期或事件 ● 话语标记－暗示讲座阶段和重点转移的"路标"词 ● 论点和论证的过程；一个过程的各个阶段；事件顺序 ● 要点重复或口头强调。比如，使用夸张的强调方式或改变语调 ● 在讲座中、结束时总结的要点	如果在讲座前或讲座中可以拿到讲义： ● 使用荧光笔标记关键点 ● 使用不同颜色的笔，例如，红色或绿色，在讲义上添加讲座中提到的附加信息、范例或解释。这样更容易和打印文本作区分 ● 按照场景 1 所述的方式，添加信息 如果讲座之后可以拿到讲义，请把讲座中记下的笔记加到讲义当中	按照场景 1 的方式来，但是还需要： ● 记下幻灯片上出现的要点，把它当作扩展笔记的骨架 ● 对于这种展示形式，你可以和同学合作做笔记：一个人负责记下幻灯片上的要点；另一个人负责记下讲师对着幻灯片口头提到的要点 ● 下课以后，你们只需要把笔记合起来就能得到一份完整的笔记了。为此，你们需要相互配合。这也是讨论问题和阐明要点的好机会，能够加深彼此的理解	使用这种软件来做展示会颇具吸引力，会给人一种专业的感觉。它里面会有很多清晰的图片、细节详尽的图形或图表。讲师也不需要一次性完成所有幻灯片的内容。如果你碰到的是这种情况，那么请参照场景 1 的方式来做笔记。另外，你还要在讲座前后问讲师要电子版的 PPT 下载打印。但是，你还得考虑成本
警告：不论是从同学那里借来的笔记，还是由讲师提供的讲义，都不能代替你自己参加讲座做的笔记。讲师们可能会在某些方面进行扩展，或者添加案例来帮助学生理解。他们还可能偏离讲义内容，补充一些东西			

关键词

主题	讲师	日期

目标

- 适合结构清晰的讲座
- 在表格左侧阴影框中写关键字，这样有利于回读
- 打印边距可用来区分关键词与相应的正文

概念图/思维导图

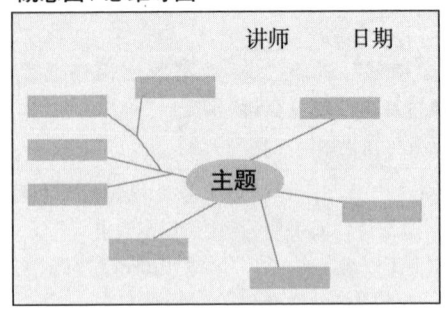

讲师　　日期

主题

- 特别适合长方形（长大于宽）纸张
- 很适合漫谈式的讲座。比如，讲师喜欢回顾先前的内容，再次强调和重复
- 更加适合一些学习风格
- 加注释很轻松，但可能会让整个版面变得很挤
- 字迹要工整

线性笔记

主题　　讲师　　日期

1. 标题
    1.1 要点
    1.2 要点

2. 标题
    2.1 要点
    2.2 要点

3. 标题
    3.1 要点
    3.2 要点
    3.3 要点

- 很适合用在科技课上，或者按照一定过程和步骤讲授的课上，事件或阶段的层次结构很连贯
- 同样，使用 1,2,3……列出各个要点，这样方便再次阅读。也可以采用数字和字母组合的形式（例如 1,1a,1b……）
- 留出适当的空白，这样更加令人印象深刻

矩阵笔记

主题		讲师		日期
方面	观点1	观点2	观点3	观点4
A				
B				
C				
D				
E				

- 如果讲师就一个论据的各个方面列出了很多不同或对照观点，那么这种笔记结构就很合适。如果讲座目标已经明确，那它就更适合了

图 5-1 做笔记的形式及策略

第 6 章

THE
Study Skills
Book

互助学习

小组学习

大学教育指的是为自己学习，但这并不意味着你必须独自学习。组队学习可以为你带来诸多好处。同学就是你的学习资源，而你也是他们的学习资源。通过正式和非正式的小组学习，你们可以在学习某门课程的过程中建立起互帮互助的"伙伴网络"。

在一个群体中学习有很多好处——人们通过倾听和互动来学习，而不是在课堂上被动地听课。小组成员通常呈现不同的个性和学习风格。所以，小组学习模式会带来好的学习效果。如果小组里的每个人都是一样的，那么这个小组很可能会很沉闷；但是，如果每个人都能给大家带来一些独特的东西，那么这将增加小组协作的有效性。正是不同个性和学习类型的相互作用，才凝聚成了一股"群体动力"。在一个小组中，成员彼此交流想法，共同从事高强度的工作，有时甚至相互竞争。

正式学习小组

正式小组学习通常是指你参加的是一个由教学人员发起的学习活动。它可以是一个正式的课外辅导、实验室活动或者是由辅导员安排的实践活动，也可以是独立于教学人员的小组项目。无论是哪一种情况，你基本没有权力来选择小组的成员。为了提高学习效率，你可能需要采用本节所描述的方法。

以下是提高团队工作效率的基本原则，对正式小组和非正式小组形式都适用：

1. 学会倾听别人的观点和表达自己的观点；
2. 尊重他人的意见，并明白别人批评你的观点是对事不对人；

3. 确保每个人都有发言权；

4. 防止任何人在讨论或活动中占据主导地位。

正式学习小组包括以下几种形式，你可以根据不同的小组形式来采取相应的学习策略。

1. 教学人员领导的小组

- 确保你为小组活动已经做好充分准备；
- 参与讨论，不要让一两个人滔滔不绝；
- 自信地表达你的观点，即使这些观点和其他人的观点不一致；
- 准备好用你经过深思熟虑后得到的论据和论证，来支持你的观点或建议；
- 把团队学习经历当作一个机会，你能够跟着专家一起更加深入地探索问题或想法；
- 要做好心理准备，导师可能会充当"故意唱反调的人"，敦促你去探索可能出现的其他情况、选择或策略；
- 在这些会议上做笔记，以补充你的课堂笔记，也可以将其视为课外阅读。它们还会让你反思自己的理解或观点。

2. 无监督的学生团体

- 制定基本原则，并就此达成一致意见，例如，设定目标、责任和最后期限；
- 确保整个小组的工作分配要均衡；
- 创造一个积极的学习环境，例如，处理好自己手头的任务，确保组员可以畅所欲言；
- 运用分析性思维，处理手头任务；
- 鼓励每个人都建言献策；
- 鼓励探索不同的想法、含义，以及反驳观点；
- 如果你有问题，可以向其他组员请教；
- 如果需要开几次讨论会，请在下次开会之前完成既定任务；
- 如果你的团队真的遇到了困难，你们可以一起和发动此次活动的教学人员讨论这些问题。

这种学习环境：

- 能够让组员互相学习；
- 鼓励大家都开动脑筋来完成任务；
- 开阔思维和视野；
- 打破障碍；
- 在帮助成绩较差的学生的同时，成绩较好的学生可以培养和提高辅导能力；
- 能够让所有组员更加自由地表达想法、观点或提供解决方案；
- 提高你以后的工作技能。

非正式学习小组

非正式学习小组可能更常见，因为这些学习小组是学生为了解决和研究一个特定问题或主题自发组成的，不需要教学人员的参与。这些小组不太可能需要组员就基本规则和工作方法达成一致意见，因为小组的创建就证明了它是一种不太正式的社会安排。以这种方式学习的技巧包括以下几个方面。

- 确定具体时间和地点来完成既定任务。
- 找到合适的地点。例如，图书馆的开放话语区。请不要去学生会酒吧，那里会有很多干扰因素，会影响小组完成任务。越来越多的大学提供"开放空间"，里面有座位。这些场所相对安静，非正式小组成员可以去那儿学习。
- 共同确定要完成的目标，以及完成时间。
- 要认识到这种学习方式不一定能解决所有问题。有时候，你需要向教学人员寻求帮助。
- 组员的工作速度不一样。接受这个事实，合理安排和分配任务。
- 如果团队运作良好，那么请保持合作精神，例如，分享资源、讨论讲座中的问题、探索在学习中遇到的新技巧或新方法。

非正式小组组员之间的相互影响可能十分复杂且有意义，那些在某方面乐于助人的成员通常也会在这个过程中受益。

如何建立自己的学习小组

这里列举了一些可能会愿意和你一起组建学习小组的人。无论是哪种情况，都请说清楚你想要建立什么样的学习小组，并询问是否有人有兴趣参与：

- 询问实验室同学或正式小组的成员；
- 在讲座前后向他人说明情况；
- 在虚拟学习环境的讨论区发布信息；
- 给同学发电子邮件；
- 让课代表或讲师直接在上课时说（"如果有感兴趣的同学，请在讲座之后……"）。

案例分析：加里的非正式学习小组

在讲座中，加里很难跟上新主题的学习进度。其实在上大学之前，他就已经学过这些课程。但是，预科教育的教学方式完全不同。加里拿到了英国国家高等教育文凭，直接跳级到大二。他认为自己很可能错过了大一教的一些内容。在进行了一番自我反省之后，他鼓起勇气去问其他几个学生是否也觉得这个主题很难。实际上，他和这些同学只有一面之缘。同学的回答表明，他们也遇到了难处，只是加里碰到的问题更多。于是，他提议大家在讲座之后碰面，一起来解决课外辅导中遇到的问题。

通过群策群力，这三个人找到了解决方法，学会了这个新主题。其他人能够给加里解答他不懂的问题，他也能够凭借自己在预科学校学到的东西来帮助另外两个组员弄明白知识盲点。所以，与自己单枪匹马相比，这种合作模式会让他们更加深入地研究问题。这三个人决定在期末复习的时候再次组队。

基本信息

通过向他人讲解某个概念，这个同学也能够加深自己的理解；与此同时，对于听讲解的学生来说，与在课堂上听讲师或某位教学人员的讲解相比，听朋友的讲解更容易理解。

小组学习的小贴士

◎ **先付出，后回报。** 你和小组其他成员的付出会决定你能得到多少收获。

◎ **自信、勇敢地表达自己的想法。** 你的想法和其他人的想法一样有效；不要因为别人看起来博学或因为他的想法听起来很有说服力，你就不敢表达自己的想法。有时候，他们说的话往往华而不实。

◎ **将小组学习视为积极的学习体验。** 利用小组学习的经历，来探索你的想法，并向他人学习。

◎ **知道什么时候该寻求帮助。** 有时，小组根本不像一个功能齐全的组织那样运作。至于为什么会出现这个现象，谁也说不清。出"错误"也不是小组中的一个人或几个人造成的。总之，群体动力已经不复存在。如果有这种情况的苗头，那就找学校的工作人员聊一下，看他们有没有解决方案。多了解小组讨论和团队合作是如何奏效的。

团队合作

> 团队合作是一种卓有成效的学习方式，是一项工作技能。你需要掌握一些与团队角色相关的知识，以及必不可少的团队合作技巧。

在大学里，你很有可能要参加团队活动。有时是在学习中，有时是在体育活动中或社交场合中。学习中的团队合作，重点关注小组练习，其他领域也如此，例如，俱乐部会员，工作领域等。一般来说，团队成员需要协作才能完成任务，例如，出海报、写报告。你在团队中的表现可能由辅导员或其他团队成员（同伴）来评估。

你可能已经在某些情况下培养了团队协作的能力，只是你没有意识到而已。比如，你可能玩过团队协作的游戏、参加过筹款组织、组织过社交活动，或者是为某个团队工作过。你越了解团队工作者的角色，掌握越多必备技能，你在团队活动中的收获就越大。

团队角色

研究表明，有些团队成员的性格很独特，每个成员都有"天生"的团队角色。通过参加大学里的小组工作，你会发现最适合自己的角色。了解团队活动将有助于你成为一个更加合格的团队成员。自我认知甚至会影响你最终选择什么样的职业和工作。

团队成员可能会面临一种压力——你或其他成员被要求扮演的角色可能不同于你"天生"的角色。当你需要适应一个新角色时，或者当其他人没有扮演既定角色时，这就可能造成一些问题。此外，如果在一个团队中工作，你可能会被要求扮演多个角色，或者在项目进展的不同阶段来切换角色。

基于梅雷迪思·贝尔宾（Meredith Belbin）的研究，表6-1列出了主要的团队角色和相关的个性特征。他分析得出，每个角色都有"好"的性格特征和"可容忍的弱点"。这个观点很有价值，因为它打消了某个角色优于其他角色的感觉。例如，你可能会觉得"团队领导"在任何团队中都是明星角色，是你想要成为的角色。然而，领导类型的角色通常不擅长提出想法，不擅长将想法付诸实践，但是，这些技能对团队成功也至关重要。不过，这些很可能是你擅长的地方。

表6-1　　　　　　　　　贝尔宾确定的九个团队角色

团队角色	在团队中的关键特征和功能	可容忍的弱点
A. 协调者	"体贴"的领导者类型，沉着冷静，值得信赖。善于权衡利弊，并表现出良好的判断力。能够让团队朝着共同的目标努力。善于发现别人的才能，合理分配任务	相比之下，可能缺乏创造力或智慧，也没有特殊专长
B. 鞭策者	"善于操控"的领导者类型，充满干劲、积极进取，但急于求成。喜欢激励他人采取行动，积极寻找解决办法，喜欢要求他人照章办事。实事求是，能够为团队注入很强的活力	给别人的感觉可能是任性、情绪化、缺乏耐心

续前表

团队角色	在团队中的关键特征和功能	可容忍的弱点
C. 智多星	聪明、有创造力、有想法。善于用不同寻常的方法来解决问题，是团队活动的创意来源	更喜欢和其他团队成员保持一定的距离；想法可能不切实际；不擅长沟通
D. 审议员	"批评家"，客观冷静地分析团队正在做的事情。善于评估团队的想法并确保它们是正确的	可能缺乏动力，工作效率较低；批评性的言论可能会使其他人失去动力
E. 外交家	外向且善于交际。乐于挖掘新信息和想法。善于利用资源，发展人际关系	可能过于乐观，容易分心
F. 执行者	努力工作、充满正能量、自制力强、善用常识来解决问题。会把想法付诸行动。能够保质保量完成任务	处事不灵活，抵触新想法
G. 完成者	有责任心，不太会去做他们认为完成不了的事。勤勉、做事有条理、逻辑清晰。专注于实现目标	执着于细节；可能希望做太多的工作，从而无法控制质量和结果
H. 凝聚者	社交型，其目标是支持他人，并为团队提供凝聚力。最佳的倾听者——乐于助人、擅长交际。能够发扬团队精神	不喜欢领导他人或做决定
I. 专家	为团队提供必要的专业知识和技能。对一个领域有贡献，但会很固执，可能对反应迟钝的人缺乏耐心	视野狭隘；可能会被技术细节所困扰，缺乏大局观

你可能会觉得表 6–1 中的角色分析过于复杂和详细，无法满足需要。以下是一个简单的角色分组，它使用了表 6–1 的角色编号，即：

- 领导者：A+B；
- 创意人员：C+E；
- 组织者：F+G；
- 员工：H+I；
- 评论家：D。

要知道你适合哪个角色，请想一想你会将自己描述为行动导向型，还是以人为本型，还是乐于思考型。贝尔宾以这种方式划分了九个角色。此处缩小了选择范围，你可以看看自己最适合哪一个角色：

- 好动的人应该成为鞭策者、执行者或完成者；
- 以人为本的人应该成为协调者、外交家或凝聚者；
- 乐于思考的人应该成为智多星、审议员或专家。

如果你喜欢自己"掌控"工作，那么把任务交给别人做会让你备感压力。在团队合作中，你应该接受别人采取不同的方法，让他们从错误中吸取教训。你不妨在表 6–1 中找出最适合你个性的一个或多个角色。

必不可少的团队合作技能

沟通

团队合作要想成功，团队成员必须互相沟通。团队越大，沟通就越重要，如图 6–1 所示。团队成员需要了解彼此的期望，和布置任务的教学人员的期望。团队要设定时间进度，确定团队角色、会议安排以及信息或文件的交换事宜。在早期阶段，面对面的会议通常很重要；此后，电子邮件、移动电话和讨论区都是保持联系的有效方式。团队成员应该做的第一件事就是，达成一致意见并建立沟通渠道，例如，彼此交换电子邮箱。

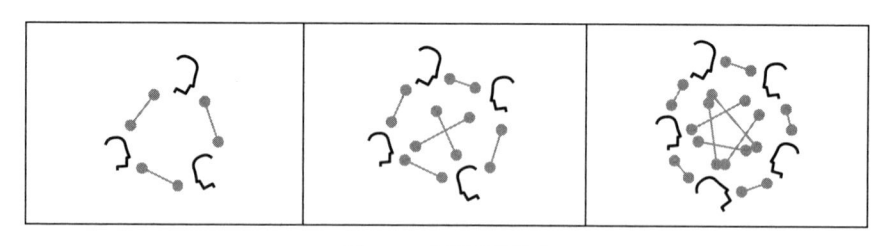

图 6–1　团队互动图

注：随着团队成员人数的不断增加，他们之间的联系也变得更复杂。团队中如果有三个人，那么一对一关系的数量可能是 3；如果是四个人，关系数量为 6；如果是五个人，关系数量是 10。团队成员越多，沟通就越重要。

时间管理

团队工作总是会有最后期限。只有合理规划才能完成目标。你可能会发现，很难找到一个对大家来说都合适的时间来开会，因为大家可能会有不同的时间表和任务。建议尽早设定中期目标（节点），制定日程表，越早越好。这是协调者和鞭策者需要承担的一项重要责任。

妥协

给予和接受批评是每个团队成员在很多情况下要做的事情。正如前面讨论的，你在承担团队角色的时候就要做出妥协：这可能需要你的自我意识和灵活性。另外，你可能无权选择团队成员，甚至不喜欢一些成员，但是作为一个团队，你们必须要团结在一起。这可能需要一些外交手腕。作为团队的一员，每个人都能建设性地给予和接受批评，而不是一味地反驳和抵触。完美主义者需要接受事实：团队活动的某些方面可能达不到正常标准，但这可能是确保整个团队成员履行职责的必要条件。

目标一致和责任心

团队合作往往对时间和付出方面要求很苛刻；如果要达到最高标准，每个人都需要展示极强的责任感和极高的工作效率。所有小组成员都必须努力实现目标，符合要求，否则整体的分数可能会下降。这是领导者的一项职责。

找到合适人选

团队有时需要有人来协调任务：有人提出一个聪明且有创意的点子；有人能够让所有团队成员都专注于实现团队的目标；有人能够找到有用的事实；有人擅长设计；有人能够组织材料；有人能够充当发言人。如果每一个任务都找到了合适的人来完成，那么团队的整体输出效果会更好。

确保团队成员通力合作

预见问题，解决问题，以免变成真正的问题。一旦问题变得明显，最好的方法就是，团队内部展开讨论，或者与监督人员沟通。

- 尽量确保团队成员有足够的时间来完成任务。如果做不到，那就考虑如何修改既定任务或方法。这可能会降低任务规格，但仍然是一个很高的标准。
- 如果一些成员没有得到足够的鼓励，那么整个团队可能会缺乏动力。领导者的职责之一就是激励团队成员。如果这是你的责任，请不时地提醒团队成员，任务很重要，出色地完成任务之后会得到丰厚的回报。
- 尽可能确保每个成员被分配的角色与他们的性格相符，以免让他们觉得不舒服。
- 当人们觉得自己大材小用，或者当某人在一个团队中扮演的是局外人的角色时（或被当作局外人），团队成员之间可能会发生冲突。早期沟通当然必不可少，还需要一名"团队工作人员"来充当协调者。

成为一名出色的团队成员的小贴士

◎ **行为：**

- 体贴。比如，尊重他人的能力和贡献。
- 积极乐观。无论在任何时候，都别忘了表扬别人的工作，不要嘲笑别人。
- 如果你觉得必须要提出批评意见，请注意方式方法，尽量不要引起敌意。
- 不要搞小团体。
- 记住，就算有的人在某些领域没你强，人家也可能在其他领域有优势（之后也许会表现出来）。
- 经常反思你对团队做的贡献和你在团队中的角色。

◎ **交流：**

- 多和其他团队成员沟通，并鼓励他们与你交谈。
- 分发联系电话和电子邮箱；及时回复消息。
- 尽快解决所有问题。
- 其他队员可能害羞或紧张。

第6章 互助学习

- 如果整个团队必须为你的工作"保驾护航",那就请你做好自己的工作。
- 要倾听别人的意见,并虚心接受,哪怕和你的观点相左。不要一个人在小组讨论当中滔滔不绝,也不要向他人强加你的观点。

◎ 付出:
- 试着"做点什么"。不要成为"猪"一样的队友。每个人付出的努力越多,工作就越早完成。
- 竭尽全力做好工作。
- 如果你觉得任务太重而疲惫不堪,或者你比别人做得多,那就把大家召集起来,告诉他们这个问题,一起探讨解决方案。
- 团队付出要符合奖励标准。平时的作业打分可能影响总分。
- 在任何时候都要记住,你的最终目标是锻炼自己。

◎ 评估和评价:
- 了解评估体系,并合理利用这些信息,将其变成团队的优势。
- 如果你需要对组员进行评估,请务必小心谨慎。
- 如果团队成员明明不符合标准,那就不要给"人情分"。
- 在活动结束后,想想自己从中学到了什么——不仅仅是关于这个话题的收获,还有你的行为举止和团队合作能力得到了哪些提高。

参加课外辅导

课外辅导的意义

课外辅导因大学和学科而异。在大学教育中,课外辅导有很长的历史。它们的作用是让学生积极参与到学习过程中,例如,以小组会议的形式对一个既定主题或问题展开讨论。大多数课外辅导包含5到12名学生。不过,有些大学会进行一对一的辅导。辅导员的作用是促进讨论,帮助遇到困难的学生解决问题。此外,他们可能需要对学生的参与度和表现进行评估。

讲座老师不太可能成为辅导员。有些可能是自由职业辅导员，他们主要工作就是课外辅导；有些可能是学校里面的研究生（这可能是研究生学习的一部分）。除了考虑专题知识的学习，你还要想想能从课外辅导中收获了什么。例如，一门辅导课就是一次会议。在参与这堂课的时候，你还需要培养人际交往能力。毕业之后，你在其他专业会议上也可以展现这种能力。

课外辅导类型

大致来说，大学里有两类课外辅导。第一类在与艺术、社会学、法律和社会工作相关的课程中很常见，其辅导方式为，讨论预先设定的主题；第二类在科学和工程学科中更常见，和讲座和实践课程一起进行。在这类辅导课上，学生们在辅导员的指导下讨论一系列问题或计算出答案。这种方式在会计等涉及数值的课程中也经常用。

无论学什么科目，你都需要积极参与课外辅导，并且做好准备。

为课外辅导做准备

课外辅导一般会在每个学期定期举行。通常情况下，班主任或主管会把你分配到一个辅导小组。这些会议的日期、时间和地点等细节都可以在课程手册、学院公告栏或大学的虚拟学习环境中找到。学校会按照惯例，告知你需要学习的主题和讨论的问题。这些信息有时是在讲义中提供，有时也可以在课程手册中找到。

你可以和同学一起做准备，特别是针对那些涉及案例学习或解决问题的课外辅导。一起解决棘手的问题，有助于找到解决方案。如果没有和他人合作，也可以向辅导员寻求帮助，这样你的问题才能得到解决，课上才可能讨论你的问题。

在每一堂课外辅导课之前，请根据具体科目做一些准备。

- 对于实用类或涉及数字的科目，你应该：
  - 解决全部问题，按规定完成阅读；

- 在需要的时候，按时提交答案；
- 思考你在解决课外辅导问题时或在讨论中可能碰到的问题；
- 思考这一主题或一系列问题如何与整个课程结构和学习过程相契合；
- 准备好你想问辅导员或组员的任何问题。
● 对于非科学科目的讨论式课外辅导，你应该：
- 阅读规定的材料；
- 确定并分析专题或主题；
- 思考关键问题；
- 从不同角度来考虑一个话题。例如，讨论某想法或提议的支持观点和反对观点；
- 准备好你想问辅导员或组员的任何问题。

有时，你的课外辅导会在一个不熟悉的地方举行，如老师的办公室。花点时间找到它，并留出足够的时间按时到达辅导地点。

参加课外辅导

一堂课外辅导课结束以后，下一堂可能要在很久之后了。你见到同学的机会可能也就是在课外辅导上。有些同学在与陌生人一起讨论或解决问题的时候，可能没有像在熟人当中那么放得开。这可能是因为他们对当时的情况和正在经历的学习模式还不太熟悉。但是，别忘了，世界上没有两片一模一样的树叶，也没有两个一模一样的学生。正是由于辅导小组由各种各样的学生组成，它才能给人一种耳目一新的感觉。在很大程度上来说，你在辅导课上的表现取决于你是什么样的学生，以及你参加的是哪种类型的辅导。

课外辅导的应对策略

大多数交流都是双向的，一个人说话，另一个人在听。在课外辅导当中，情况也一样，只是有更多的听众罢了。此外，这些听众都有自己的观点。条件允许的话，所有人都会表达自己的观点。你需要具备一些人际交往的技能，才有机会既能充当发言人，也能成为听众。表6–2介绍了一些课外辅导中的"角色",以及你与他们的对话方式,例如,用一些恰当的会话策略,实现角色转换。这些策略不仅可以用在课外辅导中,还适用于会议和小组工作中。

辅导小组由不同类型的学生组成,他们有不同的个性、观点和经验。和学习课外辅导的内容一样,学会与这些人交流也颇具挑战性。表 6-2 中最右边的一栏介绍了一些方法,帮助平衡课外辅导中不同学生的参与度。

表 6-2　　　　　　　　　　课外辅导中的人物角色

课外辅导中的人物角色	课外辅导中的特征行为	常见的口头策略	口头回应策略
安静的学生	害羞、不擅长社交。从不或很少发表意见。埋头做笔记。避免与他人目光接触。别人不找他说,他是不会开口的	● 我不知道 ● 什么都不说	● 你对此有何看法 ● 你对 x 的理论有什么看法
自称百事通的学生	不管什么事,他都要说几句。可能做过一定阅读,但没有思考过深层次的内容;也可能已经开始着手解决问题,但却忽略了关键步骤	● 我认为…… ● 我觉得…… ● 我的观点是…… ● 如果你问我……	● 我认为你对这个问题的看法相当狭隘。这样……如何
喜欢成为焦点的学生	喜欢成为焦点人物。试图独占辅导员的注意力,并阻止他人提问题或发表意见	● 我认为这可以分为十个领域。第一个是……第二个是……第十个是……	● 我能加入讨论吗 ● 实际上,我有一个相关的点…… ● 我想说说我的看法
喋喋不休的学生	读了很多相关资料,也做了大量思考,有很多观点想要表达,一直说个不停。过分专注于自己的想法,往往会忘记别人也可能有话要说	● 我对 x 工作的理解是……此外另一方面……我还想说……	● 我们要不听一下其他同学的观点 ● 下面,我们先总结一下你说的话,看看理解得对不对

续前表

课外辅导中的 人物角色	课外辅导中的特征行为	常见的口头策略	口头回应策略
爱打断别人的学生	不是一个好的倾听者。努力说服他人同意自己的观点，或者在别人说话的时候打断	● 如果我能加入讨论…… ● 我必须反驳你的这个点……	● 请问可以先等我说完吗 ● 这真的已经离题了
缺乏自信的学生	对自己的理解和能力都不太自信，这通常是不公平的。不会通过提问题来确认自己的理解是否到位。别人要不问，他是不会说自己的意见的	● 我不确定 ● 我不清楚	● 你会如何解决这个问题 ● 这是一个很好的点。我非常赞同
漠不关心的学生	注册的时候，为了选够课，才选了这门课。课上喜欢凝视窗外，或者玩手机	● 不清楚。学生会开门了我就撤了 ● 这课超无聊，不是吗	● 忽略
积极主动的学生	提出自己的观点，倾听别人的观点。提前做了准备；整理了一些观点；有问题要问	● 请问可以解释……吗 ● 这里有三个点。 ● 其他人怎么看的	● 我认为，这个观点很好。请问你能进一步阐明吗 ● 这个问题很有意思。其他人对此有何看法

课外辅导的小贴士

◎ 参加解决问题型课外辅导的一般建议：

- **总结课外辅导中的基本原则**。思考课外辅导的内容如何与其他学习情境相契合，如讲座。
- **提前读完所有案例**。脑子里想清楚是哪些东西很难懂，然后和辅导员讨论这些问题。

- **不要觉得你的问题很愚蠢**。其他人很可能会和你面临同样的困难。
- **尽早提问**。在那些没有做好准备工作的人前面提问，以免辅导员的注意力被这些人转移到无关紧要的问题上。

◎ **参加讨论型课外辅导的一般建议：**

- **贡献一己之力**。发表意见，而不是等着辅导员直接问你问题。他们可能刚好问到你的盲点。
- **明确客观地表述你的观点**。你对某个话题可能有鲜明的观点，但还是要找到相关论据来论证它们，而不只是"你觉得"。
- **你的想法和其他人的想法一样有效**。你的想法是可以给小组讨论做贡献的。不要着急妄自菲薄。这是一种客观的学术训练。要是每个人的观点都千篇一律，那课外辅导得多无趣，还有什么意义。
- **学会倾听和发言**。课外辅导的惯例就是，每个人都有发言和被倾听的机会。尽管你可能不同意别人的观点，但至少要听他们说完，然后加以斟酌。
- **辅导员表达的观点不一定代表个人立场**。辅导员可能会故意扮演"唱反调的人"，其目的就是让组员考虑其他人的观点，以激发讨论。

第 7 章

THE
Study Skills
Book

你需要掌握的科学技能

计算机技能

信息与通信技术（ICT）是现代大学教育的重要组成部分。软件工具在工作中也是必要的辅助工具。有时候，你可能必须使用一些专业程序。这一节将重点讲述如何在大学里有效地使用ICT，以及如何熟练操作电脑。

大多数雇主都希望毕业生应聘者具备高级ICT技能。大学教学人员所设置的任务往往能够反映学生是否具备该技能。因为在这些任务中，ICT通常是达成目的的手段。例如，对文章或报告进行文字处理；使用电子表格为实验室报告生成图表。

许多学生会觉得自己的ICT技能还不错。但是，学无止境，无论你知道多少，总有一些新东西要学——想必大多数和电脑打交道的人都不会反对这个观点。本节提到了一些常规技巧，教你使用大学里面常用的应用程序。

使用网络设施

你在大学里注册以后，就可以免费使用很多计算机设备。学校会提供给你一个用户名，然后由你自己来设定一个私人密码。登录之后，屏幕可能会显示一个学生"桌面"，上面有一系列"办公"软件和其他工具（比如电子邮件和浏览器）图标。它有时被称为标准操作环境。学校还会在网络驱动器上给你分配空间，用来存储你的个人文件。请花些时间熟悉这些东西。如果软件不符合你的习惯，那么请了解这些新软件的特殊功能。

多数大学会有几间地理位置优越的机房。此外，图书馆的学习区和一些社交场所也已经覆盖了无线网。如果有条件，请在住的地方装上宽带，因为现在有很多课程信息都会放在网上，你可能要熬夜才能完成功课。不过，联网可能要收费，可能还需要技术支持。

学校可能会安排ICT辅导课，介绍一些具体工具、使用规则，以及你在哪里能够寻求帮助。为了自己、同学和大学的利益，请尊重网络设施的使用条例。

学术方面要注意的就是剽窃和版权。

熟练操作办公软件

有三种进行文字处理、表格制作和幻灯片制作的基本办公软件。表7–1总结了大学课程中要用到的文字处理和表格制作技能。许多软件还处理数据库，但是它更专业、更难学（如果只需要用到基本的数据库功能，请参考表7–1的电子表格部分）。

文件管理

如果你丢失或不小心删除了一个重要的文件，或者不记得把之前写过的一篇重要文章存到哪里了，只要这种事情发生过一次，你就知道文件管理这项技能有多么重要了。断电或者不小心错敲了哪个键都可能导致程序关闭、部分文件被损坏或丢失。显而易见，你需要经常备份文件。你可以经常手动保存，也可以使用自动保存功能，并将文件保存在多个位置。如果使用记忆卡或CD在电脑之间传输文件，千万别把这些移动存储介质弄丢了。如果丢了，你也得认识自己的存储介质，还要写下详细信息，让别人知道如何物归原主。你还可以为重要的文件信息设置密码。

你在学习过程中会收集大量文件，还要在需要的时候能够找到这些文件。开学伊始都是整理文件的好时机。你可以为每门课程都设置一个文件夹，并为其他可能产生文件的活动设置一个文件夹。合理命名文件也很重要。文件名应该包括内容、日期和版本（在适当的地方）。以后查找这些文件的时候就没那么难了。

表 7–1　　　　　大学课程中要用到的基本技能：文字处理和表格制作

文字处理	表格制作
用文字处理器来编写和编辑书面作业。文字处理软件包含如下重要功能： ● **字数统计和插入页码**。许多要提交的内容都有字数限制，这些功能将帮助你了解字数和页码 ● **快速检查明显的拼写错误**。即便如此，你还是要在交作业之前仔细阅读，因为你很可能会把"form"打成"from"，而软件是检查不出这些错误的 ● **同义词典**。可用来丰富词汇，帮你想起到嘴边的单词 ● **语法检查**。检查基本错误，比如句子没有动词。但不要过于依赖它的建议，因为也有可能是错的；此外，你需要经常拒绝一些建议，因为它们可能不符合学术或技术规范 ● **打印预览**。看到打印效果，节省打印成本 ● **复制粘贴**。复习的时候很有用，你能够移动文本中的内容。但是，在复制粘贴文本或图像时，请记得考虑剽窃和版权问题 ● **表格**。你可以将内容以表格的形式呈现出来。如果是自定义表格，你还可以更改边框 ● **画图工具**。用于绘制简单的图表 ● **脚注**。对于有些引用风格很实用	如果你的作业要用到各种图表，表格制作工具可以为你省时间。表格制作软件有如下重要功能： ● **算术和数学计算**。做加法和乘法的时候不会出错，还可以使用复杂公式来计算出结果。当然，为了得到正确答案，你设置的公式要是正确的。所以，在使用公式之前，请用一组你已经知道答案的虚拟数据来测试它们 ● **重复计算**。它非常适合利用不同的初始值来做重复计算。只要设置一个公式，输入所有初始值，马上就能得到结果 ● **格式化的计算**。例如，会计当中的财务报表、财务分析和估算 ● **图表**。它可能是表格制作软件最有价值的应用。选取数据输入表格，然后根据你的要求，选择图表类型。你不用重新画图，就能改变图表样式。建议学习坐标轴和背景设置等功能，因为自动设置一般采用的是"商业"形式。一整套办公软件允许图表输出到文字处理文档中 ● **基础的数据库功能**。表格制作软件可以处理简单的数据库（例如，你可以对表格中的数字和文字进行排序）。你还可以使用字符串和逻辑函数来"查找"文本或数字信息 ● **数据统计**。可以满足许多统计需求，包括描述性和假设检验统计学的计算。这些功能节省了大量计算时间。但是，你需要知道一些统计理论才能有效使用它们

浏览器和搜索引擎

浏览器是你进入互联网的窗口。只要输入网址或地址，你就可以访问世界上数以十亿计的网页。浏览器使用HTTP（一种用于传输网页数据的协议），并解读HTML（一种通用的网页构建语言）中的代码。

Internet Explorer、Netscape和Mozilla Forefox都是浏览器。它们最重要的功能就是地址栏（你往里面输入网址）和收藏夹（你可以在那里找到经常访问的网站）。大多数浏览器首页会自动设置成你的大学主页，你可以通过它来访问许多重要工具。

搜索引擎是访问网上信息的工具，它们就等同于网站首页。有几种搜索引擎可用，每种搜索引擎使用的搜索机制有些许不同，因此，搜索引擎不同，搜到的结果可能也不同。元搜索引擎会使用几个搜索引擎来给出结果。

一般来说，多数大学不会太在意学生用学校里面的电脑设施来预订车票或网上购物。但是，如果另一个学生需要用它来完成学术工作，学校还是希望你把地方让给这类同学。学校全面禁止涉及游戏和赌博的行为，禁止开展未经授权的商业交易，禁止未经授权下载受到版权保护的文件（如音乐文件），禁止传播病毒和访问色情网站，禁止出现种族歧视的材料和其他可疑材料。ICT部门能够追踪到这些活动，你是要为这些行为负责的。有时候，你还会因此受到严重惩罚，比如，取消你的上网资格，甚至还要接受法律制裁。

当然，搜索信息不同于判断信息是否相关，也不同于用它来回答问题、陈述观点、总结情况或开展其他学术活动。

电子邮件和讨论区的礼仪

有两种常用的在线交流方式：电子邮件和讨论区。你可以在上面与辅导员和同学交流，并且每个人都可以选择加入讨论的时间和地点。利用基于网络的电子邮件软件，你可以在任何联网的计算机上查看信息，而虚拟学习环境中最有可能使用讨论区。有时会有"同步"讨论，参与者必须在同一时间登录才能参与实时讨论。

- 经常查看大学邮箱和讨论区（最好是每天）。上面有辅导员发来的重要信息（如变更授课地点）。
- 请记住，没了面对面对话中的肢体语言和语音语调，电子信息可能会显得突兀，有时还可能会被误解。所以，在你写完邮件之后，一定要多读几遍，然后再发送。如果有些地方不确定，那先等 30 分钟左右，或者使用"稍后发送"的功能。在这段时间，请再次斟酌内容。
- 不要不发言只围观。如果有想法，那就积极地和大家分享。即使有人已经说了你的想法，你也可以表示赞同。这样的话，讨论才可能进行下去。

提高 ICT 素养的小贴士

报名参加课程或专题讨论会。如果你觉得有必要学习新技能或者了解软件的更多功能，请报名参加 ICT 课程或者参加专门的专题讨论会，来提高技能。可以去咨询台或接待处，了解有哪些课程或专题讨论会可以参加。

◎ **哪怕你是计算机新手，也要敢于尝试。**电脑不会因为你敲错键盘就碎了。如果你实在不知道怎么办了，可以随时关机，然后重启。这么做的主要风险就是有可能会丢失信息。为此，在执行任何你不确定的操作之前，请先保存好文件。

◎ **先易后难。**你不需要一次就把某个程序摸得一清二楚。先掌握基础知识，然后再进一步提高技能。请参考本节提到的技巧。

◎ **使用"帮助"工具，多了解程序的功能。**如果你不知道怎么操作，这个工具可能会有答案。

◎ **买一本简易手册。**软件的标准手册可能技术含量很高——市面上现在有大量手册使用的术语都很简单，就算你没有太多专业背景也能看懂。例如，《Word 达人迷》(*Word For Dummies*)。

◎ **和朋友交流经验，看看他们是如何使用程序的。**你们彼此都有可能在这个过程中获得很多有用的建议。例如，有些人喜欢快捷键（比如"Ctrl + C"和"Ctrl + V"分别代表复制和粘贴功能），而有些人则更喜欢菜单选项。

◎ **熟悉菜单选项。**如果有时间，请查看程序中每一个菜单选项的功能。

◎ 如果你遇到了计算机方面的问题，一定不要自己一个人默默地郁闷。请和咨询台的工作人员联系。他们可能遇到过类似问题，或许还能够教你一套高级技能，例如，恢复已经损坏的文件。

在线学习工具

在线学习平台上有很多有用的工具，学生还能够自行选择获取课程材料的时间和地点。本节将讨论如何调整学习方法，以有效利用网络课程资源。

在线学习是一个术语，用来描述各种在线发布学习资料和资源的学习方式。多数大学都使用基于网络的虚拟学习环境（VLE）。另外，大学里还可能会提供计算机辅助评估系统（也称为在线评估）。你可以通过门户网站在线访问和自定义设置这些工具。

网络教学往往会和传统的课堂相结合，即所谓的"混合学习"。另外，远程学习者可能会发现，几乎所有课程资料都会发布在网上。无论是哪一种教学模式，你都需要适应在线学习带来的挑战。

有效的在线学习

如果你想充分利用在线学习的机会，请满足以下三个基本要求：

- 网速不能太慢；
- 具备基本的 IT 技能，知道如何浏览网站和操作文件；
- 经常访问门户网站或 VLE。

访问

大学校园内通常提供一系列在线工具。如果是在家或其他住所在线访问这些工具，有些大学可能对宽带数据的传输率有最低要求（不小于 2M/s）。当地政府也会在图书馆和研究中心提供免费或低成本的工具。

技能

在线学习系统一般只要求基本的计算机使用能力。电脑新手一定要学会使用这些工具，你以后可能要用到。而且，多数大学会提供 IT 入门培训和培训课。就算你觉得自己以前在高中和家里就精通计算机，但还是可以去这些培训课上充电，了解一些你不知道的东西，比如，本地网络和系统的特殊性。

访问并参加 VLE 课程

尽量每天访问每个 VLE 或门户网站，以避免错过公告、信息、新任务的截止期限、讨论和新材料。请积极参与在线讨论和自我评估等活动。它们由辅导员设计，目的就是为了让你获得更多的知识、经验和技能。

各类在线学习工具及其用法

建议在开学伊始去了解教学人员激活的所有 VLE 工具，并掌握它们的用法。常见的 VLE 一般包括以下工具。

- **课程信息**。比如，教学大纲、时间表、学习成果以及相关教学和管理人员的详细信息——可能取代传统的课程手册。
- **公告**。课程主管可能会把信息放在 VLE 或门户网站的首页上。请经常查看这个页面。上面可能会提醒你最新的时间表、变更的讲座地点、哪些作业的截止日期要到了，以及一些活动，比如学院要举办的研讨会等。
- **讲义**。比如，PPT。如果讲师允许你通过 VLE 提前拿到讲座的总结笔记或幻灯片，那么请把这些资料打印出来，并留足空间，到时候你在听讲座的时候就可以往上面加自己的笔记。这样的话，你在讲座中就有更多时间关注讲座重点和关键信息，而不是忙着当速记员。
- **网站和电子书的链接**。讲师可能会提前审核这些网站资源，并给出相关评论。你可以根据他们的评论，来提高自己的信息评估技能。
- **定制化的资源**。这些都是学习辅助工具，如多媒体演示、小测验和交互式软件。它们都非常有价值，可以代替实践活动或其他实践经验。多数资源会提供使用说明；你也可以在课程手册上获取相关信息。

- **学习工具**。你在学习的时候肯定缺不了学习工具，比如，在线字典或辞典、在线学习指南或图书馆目录的链接。请花时间去了解它们包含的内容及其用法。
- **讨论区、博客和聊天室（同步和不同步）**。它们是交换观点和提问的地方，还可以用来了解学习进度。它们非常适合开展小组活动，为团队合作提供了一个交流思想和交换资料的平台。请大胆表达自己的想法，积极回答别人的问题，或回应别人的观点。只有每个人都参与其中，这个系统才能运行下去。不过，当你参加在线讨论时，也请尊重别人的观点，对同学和讲师要有礼貌。
- **服务中心的链接**。例如，学生会的链接、就业服务中心的链接等。和大学网站相比，在这上面获取信息和联系方式更加方便快捷。
- **电子邮件**。你可能会有大学邮箱的账号或链接。作为 VLE 的一部分，它非常方便实用，因为你要在线完成的任务大多都要用到电子邮件。例如，向讲师咨询问题，与其他同学联系等。
- **数字"Dropbox"**。它让在线提交作业文件变得更加便捷。按照说明仔细检查作业，确保提交成功。同时请将作业备份。
- **记分册**。你可以看到每次作业和期末评估的分数。显而易见，你只有访问权。
- **教学反馈机制**。如果 VLE 上有反馈调查问卷，你就可以自行选择一个时间私下按照自己的想法去评估。VLE 上还提供课代表的信息及其联系方式（如通过电子邮件或讨论区）。

在线评估

在线评估在大学中越来越流行，尤其是在大一、大二的大班课上。如果你有机会提前测试正在使用的程序，那么就先测一下。这样的话，在参加真正"高赌注"（高分值）的评估时，比如坐在机房用一模一样的软件参加考试时，你会更加游刃有余。但不管怎样，你可能会发现，形成性在线测试是很好的测试方法，特别在开卷考试中，你可以在回答问题的时候查看笔记和课本。

提高在线学习效率的小贴士

◎ **在刚开课的时候，多了解在线资源。** 尽管有些功能可能不会立即激活，但也有必要了解资源范围以及评估任务。

◎ **每天访问 VLE 并完成里面提到的任务。** 可以每天早上或者在课间查看电子邮件和公告。养成习惯，避免错过重要信息。

◎ **安排固定的在线学习时间。** 要想取得好成绩，你需要不断努力，坚持不懈。

◎ **合理安排在线学习资源。** 可以使用浏览器中的收藏夹将它们分组保存到文件夹中，以保持浏览器界面的整洁，方便快速访问资源，而不需要记住或重新输入网址。

◎ **检查家里电脑设备的状态。** 要在家里上网，上网速度、电脑内存和安装插件的速度要好。每所大学都会发布一套"最低标准"，并且默认你能达到这些标准，还会提供下载和激活软件的指南。

◎ **记住，老师可能一直在监视你的活动。** 他们可能不会做什么，但可能会看到你在讨论板上写的东西，也可以根据你访问 VLE 的次数来了解你的在线学习情况（如果他们打算这么做，一般会提前告诉你）。

◎ **节省油墨成本。** 当打印出 PPT 或类似的讲义时，建议在"打印"菜单上选择"纯黑和白"选项，否则你可能会使用大量彩色油墨来打印幻灯片的背景。

◎ **在线完成作业时，要谨防剽窃和侵犯版权的风险。** 从技术上来讲，把材料剪切和粘贴到你自己的文件和论文中轻而易举，但这种行为被看作作弊，还有可能触犯法律。你不仅要知道剽窃有违道义，还要意识到，讲师们现在有一系列复杂的程序来检测它。一经查出，惩罚将非常严重。

◎ **别忽略"传统"资源。** 即使学校安排了大量的网络教学，你也不要忽视书籍和研究期刊等传统资源。很多这类资源现在也可以在网上找到。在你去图书馆之前，可以先在线评估和预订。

第 8 章

THE Study Skills Book

如何提高你的学术写作水平

写作前的准备工作

在大学里，老师通常会布置各种写作任务。本节介绍了一些基本的写作准备步骤，帮助你更好地完成这些写作任务。准备工作是一个循序渐进的过程，有助于规划写作结构。

大学里有不同形式的书面作业，例如，课程论文、报告、项目作品集、迷你论文（答案短）、案例研究或毕业论文等。其目的是让学生有机会展示以下几个方面的能力：

- 了解和理解一个主题；
- 研究规定主题的某个方面；
- 撰写结构紧凑、层次分明且有理有据的学术文章。

如果要写的文章比较长，或者它会被计入课程成绩或学位成绩，那么请务必仔细规划，集中发力，找到侧重点。

从长远来看，花时间去分解任务，并规划接下来要做的事，会帮你节省时间。就像大多数工作一样，准备工作的质量也会反映在最终产品的质量上。请花时间把问题（或任务）拆分成不同的要素，分清主次，以提高效率。

时间规划要实事求是

参考课程手册，知道作业的提交截止日期，计算出你要在多长时间内完成任务。然后，估算你可以投入多长时间。别忘了你还有其他科目要学，还要参加讲座、课外辅导或实践课，还有社交活动或兼职工作等。

接下来，按照实际情况，将可用时间分成多个工作时间段，并确定你愿意为完成任务的各个要素分配的时间。记得把休息时间计入可用时间。表 8–1 可用于合理规划大型写作任务的时间。

表 8–1　　　　　　　　大型写作任务的多个要素和预估完成时间

任务要素	需要多长时间	我打算什么时候做这件事
分析任务		
初步阅读		
撰写工作计划		
补充阅读		
撰写一稿		
审读一稿		
编辑或校对终稿		
打印或誊写终稿		
时间富余，用来应对意想不到的事情		

只有提前做好计划，你才有可能按时提交作业，才能平衡花在不同要素上的时间，才能有充足的时间完成编辑和校对工作，才能避免因迟交作业而遭受惩罚。

弄清楚写作任务的各个要素

一旦你确定自己可以投入多少时间，那么下一阶段就是拆分任务，可以问自己以下几个问题：

- **有什么指令？** 许多作业不是以问题的形式出现，而是给了你一个指令词，然后由其引入一些指令。正确解读这些指令很重要；
- **主题是什么？** 界定要构思的内容；
- **要讨论该话题的哪些方面？** 知道重点在哪儿；
- **有什么限制？** 限制讨论的范围。

你可能已经潜意识里回答了上述问题，但还是有必要在纸上写下答案。首先，它会帮助你认识到任务的范围和局限性。其次，你不会瞎说或偏离主题。

完成这个过程花不了你多长时间。而且，一旦完成，你在规划写作任务的时候会更加游刃有余，还能确定一个合适的写作框架。

指令词的分组可能会受到语境的影响，但一般来说，指令词可以分为四类。下文给出了每一类的定义。大体上说，这种分组其实就是完成任务的一系列方法，告诉你该如何在作业中组织信息。

指令词的类别

将指令进行分类的一种方法就是，看它们要求你做什么事情：

- **做些什么**：创造一些东西，制订计划、计算；
- **描述**：阐明或展示事物是如何出现、发生或运作的；
- **分析**：多角度看问题；
- **论证**：多角度看问题，论证你的立场。

表 8–2 列举了一系列常见的指令词与定义。当使用这些指令词时，你心里应该明白，别人给你这些指令是对你有什么期望，不仅要从定义出发，还要考虑思维过程。做决定的时候务必要全面考虑问题。

表 8–2　　　　作业和考试中高频的指令词

指令词	定义——你应该做些什么
说明	描述
说明……的原因	说明原因
分析	分析各个方面，给出合理且逻辑清楚的答案
应用	将理论投入实际运用
评估	考虑价值或重要性
概述	用简明的方式描述
评论	提出自己的观点
比较	讨论相似性；得出共同点
汇编	制作（表格／计划／大纲）
对比	讨论差别或得出自己的观点

续前表

指令词	定义——你应该做些什么
评判	指出优势或劣势，例如，不偏不倚的答案
定义	简述术语的意思
演示	列举例子/证据
描述	叙述过程/外观/运作/顺序……
提出新观点	给出新观点
讨论	提出你的观点或结论，并加以论证
评价	考虑情况或论点的价值
例证	举例
拓展	给出更多信息
解释	给出原因，说明理由
阐明方法	描述方法的可行性
识别	准确描述或列举
举例说明	举例
指出	指出，但是不要太多细节
论证	论证……的论点
列举	制作一份结构清晰的列表，例如，事件列表
提纲	描述基本因素——有限的信息
规划	思考如何组织一件事
报告	描述过程或事件
写评论	写报告——列举事实和事实性观点
证明	用支撑证据来论证
详细说明	描述细节
陈述	清楚描述……
总结	简要描述
追溯	简要描述事件或过程的年代顺序
解决问题	找到解决方法，例如，解数学题

探究写作主题

回到任务上,全面分析主题的各个方面和限制。这一点很重要,因为学生经常错误解读任务,尽管他们交的作业可能看起来不错,但是内容却没有说到点子上。

接下来,开始头脑风暴,在一个不受版面限制的图中写下尽可能多的相关方面,创建该主题的"地图"。然后,重读指令词,看看它们和你的初步计划有何关联。这个方法听起来似乎很奇怪,但你的"临场思维"就是你自己对这个话题的"看法",也许受到了先前讲座的影响,还没受到任何阅读材料的影响。最重要的一点是,你自己在分析该主题的重要性,这有助于训练批判性思维。

我们通过研究大学考试中最常用的指令词的使用频率,总结出了一些指令词(见表8–2),里面的定义也是一些建议。回答问题的时候,请务必考虑这些问题。

收集和筛选写作素材

请先阅读该主题的基本背景信息,然后再查看书单。下面的信息框中列出了一些常用的补充资源。

阅读与课程相关的文献是学生的一大常规活动。一般来说,书单内容广泛,里面有很多选择,经常会有一些基础文章,也会提到需要深入阅读的东西。通常情况下,你无法读完书单上列出的所有书目。在有些科目中,你可能阅读一两个推荐的内容就行;而在有些科目中,书单冗长,阅读数量也令人生畏。但是,如果你可以系统地处理它,任务就轻松多了。

通常情况下,写作素材的来源有以下几方面。

- **讲义/PPT**。概述关键问题和观点,提出问题,并提供与主题相关的解决方案。
- **讲义**。很容易找到,只要记下了讲师的姓名、主题和日期。
- **综合性或专业性百科全书**。提供简略的背景信息;给出阅读要点,指导你阅读内容更加翔实的文章。大学图书馆有电子版的图书。
- **电子图书馆**。易于访问，并且信息可靠。
- **电子期刊**。里面的内容通常比较新，其来源可靠。
- **图书馆资源**。除了上面所列资源，你还可以利用电子目录找到更多资源。你也可以去图书馆的相关书架上随机找找，或许可以找到你在电子目录中输入搜索标题后检索不出来的书籍和期刊。

除非要引用特定的章节或页面，否则学生们有时会认为需要阅读整本书，但事实并非如此。你应该看目录和索引，确定哪些部分与你的主题相关。有些作者经常把索引中的关键页加粗。这样的话，你就知道哪些要读，哪些不用读。在这个阶段，通过初步的百科全书式阅读，你将更加容易确定书中哪些部分与你当前的任务更相关。

刚开始的时候，你可以读一些必读内容，并做笔记。你不仅需要集中注意力，还要具备鉴别能力。当你的阅读内容从基础资料转向更专业的书籍或期刊文章时，你对这个主题的理解将会加深。这说明你开始更清楚地了解一系列事件，一个过程可能造成的影响，或者一个问题的潜在解决方案。你要找什么？例如，可能是事实、例子、支持某个观点的信息，或是对立论点，以证明你的分析很全面。当你对这些问题越来越熟悉，你会更容易批判性地思考正在阅读的内容，并知道如何完成既定任务。在这个过程中，你可以继续丰富头脑风暴"地图"的内容。

有时，你很难区分哪些内容重要，哪些不重要，哪些相关，哪些不相关。对于很多人来说，一个很好的策略就是，和实习记者一样，经常问自己如下问题：

- 是谁？谁与这个话题有关，例如，人或组织？
- 是什么？有哪些问题？
- 什么时候？需要考虑的时间范围是什么？
- 在哪儿？它是在哪里发生的？
- 为什么？哪些原因与这个问题或主题有关？
- 如何？这种情况是如何产生的？

采用一种分析方法

如果你想要知道哪些信息无用，哪些信息需要保留，那么你需要一个更加严谨的评估方式。在最初阅读过程中采用的"大水漫灌式"方法在这个阶段行不通。通过回答以下问题，你将知道哪些是重点，哪些内容和主题相关。例如：

- 在一系列事件中，有哪些关键角色？
- 用了哪些必要事件或条件来说明该情况？
- 该观点的支撑论据是什么？
- 采用的是短期、中期，还是长期模式？

在阅读和做笔记的过程中，你会发现不同的作者会提出相似或相矛盾的观点。在判定不同的思想流派或方法时，请前后对照笔记，将观点相似或相同的作者归为一组。

大学作业不仅需要你把事实复述一遍，还需要你提出自己的论点，并加以论证。这意味着你需要利用先前读过的文献来佐证你的立场。在某些情况下，对于不同的主题和学科，你应该提出不同的观点，然后评估哪个论点最重要，必要的话，还可以提出反论点。关键是你要为最终推崇的那个论点提供一个严谨且有说服力的案例。

一旦想好怎么完成写作任务，你需要找到一个合适的框架，将你的想法清晰地展示出来。结构要清晰，内容要有理有据，这样你才能拿高分。

为写作任务做准备的小贴士

◎ **从广泛的信息来源中筛选合适的信息。**在大学的早期阶段，许多学生都遵循初高中的学习方法，往往过于依赖核心教科书的讲义和笔记。在大学里，你会被要求阅读很多东西。除了阅读既定书目（这只是一个起点），你还要找其他资料来读。你可以去图书馆里浏览研究领域的藏书，找到各种各样的资料，以增强你的阅读能力和理解能力。

◎ **记录所读内容的相关细节。**有时候，知道自己在某处读过一些东西，却又找不到它们在哪儿，这通常让人很恼火。请养成好习惯，在笔记上记下页码、章节、标题、作者、出版商和出版地。这样方便你日后引用，并节省时间。

◎ **保存读到的东西。**在为写作任务整理信息的过程中，你可能会得到一些与当前写作任务无关的材料。请将它们保存在你的文件归档系统中，没准这个话题以后可能会在某个时候以一种微妙的方式再次出现。它们还有助于考试复习，让你有机会温习与这个主题相关的知识，加深你的理解。

◎ **遵照阅读的既定时间表。**这是写作过程中至关重要的一部分，要认识到延长阅读阶段带来的坏处。有一种很常见的回避策略就是，你老觉得读的东西不够。但实际上，你是因为不喜欢写作，所以才迟迟不着手规划结构，不愿意进入到动手写的阶段。但是，只要你开始动笔写，你会发现，写东西其实也没那么可怕。所以，最好遵照阅读的既定时间表，按时完成下一阶段的任务。

学术写作的格式

无论你要完成什么样的写作任务，无论你学的是什么课程，你都要遵循一种写作的基本结构。本节介绍了这个写作结构，并探讨了你在套用结构时要考虑的一些要素。

所有学术著作的基本结构都是引言 – 正文 – 结论。几乎所有学术文章都是基于这一基本框架构建起来的。

学术文章的标准结构

通常情况下，学术文章的基本结构是从一般（引言）到具体（正文），再回到一般（结论）。

引言

作为作者与读者第一次接触的媒介，引言必须条理清晰，层次分明。但是，也没有必要把引言部分视为"半成品"。你只有完成了整篇文章，才能准确地介绍完整个内容。事实上，有些人更喜欢先写正文，再写结论，最后写引言。

一般来说，引言由三部分组成：

- 简要说明主题的背景；
- 按照你的理解概述主题；
- 说明你打算如何阐明这一主题，实际上，就是陈述意图。

这个引言部分可能会很长，因为可能需要几个句子来说清楚这三个方面。你需要做一些思考，在这个部分告诉读者，你会把上述三个方面放在正文的哪些地方。该部分还列出了你为本篇文章划定的范围。例如，你的主题可能包括很多方面，而考虑到整篇文章的字数要求，你阐述的内容不可能面面俱到。最好是先承认这一主题包罗万象，然后指出你打算把讨论限制在哪些方面，这通常是那些你认为最重要的方面，并说明原因。

正文

这个部分将基于你决定采用的方法来组织内容。你可能在引言中已经解释了这种方法，这意味着你应该已经规划好方法，知道如何解释自己的观点。在正文部分，你在分析的时候可能需要概括、描述、定义或举例。请记住，这部分的写作越简洁明了越好。段落结构将取决于你在任何特定的点上要做的事情。

结论

它概括了整篇文章的内容。你应该从三个方面来回顾整篇文章：

- 重新陈述问题，以及主题的重要特征；
- 总结用来支撑论点的论据；
- 概述你的观点。

结论与引言的主要区别在于语言。在引言中，你的叙述应该简单明了，尽量避免使用术语或技术词汇。在结论中，你会写到内容的详细信息。因此，你的用词更有可能偏向技术性强的语言，毕竟正文中介绍了这些术语。不要在结论部分提到前文没有讨论过的观点。

字数限制

限制字数不是为了减轻老师的打分任务，而是为了训练你在写作中做到简明扼要，言简意赅，要求你仔细分析这个主题，想好写什么东西，不写什么东西。

你在做计划和写初稿的时候，不要太关注字数。但是你在编辑初稿的时候，请随意删减内容。以这种方式得到的终稿才不但满足字数要求，而且结构紧凑。

请注意，字数不够和超过字数限制一样糟糕。有些学生使用实时查看字数的功能，一旦达到最低字数要求，他们就马上停笔。这不是一种好方法。因为这类文章都只在乎字数，通常很粗糙，没有做到合理规划、内容相关和简洁明了。

在标准框架内组织写作内容的小贴士

◎ **各个部分内容的比例要恰当。** 确保写作框架内的三个要素在一定程度上是平衡的。正文应该是写作中最重要的部分，而引言和结论应该占据较少空间。一个常见的问题就是，很多学生花了太多时间在引言中概述语境，最后造成没有时间和空间完成文章的核心和结论部分。

◎ **对结论给予足够的重视。** 到你写结论的时候，速度可能没有那么快，因为你可能有其他事情要做，你也可能对这个主题失去了最初的兴趣，或者你可能只是太累了。因此，结论往往得不到应有的重视。一定要预留一些时间，给你的结论做一个批判性的评价，甚至可以考虑先完成这一部分，然后再完成前面"相对机械"的部分。或者，正如上面所建议的那样，你可以"边写边记"，也就是说，单独记下要点，这样你就可以在写完正文后，拿这些要点当结论素材。

◎ **回顾引言**。完成初稿之后，请再次查看引言，看看里面写的计划你是否已经做到了，看看你的最初意图是否已经满足了。在写文章的过程中，你可能会产生新想法，你最初的意图也可能会发生改变。

◎ **充分利用附录**。有时候，你的文章长度可能会超出字数限制。因此，你可能需要做一次大的"外科手术"。一种策略是，删除某些部分，并在不超出字数限制的情况下，将包含的信息减少为要点列表。然后，把细节放在附录中，并适时在正文中引用。有些学科不鼓励使用附录，甚至制定了相应的惩罚制度。如果有疑问，请查看课程手册或咨询教务人员。

◎ **合理引用**。在许多学科中，你都需要引用学习领域中被认可的权威。在法律领域，它可能是案例；在艺术和人文领域，它可能是杰出学者所做的研究。这并不是说你需要大量引用原文。你可以用自己的语言总结这个观点。请在计划阶段和写初稿的时候就考虑这些方面。

规划写作构思

收集好信息以后，你就可以考虑如何按照标准框架来完成写作任务了。本节概述了你在确定框架结构式时，可能需要考虑的方面。

上一节描述了文章的基本框架，下一步是认清和规划你的任务。每个人的思维过程都是不一样的。所以，每个人规划任务的方法也会有所不同。有些人可能会考虑很多细节，而有的人则觉得没太多工作要做。计划太过详细可能会画地为牢，但太过粗糙的话，又无法提供足够的指导。因此，一份详略得当的计划应该是，既能提供一些指导，又有进一步改进的空间。

筛选出关键主题

规划写作任务的时候，你要回到头脑风暴阶段的"原始想法"。随着阅读量和思考的增加，初始内容会越来越丰富。然后，看一看哪些主题或问题出现的频率很高。可以把所有相关的条目都涂上颜色，每一个类别或主题使用同一种颜色的荧光笔。最后，请重新思考任务的指令，基于前面的描述、分析或论点，制订写作计划。

筛选写作结构

先头脑风暴，再分析指令，能够给予你一些关于如何组织你的学术文章内容的指示。在这个过程完成之后，想想这些内容与哪种常用的结构和方法最匹配，从而写出一篇层次分明和逻辑清晰的论文。表8–3罗列了七种最常用的写作结构。

表 8–3　　　　　　　　　　七种常见的写作结构

1. 按时间顺序	描述一个过程或顺序
2. 分类	整理目标或观点
3. 找共性	找出共同特征或主题
4. 分阶段	分为短/中/长期阶段
5. 分析	深入分析问题（情境–问题–解决方案–评估–建议）
6. 主题	讨论一个主题的各个方面
7. 比较/对比	比较/对比（通常在一个主题内或几个主题间）

选定一种结构，让你的文章逻辑清晰、层次分明、有理有据。注意，有时可能需要将几种结构结合起来用。例如，在找共性的时候，你还可能会用到时间维度。

下面就是这七种写作结构的例子。

按时间顺序

按时间顺序的一个例子就是描述发展过程，例如，概述欧盟的发展历史。

这种文章可能完全都是描述性的东西。

分类

这种结构的一个例子就是，将文章细分为海陆空三种出行方式来讨论交通。每一种出行方式又可以进一步细分为商业、军事和个人。然后再根据它们的动力驱动方式来进一步细分。这样的分类方法在某种程度上带有主观性。但是，利用这种方法，我们可以在每个层次上描述一种类别，从而形成对比。这种方法在理工科中尤其适用。它遵循基本原理，与从广义概括到具体的方法相契合。

找共性

这种结构可能用于完成以下任务："说明发展中国家的婴儿死亡率高的原因。""缺乏"就是共同特征。因此，我们可以用以下标题来讨论这个话题：

- 缺乏基本的卫生保健；
- 缺乏健康教育；
- 缺乏素养。

分阶段

即循序渐进地分析某个主题，例如，讨论水资源短缺对河岸上动植物的影响：

- 短期影响：例如，河床干涸，植物不会每年都茁壮成长；
- 中期影响：例如，破坏补氧植物，野生动物数量减少；
- 长期影响：例如，地下水位下降，两栖动物数量减少。

请注意，在解读这个主题的时候，你并不一定要直接回答某件事造成的"结果"或影响；你也可以将其转化成一个问题，比如，"解释为什么缺水会对人的生活产生有害影响"。

分析

这种传统结构可能用于回答复杂的问题。比如，"评估身份盗窃问题的潜在解决方案"。你可以采用以下方式：

- 定义身份盗窃，还可以举个例子；
- 阐述身份盗窃难以控制的原因；
- 概述身份盗窃相关的法律和切实可行的解决方案；
- 衡量每个方案的优点和缺点；
- 陈述你认可的解决方案，并说明原因。

这一策略被称为 SPSER 分析方法，在撰写文章、报告、项目和案例分析中尤其有用。它对于识别主题或趋势也很有用，可以帮助你"解构"或"解析"主题，主要包含以下五个元素：

- **情境（S）**：描述上下文和简史；
- **问题（P）**：描述或定义问题；
- **解决方案（S）**：阐述潜在的解决方案；
- **评估（E）**：评估每个解决方案的优点和缺点，并提供支撑证据/理由；
- **建议（R）**：选出你最中意的方案，并给出理由。建议属于可选项，因为有些任务可能不需要它。

主题

这种结构和分阶段结构类似。此处的辨识特征是主题。具体的细节将取决于问题，例子如下：

- 社会、经济或政治因素；
- 年龄、收入和健康因素；
- 煤气、电力、石油、水和风能。

比较/对比

它是从主题结构衍生过来的。以城市规划为例："讨论无车城市中心的支持和反对论点。"请参考表 8-4 所示的"网格"结构，里面讨论了"无车城市中心"对利益攸关方造成的积极和消极影响。

表 8-4　　　　　　　　　　规划比较型文章的网格

利益攸关方		A 栏	B 栏
		积极影响	消极影响
1	行人	更安全，更干净	走路时间变长，停车不方便
2	司机	压力小；配套停车和乘车设施	停车费增加，公共交通费用高
3	企业	货物更容易进公司	生意都流失到交通更方便的城外购物中心
4	当地政府	减少排放	停车和乘车成本增加
5	警察	监管更加容易	需徒步巡逻

有两种比较/对比方法可以用来谋篇布局：

- 方法1：介绍主题；然后，按顺序从上往下说清楚 A 栏的内容，再采取同样的方式，说清楚 B 栏的内容；最后，总结每一项的优缺点，得出结论。按照网格的内容，文章的结构如下：

    介绍性的表述，然后是 A1+A2+A3+A4+A5，然后是 B1+B2+B3+B4+B5，最后是结论。

- 方法2：介绍主题；然后从正面和负面的角度来讨论行人的观点；再对其他利益攸关方的观点做同样的处理。文章结构如下：

    介绍性的表述，然后是 A1+B1，A2+B2，A3+B3，A4+B4，A5+B5，最后是结论。

这两种方法都有其优点和缺点，主要是看内容和情境。例如，在考试中，选方法存在超时风险，根本没机会讨论 B 栏的内容。在这种情境下，方法2会让你的答案看起来更加客观。

扩展纲要计划

选好结构以后，你就可以规划文章的引言、正文和结尾内容了。可以基于学术写作的框架"引言-正文-结论"，制作一份纲要计划。

规划写作任务纲要计划的小贴士

◎ **回顾纲要计划。** 完成初稿以后，最好回顾一下纲要计划，检查自己是否忘记了某些要点。还要检查文章各个部分的衔接是否到位，是否和纲要计划一致。

◎ **文章内容要全面客观。** 特别是在大学学习的早期，学生倾向于使用在高中或预科取得成功的方法，其书面作业通常侧重描述事实，而不是分析。如果任务只要求你描述，那你就描述。如果任务还要求你分析或论证，那么一定要把这点当作重心来写。

◎ **阐明方法。** 尽管本节列出的结构是学术写作的标准方法，但仍有必要为读者说明，你打算在接下来的文章中采用的结构方法。请在文章开头写清楚写作思路。在大多数情况下，你可以在引言中介绍写作思路。

◎ **给出"你"的答案，而不是"正确"答案。** 例如，解数学题的时候，你可以给出所谓的正确答案，但在其他许多学科中，情况并非如此。如果是后一种情况，那么你在陈述答案时，请给出支撑证据。你的分数高低在很大程度上取决于你的评估是否到位。你还必须认识到，老师看中的是你的论证结构和相关的支撑证据，而不是像一些学生认为的那样，照搬照抄讲师的观点就行了，这并不会让你拿到高分。

确定学术写作风格

学术写作是一项至关重要的技能，然而文体规范却很少被全面地定义。本节介绍了符合学术风格的写作，并概述了一些你需要避免使用的语言形式。

在大学里，你会遇到多种评估方式，不过通常都会涉及撰写书面作业。它可以采用多种形式，例如，课程论文、报告、项目作品集、案例研究或毕业论文。所有这些类型的写作都有一个共同点,那就是要遵循学术写作的风格。鉴于"科学"和"人文"这两种风格之间在细节上有差异,本节将关注各类学术写作的共同特征。

什么是学术风格

学术风格是指使用精确和客观的语言来表达观点。它的语法必须正确,要比小说、报纸、非正式信件和日常会话中使用的风格更加正式。它的语言必须简洁明了。但这并不意味着它要十分复杂、华而不实或枯燥无味。对于学术风格来说,最重要的是客观,使用的语言技巧要能够保持客观的语气,表达也要简洁,不能出现个人口头禅、口语或习惯用语。

保持客观公正

在学术写作中,个人情感的介入不得影响评论或报道的内容。要证明你的文章没有偏见,那就请使用客观的语言。这意味着你要:

- 避免使用人称代词,尽量不要使用以下词语:我、你、我们;
- 使用被动语态,而不是主动语态——多描述事件本身,而不是参与者(做事的人)。

你还可以用其他策略来保持客观的写作风格。对于一般的陈述,你可以使用以下结构来引出句子,比如"它是……""这是……"并根据上下文,适当调整语句。它们提及的词或短语不得有歧义。为了不出现歧义,最好在"这/那/这些/那些"后面加上一个名词(通常是定义一个类属的词),例如,"这一论据建议……"或"这些数据表明暗示着……"

措辞客观也可以保持内容的客观性,比如,把句子中的动词转换成名词,然后用客观的方式来重写句子。

当你处理的任务越来越多以后,转换句子结构会成为你的第二天性。

正确使用时态

在学术写作中，会用过去时来描述或评论已经发生过的事情。有时也会使用现在时。例如，在一份报告中，你可能会写"图5显示"，而不是"图5显示了"来描述结果。不过，写作材料和方法部分总是用过去时，因为它描述的是过去所做的事情。

在学术文章中，经常会出现滥用时态的现象。这可能会影响到学术写作，尤其是作者在叙述一系列事件的时候。另外，还要避免口语化。

用恰当的语言来清晰地表达观点

优秀的学术写作者会仔细斟酌措辞。随着写作技能的提高，你需要学会如何来"玩"文字游戏。这包括选择恰当的单词、短语、单词的顺序、句子的结构，以及段落顺序。具备这种能力，对学术写作很重要，理由如下：

- 你会知道如何充分利用英语的灵活性，尽可能清晰准确地表达意思；
- 证明你能够以一种合乎逻辑的方式来组织观点；
- 让读者对你的文章保持注意力和兴趣。

遵循学术写作风格的小贴士

◎ **站在读者的角度思考问题。** 读者会决定你采用什么样的写作风格。例如，如果是写信给银行经理要求贷款，你就不能用短信用语或非正式用语。你要知道，学术文章可能要接受评分的。你的读者，也就是评分人，除了关注文章的知识和内容，还希望你正确使用专业术语和结构。

◎ **避免使用缩略形式。** 缩略词经常会出现在口语当中，但它们不应该出现在学术性的书面语中。短信中使用的缩略形式也是不合适的。

◎ **避免使用人称代词。** 尝试其他句子结构，避免使用人称代词，例如，我、你和我们，以及所有格形式：我的、你的和我们的。

组织行之有效的句子和段落

> 什么是句子？什么是段落？这些都是学生在学术写作中经常遇到的问题。句子有时可能太短，有时可能太长，有时结构不对。段落中也会出现同样的情况。如果你不知道为什么会这样，那么请参考这一节，了解什么是好句子和好段落。

要写出一篇好的学术文章，无论是课程论文、报告，还是其他类型的作业，你必须了解句子和段落的构成，知道如何写规范且意思清楚的句子。你要认识到，学术写作，不是一定要你写长难句，也不是说要全用令人印象深刻的"大"词。短句变短，有时会更有冲击力。请记住，"写作的目的是表达意思，而不是为了炫耀"。

通过大声朗读句子，你可以更好地判断出句子的意思和语法是否正确。在语言辨识方面，耳朵可能比眼睛更灵敏。市面上有许多讲解学术写作技巧的好语法书，里面会提到详细的技巧，还会给出很多练习。鉴于此，本节只介绍句子和段落结构的基本信息。经验表明，学生想要了解，为什么他们写的东西是错误的。通过提供一些背景知识和典型问题，我们希望，能够帮助你了解什么是好句子和段落，以及如何检查文章。

句子结构

一个句子中必须有一个动词，也就是一个"动作"词。一个简单的句子至少有一个主语（施动的人或事）和一个动词，有时还会有其他短语。它们组合在一起产生意思。而短语则不构成句子。想象一下，有人走进挤满人的屋子，说出了其中的一条短语。应该不太可能有人理解说话人的意思。如果要说得通，每条短语都需要加一些信息，这类非句子在学生的作业中很常见，部分原因是我们经常在口语中使用这个策略，来扩展之前提到的观点，或者留下某个观点的发展不说。但这在书面文章中是不能接受的。

复句则由一个主句和（多个）从属分句构成。从句是围绕动词构建起来的意义单位。有两种类型的分句：主句（有时称为独立或主要分句，就像一个简单句）和从句。从句包含一个动词，不能独立存在，其作用和形容词、副词或名词的作用一样。

复杂句可以很长，并包含多个从属分句。长短句交错，可以让你的文章诵读起来音韵铿锵，朗朗上口，牢牢抓住读者的兴趣。有时候，用一个复杂句表达多个观点的效果，没有用多个短句的效果好。如果两个观点一样重要，请用并列句。

段落结构

段落是文章的一个单位，通常由几个句子组成。段落的第一句话概括本段主题；该主题在段落内进一步扩展；最后一句话用来终结这个主题，也可能是向下一段主题过渡的句子。

报纸新闻写作和排版喜欢简单句组成的段落。但这些不是学术写作的好方法。同样，华而不实的风格也不适合学术写作。请在这两个极端之间找到一种平衡。

段落由句子构成，每个句子都有特定的角色。用一些路标词或者连接词来连接段落中的句子，会使行文更流畅。

如果句子是段落的组成部分，那么段落就是文章的组成部分。每个段落在文章中都扮演着一个特殊的角色。

以下是段落布局论点的方法：

- 演绎法：作者先提出关键点，然后给出相应的支撑信息或证据；
- 归纳法：作者先给出支撑信息，最后总结关键点。

你可以根据具体的语境和内容，选择合适的段落结构。你的学科可能有惯用的讨论风格。

写出好句子和好段落的小贴士

◎ **一个句子要多长？** 这就像是在问，一根绳子有多长。一个句子可长或短。可以通过两种方式来判断一个句子结构的好坏。第一，大声朗读句子。耳朵可以听出逻辑或语法错误。第二，如果你觉得需要断句，可以在中间加一个逗号，也可以加一个句号，然后另起一个新句子。

◎ **长短句搭配。** 长短句搭配可能比一个几行长的句子更加适合阅读。根据经验，如果一个句子有三到四行那么长，那么请考虑将其重组，或拆分成短句。

◎ **一段应该多长？** 段落的长度取决于内容。但一般而言，一段话要是超级长，主题可能会偏离。如果你发现段落太长，那就大声诵读，听一听在哪些句子那儿可以"自然"断一下。这可能是另起一段的好地方。

◎ **使用路标词。** 这些词可以帮助读者理清文章逻辑。例如，它们会出现在转折句中，而且常常出现在句首，后面跟一个逗号，例如，然而、此外等。

◎ **采用学科惯用的讨论风格。** 查找与你要写的主题相关的论文或书籍，看看里面的内容是否采用了演绎或归纳风格。多看几个例子，你会发现这些方法的一些共同点。然后，你可以将这些共同点与你自己的文章段落进行比较，看看你的风格和其他人的"风格"是否一致。如果不一致，请调整你的风格，遵循惯用风格。

检查文章的语法、标点符号

如何避免常见的语法错误

语法是一系列规则，用来指导语言的运用。这是一个很宽泛的领域，尽管人们在说话的时候凭直觉知道很多语法规则，但在写作中往往没有那么容易。本节无法给出一套完整的规则，但是里面有足够的信息，来帮助你找到专业的语法书和标准字典，以解决问题。

语法对学生来说很重要，因为它是学术写作中一个不可或缺的组成部分。好的语法必不可少，因为没有它的话，你的文章读起来会很荒谬、不合逻辑或含糊不清。在大学的学习过程中，你会遇到很多语法方面的问题。为此，你有必要弄清楚规范的语法规则。

以前，教授语法主要有两种方法。传统方法教授"技术"术语，例如"从句""介词"和"时态"，这样它们就可以用来解释语言结构；另一种方法更为现代化，即老师鼓励学生自由写作，然后反馈给学生正确的版本。考虑到本书的目的，我们将结合这两种方法。我们相信，有些人在了解正确的语法规则之后，如果能够知道它们的具体用法，学习效果会更好。

在学术写作中，存在很多常见的语法错误。了解一些语法术语，有助于你理解书面作业上的评论或修改意见。你可以重点关注书面作业中那些对你有帮助的点，并制作个人纠错本，尽量避免以后再犯类似错误。鉴于此，我们应尽量了解一些常见的语法错误，尽可能用简单的语言来解读它们，只有在绝对必要的情况下，我们才会使用语法术语。

语法有特有的术语。部分术语用以讨论复杂的观点。这种情况就像是，要想听懂汽车修理工说的话，你要先知道汽车引擎主要部件的名字一样。同理，要是能熟悉一些基本术语，你就能看懂作业上老师批改的反馈意见，知道如何在一本专业的语法书中查找相关章节。

弄懂语法的小贴士

◎ **找到错误，并弄清楚为什么错了。**评分人会在你的书面作业上注明错误，有时是利用下划线，有时是通过调整结构或插入修订内容。请仔细检查批改过的作业，了解评分人挑出的错误点。有些评论可能与主题有关，有些和语法有关，有些则和标点符号有关。如果你可以区别看待后两种类型，仔细分析错误，了解纠正方式，那么以后在做作业的时候，你就不太可能犯同样的错误，分数自然而然就会蹭蹭上涨。

◎ **制作纠错本。** 每犯一个错误，就记下它（你可以找个本子专门记术语，并留出几页来记语法点）。建议写下错误和修改方式。如果有条件，还可以写写错在哪里了，以及为什么错了。

如何正确使用标点符号

标点符号至关重要，它是帮助作者向读者传达意思、强调和风格的一种辅助手段，有助于读者理解信息。另外，它还是一种被认可的代码，掌握它们的用法有助于提高写作技能。误用、忽略或者滥用标点符号，都会影响信息的传递，事实上，还可能会让读者感到困惑。

人们在说话的时候，喜欢用手势、语调和抑扬顿挫，来表示强调、惊奇、焦虑和其他一系列情感、想法。在写作中，标点符号可以通过分割或连接观点，来发出相似的信号，例如，句号（。）、感叹号（！）、问号（？）、逗号（，）、冒号（：）和分号（；）。同理，也有些标点符号被用来告知读者可能不属于作者的想法，例如，用双引号（""）来表示别人说了什么或写了什么。

请看看你以前写的文章，或许会更加清楚你的标点符号"风格"。你会发现，你可能反复使用特定的句子结构，并偏爱某些标点符号。如果你想在写作中增加多样性，那么请有意识地尝试使用各种形式的标点符号，以变换句子结构。

从某种程度上来说，标点符号的使用取决于不同写作类型的惯例。例如，小说不像某些非小说类文章（比如，学术文章），不需要严格遵循标点符号的使用规则。

在学术写作过程中，你需要正确地遵循标点符号的使用要求，因为这将影响其他人对文章质量的评判。在有些学科中，你会因为标点符号出错而被扣分。

正确使用标点符号的小贴士

◎ **检查标点符号是否正确。** 以合理的速度大声朗读文章,把自己想象成一个电视新闻主播,必须传达出文章的要义。当你大声朗读的时候,你的耳朵会识别出文章中应该停顿和转折的地方,也就是那些你可能再怎么认真看也察觉不了的地方。例如,在你需要暂停换气的地方,请插入逗号或另起一个句子。

◎ **使用符号来校对文章。** 可以打印出文章,然后有条不紊地在文章内和页边使用校对符号进行校对。这将有助于你以后对着电脑屏幕系统地校对文章。上了这"两道保险",任何错的地方都逃不出你的火眼金睛。

◎ **使用列表、项目符号和副标题。** 有些学科允许使用副标题、项目符号或编号列表。利用这一策略,你的标点符号出错的概率会小一些,但这一策略并没有在学术写作中被普遍接受。如果你确实使用了项目符号或列表等工具,要遵循标点符号用法规则。有些人为了避免跑题,在写作的时候,会先用副标题;写完以后,再把副标题换成主题句。

◎ **检查标点符号**,或者看看缺少哪些标点符号,**避免造成歧义**。

扩大你的词汇量,让文章妙笔生花

不管选择什么学科,你都会发现,作为一名大学生,你会遇到越来越多的生词。这些生词可能是专业术语,也可能是用来解释所研究领域内某个话题的术语。本节提出了逐步扩大词汇量的策略,以进一步加强学生在讨论和写作中的表达能力。

扩大词汇量非常重要,特别是学习之初。许多学科都有特定的术语,有时称为行话。在理解高级概念之前,你可能需要先掌握这些术语。学术写作也要求学生正确使用单词。这说明你要储备很多词汇和表达方式,才能知道什么语境用什么词。为了扩大词汇、查找确切的意思,以及避免使用俚语或者是太不正式的词语，一本好的纸质版或电子版词典必不可少。

扩大词汇量的途径

词汇表

在许多学科的教科书中，开头或结尾部分都有相当全面的词汇表，以帮助你快速确认某个术语的意思。有时，在每个章节的开头，也有一个关键词列表，让你了解术语的新用法和专业用法。

标准词典

每种词典的大小和复杂性各有差异。例如，有些词典会给出单词、音标和含义，而有些还会给出正确用法的例子。在大学图书馆的参考资料中，有许多不同类型的词典。在电子资源中，还可能找到在线词典。

尽量让文章通俗易懂

每一门学科都有自己的语言，只有行内人能够理解。别人很有可能不理解你的专业词汇或行话。所以，在写文章的时候，请尽量减少使用行话，在词典和同义词典中找到首选单词的近义词，让你的语言既准确专业，又通俗易懂。

提高学术术语使用能力的小贴士

◎ **弄清楚词典和同义词典中缩写词的意思。**你不可能总是能够访问在线词典或同义词典。因此，了解和弄清楚这些参考资源在纸质版词典中的使用方式很重要。了解这些以后，你会节省很多时间，知道如何充分利用手头上的参考资源。例如，了解更多的语法术语和音标符号等。

◎ **注册"每日一词"软件。**有些在线词典网站可以免费注册。注册以后，你每天都会收到一封新词的电子邮件。其中有些词你可能根本用不上，但它们可以丰富你的工作词汇量。

如何正确引用和参考文献列表

在所有层次的学术写作中,你都必须引用相关文献,来支持你的论点。有几种常用的引用风格,而你的选择取决于课程惯例。本节概述了四种较常见的风格,告知你如何在写作中引用文献,并在参考文献列表或参考书目中列举这些内容。

在撰写任何一篇学术论文的时候,如果有些信息和观点是从其他文献中获得的,那么请注明来源,并为读者提供足够的线索,找到你的信息来源。请在文章中引用的地方插入来源标记,然后在脚注、尾注或文章结尾的参考列表中给出详细信息。参考风格各异,但各门学科的首选风格通常会在课程手册中规定,你也可以咨询讲师或辅导员。不过,你必须学会识别不同风格,以便解读所提供的信息。

为什么要求注明来源

学术写作惯例之所以要求注明来源,其目的是:

- 承认你使用了别人的研究成果,你必须清晰地展示你的哪些内容或观点是借用了别人的研究成果,即使你引用他人的观点是为了反驳这个观点,但你也使用了他们的知识产权,所以你必须证明你认识到了这一点;
- 帮助读者理解你的论证/讨论的思路和过程,以及让他们知道哪些因素影响了你的想法,这将有助于他们读懂你的文章内容;
- 让读者/评分人知道你的阅读范围,他们以此可以评估你的工作,并为你提供更多阅读建议;
- 为读者提供足够的信息,让他们可以自己去查阅相关资料。

很多时候,如果你不提供参考文献列表,那么你就会被扣分。记得采用学院规定的首选引用格式。

在文章中引用信息

从本质上说,有两种方法可以把别人的研究成果引用到你的文章中:(1)

直接引用原文的确切词语；（2）间接引用，即用你自己的话概括或转述某个观点。无论是哪种情况，你都需要选择合适的引用方式，注明引用来源。

直接引用

有以下两种可能。如果直接引用的内容很短，那么把要引用的内容放在句子里的单引号内就可以（例如"xxxx'zzzz'xxx"）。但如果引用的内容较长，那么就不需要使用引号，而是引文缩进，单倍行距。如果你故意省略掉原文中的一些字词，那么"缺口"就用省略号来表示。这就叫作省略。

脚注和尾注

在一些学科中，脚注和尾注处（通常使用上标数字）会注明引用来源；在另一些学科中，脚注和尾注仅用于提供与文章内容相关的补充信息、评论或讨论要点。脚注通常出现在当页底部，会给出链接；尾注出现在文档的末尾，按顺序记录。

学校通常会指定引用格式。如果没有规定，那就由你来选择。表8–5列出了四种常用格式最显著的特点、优点和缺点。这四种格式适用于所有形式的学术写作（包括本科生和研究生的作业），从课程论文到毕业论文。

间接引用

间接引用有两种方法：突出信息和突出作者。这些都取决于引用格式。表8–5中列出了四种常用风格。按照哈佛格式，基本原则如下所述：

- 突出信息。下面的陈述方式在研究领域被普遍采用。例如：
  孩子们从很小的时候就表现出对书籍和图片的兴趣（Murphy，1995）。
- 突出作者。作者和出版日期构成句子结构的一部分。它们和恰当的导入词一起用，来表达某个观点。例如：
  Murphy（1995）声称，六个月大的孩子能够听懂简单的故事的发展顺序。

表 8–5　　　　　　　　　　　　　选择引用格式

风格	特点	优点	缺点
哈佛	● 文中注文使用姓名/日期系统（只有在引用特定内容或数据时，才会包含页码） ● 作者的名字可以成为句子的一部分（日期在紧跟姓名后面的圆形括号里） ● 姓名和日期都放在句末的圆形括号里	● 内容少：在参考文献列表中，每个条目只出现一次，所有条目以作者姓氏的字母顺序排列 ● 很容易根据文章中的引注内容辨识作者 ● 很容易在正文和参考文献列表中做调整	● 姓名/日期引用形式可能干扰文章内容 ● 不太适合引用档案材料，例如，历史文件可能没有足够完整的细节来满足系统要求
现代语言协会（MLA）	● 文中注文用姓名/页码系统；在参考文献列表中，日期在参考条目的末尾 ● 作者的姓名可以成为句子的一部分（页码在句子或从句末尾的括号中） ● 名字和页码（没有标点）都放在句子末尾的括号里	● 内容少：在参考文献列表中，每个条目只出现一次，所有条目以作者姓氏的字母顺序排列，这样就可以很容易地找到引文出处 ● 很容易根据文章中的引注内容辨识作者	● 引文资料的出版日期不出现在文章中，而是放在参考文献列表中各个条目的末尾，所以很难马上找到出版日期 ● 在参考文献列表中，如果哪个条目超过一行，那么从第二行开始，行首缩进，会导致参考文献列表看起来"参差不齐"
温哥华	● 注文后加括号，里面写上编号 ● 如果在文章中再次引用同一文献的其他信息，那么对该文献后续引用的编号和第一次引用的编号一样	● 数字对文章的干扰性较小 ● 参考文献列表的条目也是按照文中引文的数字顺序排列，因此很容易找到引用条目	● 文中没有书目信息，因此很难衡量引用来源的价值 ● 应用麻烦 ● 多次引用同一篇文献的内容时，都使用一个数字 ● 包含大量的检查工作，会拖慢写作过程

续前表

风格	特点	优点	缺点
芝加哥	• 文中注文使用上标数字 • 上标数字与同一页面上的脚注编号对应 • 引文采用脚注和参考文献列表的展现形式（注意，脚注和参考文献列表的格式不同）	• 编号系统不引人注目，不会干扰文章内容 • 引用时不需要重复输入相同的书目信息	• 第一次提及的文献会给出全部细节，但之后如果再次引用该文献的信息，脚注中只提供名称/页码 • 更难找到主要的贡献者 • 脚注和参考文献列表的格式不同（如果采用） • 要做大量检查工作，以确保文中注文的上标编号在任何更改之后都和脚注编号一致

不同的引用格式

随着技术和偏好的改变，引文和注文的格式也会发生改变。有些遵循一些引文惯例的人使用这些（例如，姓名/日期、姓名/页码、数值标注）引文方式引用引文。引文格式不同，参考文献列表或参考书目中的注文格式也不同。格式由学科领域及其相关的期刊来决定，在原来的格式上做了一些改动。有些适用于文学和语言领域的格式十分规范，如美国心理协会（APA）和现代文学研究协会（MRHA）格式。它们各自的格式指南还提出了更多要求，如字体、页面布局、拼写、被动语态等。

正确书写引文和参考文献列表的小贴士

◎ **养成习惯，记录书目细节。** 如果你是手抄笔记或复印笔记，请记录所有必要的书目信息，以免以后浪费大量时间去追索。

◎ **在写作过程中汇编参考文献列表。** 把你读过的资料列一份清单。请用软件创建一个表格或列表，只要你引用东西，就把书目细节加到表格当中。在写作过程中汇编的好处是，你不需要再进行一场马拉松式的输入（表格有版式设计功能，你还可以在里面插入很多东西）。不过，你需要在早期阶段就选定引用格式。

◎ **不要混用引用格式。** 无论你使用哪种格式，都要遵循它们各自的惯例，包括标点符号。

◎ **写下引文的来源。** 如果你记下了某个内容，觉得自己以后可能用得上，那么请在旁边写下完整的来源信息。好记性不如烂笔头，永远不要依赖你的记忆来记住出处。把所有细节都记下来。

◎ **检查细节。** 留出足够的时间做最终检查，尤其要确保布局的一致性。

避免剽窃和侵犯版权

无论是从学术方面还是从法律方面来说，剽窃和侵犯版权都是两个极其重要且相关的话题，但它们往往被学生误解。近年来，这些问题愈演愈烈，这主要是因为技术的进步，例如，数码扫描仪、影印机和电子资源共享的出现，让"剪切和粘贴"以及拷贝材料变得更加容易。学生很容易无意间剽窃他人的东西。只有充分了解了这些问题，你才可能知道如何尊重知识产权，避免丢分或受到纪律处分。

什么是剽窃

和其他形式的学术欺骗一样，在大学里面，故意抄袭是一个非常严重的违纪行为。学校会根据情节的严重性，酌情给予学生处罚，例如，扣分、开除学籍或拒绝授予学位。这些处罚规定都可以在学习手册中找到。要避免剽窃行为。有人认为，没有人会有意以这种方式欺骗他人。问题是，学生很容易就在无意中剽窃他人的东西。为了避免这种"无意抄袭"的行为，你应该注意以下几点：

- 根据上文对剽窃的定义，"工作成果"包括观点、著作或发明，而不是简单地指某个（些）词语；
- 定义中的"使用"并不仅仅指"逐词使用"（精确复制），还包括使用"主旨要义"（改述概念）；
- 使用他人的工作成果是可以接受的，但是要指明出处。

前两点指出了学生可能会犯的错误，第三点是补救措施。为了避免无意剽窃的风险，请听取下列建议：如果你认为某位作者说了一些特别好的东西，那么就直接引用，并在引文旁边注明出处。

避免剽窃的策略

想好要在你的文章中引用哪些内容以后，接下来，你要想清楚所要引用的内容在你的文章中要发挥什么样的作用。例如，你要问自己，你想要引用的内容是为了支持某个观点，还是反对某个观点，还是只是一个中立的观点。有时候，你需要考虑如何把引用的内容无缝衔接到你的文章当中。这里主要有三种借用方法：

- 直接引用；
- 总结；
- 改述。

直接引用的内容太多，会被视为抄袭，哪怕你注明了所有引文的出处。直接引用的内容占原文内容的比例不得超过10%。很多时候，要低于这个比例。

不管你选择哪一种方法，根据引用的布局惯例和参考文献的格式，你都需要给出以下信息：

- 作者；
- 日期；
- 标题；
- 出版地；
- 出版商；
- 页码。

总结和改述

在写转述内容的时候，可以先写出结论性的观点，并从这个角度出发，列出关键点，而不是照抄原始资料。这样你就不会陷入替换词语或过度引用的陷阱中。

1. 通读全文，了解大意；可以使用速读策略，即先读主题句，以了解文章大意；
2. 通读全文，记下要点；
3. 精读全文，获取更多细节；
4. 把书合上，然后凭借记忆写下支撑论点的论据，这样你就会使用自己的语言来表述文章内容，减少对文章的依赖；
5. 思考你打算如何在自己的文章中使用这些观点，并记下来；
6. 记录参考文献的详细信息。

表8-6中的原文是摘录过来，是学生在对比电子书和传统书的利弊之后想要引用的资料。请参考表中列举的总结和改述方法。

表8-6　　　　　　　　　　　总结和改述示例

原文
电子书是互联网时代的一项功能。它的出现，使得大众能够获取难以企及的材料。文学的全球化，让个体作者无须承担高额的出版成本，就可以向更多的人群呈现自己的工作成果。电子书对传统图书出版商构成了巨大的威胁。 来源：Watt, W.（2006）The demise of the book. Dundee: Riverside Press.（P. 13）

总结		
糟糕方法	**评论**	**理想方法**
有人认为，"电子书是互联网时代的一项功能"，"文学的全球化"允许作者"向更多人群展示他们的作品"，而不必承担"高额的出版成本"	在这个例子中，直接引用内容的（用粗体显示）字数占到总字数的60%——可以说是引用过度，可能被视为剽窃。更糟糕的是，作者没有注明引文的出处，所以情节更严重	随着电子书的出现，个体作者有了新的方式来宣传自己的工作成果（Watt, 2006）

续前表

改述		
糟糕方法	评论	理想方法
电子书是互联网的一项功能，允许全世界的人使用它们。这意味着，作家可以在互联网上展示他们的作品，而且<u>不需要支付高额的出版费用</u>。这个功能意味着，<u>传统书籍的出版商正受到威胁</u>（Watt, 2006）。	在这个例子中，只是简单地使用同义词（下划线），这也是剽窃的一种方式。尽管引用格式是正确的，但是作者简单地"偷盗"了原文的基本含义，没有体现自己的任何分析或思考。	瓦特（2006）指出，纸质书的出版商们担心，电子书的出现标志着它们无法再垄断文学市场，因为作者可以直接在互联网上发布作品，从而可以避免出版成本。

在引用他人的工作成果时，无论你是采用总结的方式，还是改述的方式，都不要只是简单地替换单词，因为这是剽窃。你要证明自己对材料做过重要的分析，恰到好处地将这些材料引用到你的文章当中。根据表 8–6 中所示的理想方法，作者对原始文章的观点做了处理，并以一个全新的方式将其呈现出来，表明他在引用的时候对原文的意思做了分析和思考，因此可以算作独立思考。

什么是侵犯版权

在中国，作者对自己的文学作品在有生之年及死亡后 50 年享有版权。版权标志 © 旁边通常会出现一个日期和所有者的名字。你可以在书的版权页上找到相关信息。

如果你拷贝（例如，复印、数字扫描或打印）他人拥有版权的材料，除非你得到了明确的许可，或者你拷贝的数量在"合理"的范围之内，否则你将有触犯法律的危险。

如果"教育拷贝"用于非商业性质的个人学习或研究，出版商有时会允许这种行为。但它们会在材料上声明这一点，允许你拷贝多份，否则就算出于个人学习或研究目的而拷贝材料，你也只能拷贝"合理拷贝"条款允许的内容。目前，还没有法律对"合理拷贝"做出精确定义。

实践表明，你可以拷贝的内容在原文章或著作中的占比不得超过 5%，也可以是：

- 一本书的一个章节；
- 一本学术期刊中的一篇文章；
- 一本篇幅短的书中最多 20%（最多 20 页）的内容；
- 一本诗集中的一首诗或短篇故事（最多 10 页）；
- 一张 A4 纸大小的独立插图或者地图（注意：文章和章节中的插图适用于上面描述的情况）；
- 音乐作品的简短节选，不是整个作品或乐章（注意：未经允许，不得复制以任何形式公开发行的音乐作品）。

这些限制是指单次拷贝——你不能多次拷贝上述任何一项内容，也不能将你拷贝的内容转给别人，再让别人多次拷贝，因为别人可能不知道原始信息的具体或一般版权问题。

从法律上来说，你是否购买过原始信息没太大关系：如果整个原始信息或实质部分在未经许可的情况下被复制，这就是侵权。此处"实质"是指重要的部分，即使它只是整个过程中的一小部分。

同样的规则也适用于在网上打印或复制资料，除非作者给出了明确的（即书面）许可。它还适用于拷贝图片和互联网上的文章，尽管许多网站都提供无版权的图片。作者可能会在主页或直接链接的页面上声明自己对拷贝的立场。

避免剽窃的小贴士

◎ **避免直接复制材料。** 如果你准备引用他人的东西，除非你已经具备了所有来源信息，注明引用来源信息，否则就不能这样做。如果你在自己的文章中使用这些材料，但未能按照要求注明来源，那么这就会被认为是作弊行为。

◎ **做笔记的时候，一定要记下资料的来源。** 如果无法回忆起或找不到一篇文章的来源，那么你可能会承担剽窃的风险。为了避免这种情况，你需要养成良好的习惯，在记录总结的时候一同记下资料的出处。如果你是从其他文章和材料中逐字引用，那么一定要记得使用引号，表明你所写下的内容是直接引文，以免你以后可能会忘了这回事。你不需要在最终版本中逐字引用，但就算你是改述原文，也应该注明来源。

◎ **改述的内容尽量不要和原文相似度太高。**只选取一些关键短语，然后重新排列它们，或者只是用同义词替换一些单词，仍然会被视为剽窃。

◎ **遵循标准的文献引用惯例。**即使你更喜欢使用自己的措辞，不直接照抄原始资料，你还是要遵循相应的学术惯例。注明参考资料的来源，表明你对引用别人的观点做了声明。

◎ **避免直接引用的内容过多。**如果直接引文在你的文章中占到了相当一部分比例，那么这就属于剽窃。一般来说，引用的内容不应该太多。有些参考格式规定，一篇文章中直接引文的比例如果超过10%，那就属于剽窃。

◎ **仔细检查你的"原创"观点。**如果你有一个自认为是原创的观点，也不要轻易认为你的灵感就是独一无二的。你可能遇到这种情况：你或许已经忘记了某个观点的来源，但是这个观点在多年以后或在不同的背景下又重新浮现在你的脑海中。所以，一定要仔细回想自己之前是否看过类似的东西；或者问问别人（如你的辅导员或导师），是否曾经听到过类似的观点；或者查阅相关文献、百科全书，或者上网找资料。

◎ **阅读大学图书馆复印机的使用规定。**还要注意的是，图书馆会监控网络资源的使用或打印情况，因为这也是必须遵守的条件。如果哪个人复印或打印的内容超出了规定数量，那么该图书馆可能不会再花重金去订阅这些内容。如果你不确定具体规定，那就找图书管理员咨询一下。

检查、编辑和校对

要想写出高质量的文章，你一定要用批判的眼光来审阅自己的文章。掌握编辑技巧，你将知道如何使用正确的时态、语法和句法。

写作是一个过程。它从制订计划开始，以检查、编辑和校对的方式结束。将作业交给老师打分之前，你先要认真阅读和编辑。最后阶段所做的努力将会提高文章质量和评估成绩。理想情况下，你应该在完成写作和开始检查之间留出一段时间，"远离"自己的文章。之后，以读者的眼光去审视它。

在这个阶段，你要把自己当作编辑人员，用批判性的眼光来审视文章内容、相关性、意义、布局、语法、标点符号和拼写问题。此外，你还要检查各个方面的一致性，例如，术语的使用、拼写和展示方式（例如，字体和字号）、段落布局、图表和表格的标签等。

显而易见，这个过程涉及很多方面，各个方面在一定程度上会有交集。有些人喜欢把文章快速扫一遍，找出里面的错误并修改；而有些人则会采取一种循序渐进的方式，尤其是专业的写作者，他们喜欢多次阅读文章，每次阅读时关注的点都不一样。在检查过程中，请考虑以下五个方面：

- 内容和相关性；
- 清晰、风格、一致性；
- 语法正确；
- 拼写和标点符号；
- 展示。

表 8-7 列举了各个方面需要考虑的具体内容。你可以把这个表复印出来，对着文章，看每一条是否都做到了。表 8-8 列举了一些编辑策略。专业的校对人员已经开发了一套符号系统，以加速编辑和校对过程。辅导员给的反馈中也可能会出现这类符号和一些"非正式"标记。

许多学生不清楚检查过程还有这么多门道，所以更倾向于写完第一稿就马上交上去！然而，文章要是没有以这种方式修改，那么它就不太可能像经认真检查、编辑和校对过的文章那样适合阅读，也不太可能拿高分。风格、内容、结构和展示都将影响分数，任何加分项都将对你有利。从长远来看，编辑文章的能力提高了，批判性分析能力也自然会提高，这对你的整个职业生涯都有利。

表 8-7 编辑和校对内容列表

内容和相关性	清晰、风格和一致性	语法正确	拼写和标点符号	展示
• 符合指令词的要求 • 问题已经回答或者任务已经完成。也就是说，各个方面已经兼顾，没有漏答问题 • 结构合理 • 内容客观公正 • 例子相关 • 引用准确	• 目标明确 • 你写的内容就是心中所想的内容 • 文笔流畅，正确使用路标词 • 无任何非正式的语言 • 正确体现学术风格 • 每个部分的内容和样式都是一致的 • 每一部分的时态都符合全文的时间框架，而且时态一致 • 文章各部分的长度均衡	• 所有句子都是完整的 • 所有句子都言之成理 • 各个段落的安排合理 • 已经接受或拒绝语法检查工具提出的修改建议 • 对照你常犯的语法错误列表，找出文章中的语法错误	• 按照意思，修改任何明显的"打字错误" • 检查全文拼写，找出你最常拼错的单词 • 检查术语和外来词的拼写 • 通过"大声朗读"的方法，检查标点符号 • 专有名词的首字母要大写 • 切勿使用过于冗长的句子	• 文章长度达到了字数要求，既不短也不长 • 如果没有字数要求，那么就在既定时间内写出字数合理的文章（如果不确定，就咨询辅导员） • 卷面整洁 • 封面页的内容和全文展示符合学院要求 • 参考书目/参考文献列表的格式正确 • 已经插入页码（在规定的位置插入，如果已经给出） • 图表和表格的格式正确

表 8–8　　　　　　　　　　　　　　　编辑策略

内容和相关性；清晰、风格和一致性	语法正确；拼写和标点符号	展示
• 大声朗读文章。你的耳朵能帮助识别眼睛未能发现的错误 • 重读任务或重新审题，确保对任务的解读不会出错 • 使用编辑符号来纠正纸质版文章里面的错误 • 确定引言中设定的目标已经完成 • 阅读，并客观地评估文章是否言之成理。寻找论点中不一致的地方 • 确保所有的事实都是正确的 • 添加新的或被忽视的证据，内容要完整 • 删除或修改不相关的内容，提高行文流畅度。减少 10%~25% 的内容，可以极大地提高文章的质量 • 以批判性的态度诚实地评估你的文章。如果是引用的内容，一定要明确指出。也就是说，检查内容是否有剽窃的嫌疑 • 如果是学术性文章，修改任何非正式的表达 • 删除显示性别或歧视性语言	• 检查标题和副标题是否符合写作风格，用粗体或下划线突出显示（两个不要同时使用） • 看看各个部分的衔接是否自然。如果不是，可以加一些路标词来引导读者 • 检查句子和段落结构的流畅性，并根据需要修改 • 检查句子长度——重新调整较短或较长的句子。短句有时比长句更有说服力 • 拼写方式要一致，例如，只遵循英式英语的拼写要求，或者只遵循美式英语的拼写要求 • 拼写错误。使用拼写检查工具，但如果有疑问，或者在拼写检查工具中辨识不出某个单词的拼写是否正确，那么请在标准字典中再次确认 • 检查复杂的句子结构。切分或重组句子；考虑主动或被动哪个更合适。使用的词汇要能强有力地表达你的观点 • 检查是否使用了"绝对"的词眼，尽量做到观点客观	• 检查是否留有空白空间：也就是说，不要把文字塞得太满。文章排版要整洁且清晰 • 文字排版要符合要求。遵守学院规定的印刷要求 • 有参考文献列表，格式始终符合公认的标准。文中引用的所有内容都应该与参考文献列表中的条目相匹配，反之亦然 • 所有页面都有页码，且装订成册，或根据需要，适当裁剪。还可以考虑加入封面页 • 不漏写姓名、学号和课程编号。可以把这些信息写在每一页的脚注位置 • 检查是否漏写问题编号和标题 • 图表和其他可视化材料的排列有序，排版统一 • 补充信息的排列有序，如附录、脚注、尾注或术语表

检查、编辑和校对的小贴士

◎ **留出检查时间。** 在写作规划阶段，想好预留多少时间来检查和校对。你肯定不想因为在最后的阶段吝惜时间，而让之前的所有付出都付诸东流吧。完成终稿以后，把文章先放一段时间，然后再重新检查全文。这样的话，你会带着一种全新且可能更加挑剔的眼光来审视它。

◎ **在纸质版上面修改。** 打印纸质版，通读全文。一是评分人在评分的时候看的就是纸质稿；二是你更容易看出在屏幕上很难发现的错误和不一致的地方。纸质版也更容易加注释（尽管这也可以用文字处理软件的"修订"工具来完成）。此外，在你通读全文的时候，视线不会被打断，可以将注意力放在文章的流畅性上。如果有必要，可以将每一页都摊开在桌子上。

◎ **"大声朗读"检查法。** 这是一种经过试验和测试的方法，能够确保你的文章内容言之成理。大声地念给自己听，你的耳朵会辨识出眼睛漏掉的错误。该方法有助于纠正语法和拼写方面的不一致，发现遗漏的标点符号（这种方法不适合在考试中使用）。

◎ **画文章框架图，了解文章全貌。** 给每个段落加上一个标题，并在另一张纸上以线性的方式将它们列出来。这将成为文章的"快照"。你还可以查看原计划，根据需要，调整段落顺序和内容。

◎ **检查相关性。** 开始的时候，要正确解读任务，不然会出现你为任务"编造"新标题的情况。无论你写得再怎么天花乱坠，评分人只看规定的任务，而不看你创造的任务。

◎ **检查文章各个部分的一致性。** 例如，引言和结论部分要首尾呼应，而不是互相矛盾。

◎ **检查事实的准确性。** 所有事实都要正确。例如，在一篇历史论文中，日期不能错；在一篇科学论文中，你求得的数值也不能错。在答题过程中，学生有时会把日期写错或者把数字抄错，从而丢分。

◎ **务必达到字数要求/目标。** 记住，字数太少或太多都不是好事儿。关键是文章结构必须清晰，用词达意，让读者明白你要表达的意思。为此，有时你要长篇大论，有时要言简意赅。但是，如果你在检查阶段发现超过了单词的字数限制，那么就想办法在不改变句意的情况下重写句子，删除多余的词。

◎ **检查可视化内容**。就算不能用电脑绘制图表、表格和图形，你也要用标尺来绘制它们。只有部分科目允许你画图不用尺子，例如，建筑学。

◎ **创建"空白空间"**。尽量使你的文章让别人看起来很舒服，不要让评分人读起来心累。请利用以下方式创建"空白空间"：

- 在段落之间留出空间；
- 左对齐；
- 在图表、表格和其他可视化材料周围留出合理的空间；
- 在标题、副标题和正文之间留出合理的空间。

◎ **检查所有"秘书"工作是否到位**。排版整洁、标点和拼写正确都能帮助读者获取文章信息、想法和论点。虽然它们可能不是加分项，但肯定会帮助评分人"解码"文章内容，这样你就不会无缘无故地丢分。

如何让你的文章符合学术惯例

书面作业的展示可能会被评估，还可能会影响老师对内容的评分。本节讲述了如何让你的文章符合学术写作标准。

写作内容占很大一部分分数，它取决于：（1）写作之前进行的活动，如研究资料来源、做实验或分析文献；（2）在文章中表述观点的方式。

然而，有些分数总是直接或间接地受到版面格式的影响，所以，最后的"产出"阶段也会影响整体评分。排版不仅包括如何布局和使用视觉元素，还涉及准确性、一致性，以及对细节的把控。鉴于此，它经常与编辑和校对过程紧密相关。要把这些方面做好，你是要花时间的。请在规划写作过程的时候，预留出把关排版质量的时间。如果要写一篇很长的文章，请至少在提交日期的前一天完成撰写。

整体排版

这将取决于学术写作类型，如是课程论文、报告、摘要、案例研究，还是问题的答案。课程论文的结构相对简单：一个封面页、正文和一个参考文献列表。实验室报告可能复杂一些，它有封面页、摘要、引言、材料、方法部分、结果、讨论或结论、参考文献列表。学科也会影响排版。在开始写作之前，请想好怎么排版，可以查阅课程手册或其他相关规定。

封面页

封面至关重要，它关乎第一印象。学校可能会统一规定封面页的设计样式。如果有规定，请严格遵守，因为规定布局可能是为了达到某个目的。例如，评分人要匿名评分或者按照标准格式提供反馈。如果没有对封面页做特殊规定，那么在作业开头写上姓名或学号。如果匿名评分，那么写学号就可以了，并写上课程标题或代码以及任课老师的名字。写上问题编号和题目。可以按照图 8–1 的排版方式，该结构既整洁，又清楚。谨记最简法则：花哨的封面页是不会加分的。

图 8–1　封面页的排版示例

正文

大部分学生的作业都做过排版，这是交作业前必须做的事。尽量使用文字处理软件和高质量的打印机，这样方便写作和编辑，最终的作业也会更加专业。但是，如果你的作业是手写的，那么请留出足够的时间认真誊写，字迹要工整。不要在纸的两面都写东西，因为这样读起来不方便。而且，哪怕你犯了严重的错误，需要重写，也只需要重写这一页纸的内容就可以了。

字体

主要有两种字体：有衬线，指字形笔画末端有装饰细节；无衬线，没有这些装饰细节。用哪一种通常取决于个人喜好，但是有衬线字体更容易阅读。此外，用宋体五号字可能更容易阅读。

尽量避免使用复杂的字体，因为它们可能会分散读者的注意力。同理，强调形式也不宜太多。要么用斜体，要么用粗体，不要两种强调形式都用。学术写作中经常会出现各种符号。在微软 Word 中，可以使用"插入／符号"菜单来添加符号。

页边距

通常情况下，左侧页边距是 4 厘米，右侧页边距是 2.5 厘米。页边距为评分人留出了批注的空间，并确保左侧装订不影响阅读。

行间距

行距至少为 1.5 至 2 倍行距，看起来才舒服。有些评分人喜欢边读边添加注释，这样他们就有空间了。但大段引用的地方不需要这么宽的行距，用单倍行距就行。

段落

排版中提到要充分利用"空白空间"。也就是说，段落要整洁清晰。有些人喜欢在每段开头向右缩进两个空格。

副标题

有些学科允许甚至鼓励学生使用副标题，而有些学科则禁止使用。如果你不确定，最好咨询一下辅导员，或查阅课程手册。副标题通常用粗体。

标点符号

标准的标点符号适用于所有类型的学术写作。

字数统计

文章可能有字数限制。如果你的文章字数远远超过字数限制，那肯定会影响展示，因为你塞给读者的信息太多，没有做到简明扼要和言简意赅。

注文和参考文献

注文用来告知读者正文中的某个内容的来源。通常为作者的姓氏和出版日期；某些风格用的是页码。参考文献列表有更加详细的来源信息。读者可以通过这些信息在图书馆或在网上找到原文。当你引用别人的观点或话语时，必须在文章中注明作者或来源，这是一个重要的学术惯例，请务必遵守，以避免剽窃嫌疑。还要提供一个参考文献列表。要是漏掉了，你就可能会被扣分。

参考文献列表通常出现在结尾部分，单独构成一个部分；在有些引用风格中，它可能被放在引文出现的页面底部。引用风格一定要保持一致，有些学科会有特殊规定。如果有疑问，请查阅课程手册或咨询讲师。

直接引文和公式

直接引文和公式如果不长，可以将其整合到句子中。但是如果太长，那就要展示成"特殊"类型的段落。无论是哪种情况，引文的后面都要注明出版来源和日期。

- 直接引文如果不长，放在句中用单引号。
- 直接引文如果很长，那么它们要向右缩进。除非引文中本身有引号，否则没有必要加引号。设置为单倍行距。

有些学科对直接引文的布局和注文格式有非常具体的要求，例如，英语文学和法律。如果是这种情况，请查阅课程手册，或者向辅导员寻求指导。简短的公式或方程式也可以被引用，但是它们要另起一行，并缩进：

$$\alpha + 4\beta/n^2\pi = Q（方程式 45.1）$$

如果要引用很多公式，则将其编号，方便对照。

数字的格式

遵循以下规则：

- 在一般写作中，1 到 10 的数字，用中文数字拼写出来；而对于大于 10 的数字，则用阿拉伯数字表示；
- 对于大数字，如 4 200 000，你也可以将其写成"420 万"；
- 对于日期、时间、货币或技术参数，应使用阿拉伯数字；
- 必要的时候，在数字和分数之间添加连字符。

图和表格

如果学术写作中要用到可视化材料或数据，请认真思考设计方式，帮助读者消化这些信息。严格遵守课程领域适用的展示规则。

图

在学术写作时，"图"一词通常包含广泛的可视化材料：柱状图、折线图、饼图、条形图、图片和照片（在有些学科和语境中，照片被称作感光底片）等。图表的用法有相当严格的规定。你在作业中插入图表的时候，下面的建议会用得上。

- 所有的图表都应该在正文中有提到。有一些"标准"的句式可供参考，比如，"图 4-1 显示了……"或者"治疗的效果比其他方法有效（详见图 2-1）"。查找并参考研究领域内的权威文献或文章的句式。
- 文中图的编号顺序和文中的图引用先后顺序一致。如果你要在正文的主体部分插入一些图，为了让读者找起来方便，它们应该放在第一次被提及之后的恰当位置，至少应该出现在第一次被提及所在段落的后面，更常见的是在下一页的顶部。

- 尽量将图放在页面的顶部或底部，而不是夹在文中。这样看起来更整洁，读起来更容易。
- 每个图都应该有一个图例，并注明图号、标题和其他信息（通常是所用符号和线条样式的说明）。图例一般放在图的下方。每个图表彼此应该独立。也就是说，只了解一般主题领域的读者，就算不参考其他材料，也可以读懂你的图。

选择合适的图来展示信息本身就是一门艺术。由于技术原因，某些形式的数据应该以特定的方式展示（例如，用饼图而不用折线图）。但无论选择哪种方式，你的选择都要能够让读者消化信息。

数据的展示方式要清晰明了，例如，饼图的各个部分或图中的各种线条和符号之间要很容易被区分出来。一致性也很重要，所有图表中使用的线条或阴影要统一（例如，空心符号代表"对比方法"）。彩色打印机的普及应该有助于解决这一问题，但有些学院可能坚持黑白打印的惯例，因为彩色打印的成本实在太高了。就算用彩色打印，也要搭配好颜色。有些读者不太容易区分某些组合在一起的颜色。别忘了为所有轴标注刻度和单位。

表格

表格可以用来总结大量信息，特别当读者对数据的某些细节感兴趣的时候。表格非常适合展示定性信息。它也可以展示数据，特别是这些数据和不连续的定性信息（例如，不同地理区域的人口规模和职业分类）相关的时候。

表格通常包括很多行（水平）和列（垂直）。如果与图表做对比，表格一般把受控变量或被测变量名放在各列标题中，并将被测变量或测量类别放置在各行中。

如果有单位，请记得注明。表格和图表的展示规则非常相似。但要注意的是，表格的图例应该出现在表格的上方。特殊信息和补充信息通常放在表格的下面。

符合学术写作标准的小贴士

◎ **不要让太多的语法和风格错误毁了你的文章。**只有在检查和校对阶段改掉所有小错误，你才可以将注意力集中在展示上，否则就是浪费精力。

◎ **采用标准的文字处理排版惯例。**写出干净整洁、间隔合适的文章。

◎ **借鉴文献中的图和表格样式。**如果你对图和表格的精确样式或布局有疑问，请参考所学科目领域的文章或期刊文章，看看它们的图表或表格样式。另外，还可以查阅课程手册的相关说明。

◎ **不要自动接受电子表格和其他程序输出的图表。**这些风格不一定总是"正确"的。例如，有些版本的电子表格生成的默认图表会有灰色背景和水平的网格线，但这两种格式都不常用。更改这些部分很容易，只需要按照手册或"帮助"工具中的建议来操作就可以。

◎ **在一些计算类学科的考试中，务必谨慎答题。**答题过程要井然有序，不能写得太挤，也不要把答案分列在几个页面上，以避免破坏思维的流畅性。记得注明单位，这是捕捉错误的好方法。用尺子画简单的示意图（例如，电路图），这比直接用手画要规整。在所有的答案下面画线，错误的答案用对角线表示删除。

第 9 章

如何撰写论文和研究报告

如何让你的论文拿到高分

写论文是一种传统的大学评估方法，可以让学生深入地讨论概念和问题。如果是课程论文，你可以灵活地安排论文结构和写作时间；如果是考试论文，你需要快速决定论文格式。本节重点讲述筛选和组织内容，教你写出规范的课程论文和考试论文。

提高写作技巧是一个循序渐进的过程，最好是在你时间充裕的情况下去做这件事。写课程论文就是你培养这些技能的好机会。在大多数考试中，迫于时间压力，你不会有太多时间来组织论文内容，不能使用词典这样的辅助工具书，也不太可能有时间检查、编辑和重写。本节阐述了提高写作速度和效率的技巧，帮助你在考试中拿到高分。

授课老师希望看到什么样的考试论文

无论是课程论文，还是考试论文，都主要用来深入分析复杂的问题。在很多情况下，长篇的课程论文是为考试时的短篇论文做准备的。考官要是希望你就一个大范围写一些东西，他们就会出短篇论文题。在考试中写论文的时候，你可以提出论点，并给出不同的观点或适当的细节，一切由你决定。

规划考试论文

最主要的建议就是，简化写作内容，提高写作速度。用一个蜘蛛图或思维导图来记录相关的想法，以此确定一个大致结构。通过使用这种方法，你不仅能够进行横向思考，还可以进行纵向思考。更重要的是，你不会漏掉与答案相关的要点。

你还应该考虑以下三个基本组成部分：

- 引言：简要说明背景，概述主题和答题思路；
- 正文：列举信息、论点或要点；
- 结论：总结前文答案，重述引言中概述的主题，并扩大答案的适用范围。

论文结构不好也可能导致丢分。你在复习的时候，应该安排一些时间，按照学习目标和先前的课程论文题，想一想会考哪些题，并把答案写下来。这种"彩排"可能有助于你规划考试答案，但要时刻避免陷入猜题陷阱。就算考试论文题目可能不是你已经"彩排"过的题目，这些准备工作也不会让你毫无头绪，这样你在组织答案的时候，就可以跳过最初的一些步骤。

如果没有课程论文可以用来借鉴，也没有"彩排"，那么你需要临时快速地制订一个计划。你在写文章写到后面的时候，思考方式也会跟着改变。但有了这个计划，你在完成论文部分的时候，就不可能偏离主题，可以满足结构要求。这个最初的大纲计划应该被视为一个灵活的指导方针。在答题的过程中，你对这个话题的思考会不断深入，那么该指导方针也要适时做出改变。如果你忽略制订计划的阶段，直接考虑论文结构，那么你写出来的文章结构可能就会不紧凑。

按照要求完成任务

如果你没有回答到点子上，也可能被扣分。你可以采取以下措施，来避免出现这种情况。

- **考虑问题的所有方面**。头脑风暴技能可以帮助你实现这个目标。
- **阐述你对问题的理解（可以在引言段）**。这将帮助你思考这个问题，让你想清楚该如何解读这个问题。小心漏掉合理的内容。
- **专注于你被要求完成的任务**。按照要求答题，而不是按你自己的想法答题。这是一个常犯的错误。
- **为你的答案写一个大纲**。通过创建计划，你会考虑论点的相关性和逻辑性。
- **紧扣主题**。写一些不相关的或重复的内容不会给你加分，这不仅浪费时间，还会影响你在其他问题上拿分。话虽如此，"什么都不写"也一样不会让你拿分。哪怕是写一些基本原则，也可以拿到一些分数，再加上你在其他问题上拿的高分，你也不至于挂科。
- **避免做出毫无根据的价值判断**。这些陈述是想把作者的观点强加于读者，通常会使用主观的语言，未能提供有说服力的证据来支持观点。你写的内容必须客观，避免使用人称代词，比如"我""你""我们"和"任何人"。

请在规划阶段多花时间改善论文结构，这样才有可能拿到高分。

表 9–1　　　　　　　　课程论文和考试论文结构的常见错误

常见的结构错误	分析问题
神奇的探秘之旅。这种类型的答案是在东拉西扯，各个点衔接不上，基本没结构	论文可能包含有价值的内容，但还是被扣分了。因为结构混乱，各个部分衔接不上，所以整篇文章不连贯
没有引言或结论。正文包含很多有用的点，但是没有在论文开头介绍它们，也没有在结尾总结它们	只有事实、概念和观点是不够的，还要提供深层分析和思考的证据。引言和结论很重要
细节太多。正文包含太多信息，有些相关，有些不相关。尽管细节很多，但是结构不清晰，也没有突出重点	作者可能太想展示自己知道很多东西，而忘了告知别人自己理解了多少。在规划阶段和写作阶段，都没有考虑材料与指令的相关性
意识流。通常写成了对话式的独白，缺乏组织，基本没有（太多）路标词，基本不分段，基本没有明显的逻辑	对于学术写作来说，语言和结构都非常重要。文章的逻辑脉络要清楚，要让读者能够读懂
含糊其词、不相关的答案。没有重点和题目要求，包含大量不相关的信息，看起来根本没有考虑主题	认真分析指令，把它们变成逻辑连贯的计划。不要使用不相关的材料，因为它们不会给你加分
题目没有答完。没有看到问题包含两个部分，只答了一个部分	论文应该涵盖问题的所有部分，而且后面部分的分数比重可能会更高。这应该在论文计划和最终的结构中体现出来
在结构中有太多直接引用。要么是在论文开头直接引用老生常谈的话，要么是写满了背好的东西，但是这些内容基本没有什么作用	这种结构类型基本没有作者的原创观点。光靠死记硬背是拿不了高分的，分析和使用信息才是关键

检查答案

这是完成一篇学术论文的重要阶段，无论是课堂作业，还是考试。

重点是提供深层次思考的证据。特别是在高年级的学习阶段，这将帮助你获得更好的成绩。假设你能够提到基本信息，并清楚阐述你的理解，那么你就可以得分，原因如下。

- 提供更多符合预期深度的切题细节。
- 提供分析性的答案，而不是描述性的答案。关注主题更深层的方面，而不仅仅是叙述事实。
- 将问题放在语境中，并展示你对这个主题更为深刻的理解。但是请适可而止，否则你可能会完不成其他任务。请记住，你不能在考试答案中给出太多的细节，这和平时写论文不一样。
- 充分证明你读了很多和主题相关的材料，引用了相关的论文和评论，并注明作者的姓名和出版日期。
- 考虑到主题或讨论的所有方面，并得出一个明确的结论。根据问题，你可能需要阐述两个或两个以上的观点，并对它们加以权衡比较。适当的时候，你还可以写出你已经意识到这个问题很复杂，以及未解决的问题是什么。

提高论文分数的小贴士

◎ **考试前脑子里要储备一些答题格式。** 理想情况下，通过复习和做考前准备，你将能够更加清楚地了解考试形式，甚至猜到考试题目。这样的话，你就不会在看到问题的时候不知所措。

◎ **文章要简洁。** 如果你不想改变考试策略，那么就不要老想着怎样让你的答案夺人眼球，这是在浪费宝贵的时间。这和平常的作业不同，会受到时间或空间的限制。特别要注意的是，不要老想着必须要在引言部分用华丽的词汇和短语。直接抓住要点，给出你的答案就可以了。

◎ **平衡各个部分的内容。** 例如，在考试中，引言部分不必太长。大部分分数将被分配给正文和结论部分,所以多花时间和脑容量给它们。

◎ **不要因为糟糕的展示方式而丢分**。尽管有时间压力,但考试的答案必须清晰明了。如果辅导员反馈指出,他在阅读你的文章时遇到了问题,或者认为你写得很乱,那么你就要避免犯这些错误。只要稍加注意,它们就可以成为加分项。

下面列举了论文的一般评分标准,可供参考,如表9-2所示。

表9-2　　　　　　　　　　论文的一般评分标准

展示	结构	内容
☐ **写作风格**:应该 　● 客观 　● 符合正式学术写作的要求 　● 清楚、正确、标准的语言,没有网络语或者其他不恰当的缩写	☐ **写作逻辑**。认真规划,文章结构要有逻辑。在组句组段的时候,要考虑文章的连贯性。糟糕的句子结构会增加读者的理解难度,甚至让读者无法理解	☐ **知识的质量**。你的论文必须反映 　● 你对课程主题范围的理解,能够将各个主题联系起来 　● 除了讲座中提到的内容,还有补充阅读的资料
☐ **打印格式**。不同大学的要求不同。一般来说,要做文字处理,并打印出来;遵照标准的版式,例如间距、对齐和标点符号;如果是手写稿,用印刷体,版面整洁,不能通篇都用大写字母 ☐ **拼写检查**。文字处理软件的拼写检查功能也可能出错,所以,你还是要通读全文,特别要留意音同但是拼写不同的词、专业词汇,以及在文章中拼错的词	☐ **讨论或辩论逻辑**。论证论点,但不要做价值判断 ☐ **参考文献**。在很多学科中,论证过程中要提到现有文献的关键点。恰当引用文献会为你加分。当然,要避免剽窃。如果未能引用或注明文献出处,你的论文仍会大打折扣	☐ **相关性**。内容和任务主题相关。泛泛而谈却未能深入探讨更复杂的问题,可能造成减分 ☐ **批判性思维**。论文必须证明你有能力分析和整合复杂的观点;在高年级的学习中,要证明你可以提出原创论点

续前表

展示	结构	内容
☐ **语法检查**。文字处理软件可以检查语法错误（还有拼写错误），会在下面画线。核实每一处错误。但要注意，诊断出来的错误通常仅供参考。比如，被动语态是学术写作的标准做法，不需要改，但是文字处理软件会将其突出显示	☐ **使用表格和图表**。有些科目经常要求提供可视化的证据。如果你碰到了这种情况，记得标注清楚，要有逻辑地将它们插入到文章中，更好地表述文章的内容。这能够让全文内容更加连贯，结构更加紧凑	☐ **使用一级文献**。在有些科目中，分析和评估一级文献的材料会让你的论文大放异彩，更有价值，更容易拿高分

撰写前的准备工作

> 毕业论文或研究报告都是工作量很大的写作练习，通常对课程总分和学位的分类等级有极其重要的影响。因此，在完成这些任务的时候，专业性和充沛的精力是必不可少的。俗话说，万事开头难。本节提到了一些策略，帮助你起好头，充分发挥潜能。

优秀的毕业论文或研究报告很可能是你本科学术生涯的一大亮点。在大多数情况下，它们是数月认真工作的结果，最后的成果将代表你在大学里取得的最高成就，并证明了你在专业学科领域所学到的技能。

在进行必要的研究、思考、写作和展示的过程中，你需要深入研究所选专业的主题材料，写出来的东西必须是原创的。有时候，这个过程所涉及的技能可能与你在工作场所使用的技能密切相关：雇主会对你的这些技能感兴趣，因为它代表了你在工作环境中的全部潜力。大学辅导员通过让毕业论文和报告的分数在最终成绩中占据很大的比重来证明它们的重要性。

鉴于此，你有充分的理由写出优质的毕业论文或研究报告。为了实现这一目标，你从一开始就要做到集中精力、有条不紊、井然有序。

有一个良好的开端

本节重点讲述如何做好前期工作，如何养成良好的学习习惯。许多学生在项目初期或研究初期毫无目标。所以，你要做的最重要的一件事就是，从一开始就把注意力集中到任务上。为此，你应该：

- 准确定位任务和解决方法。为了完成这一目标，你可以阅读课程手册或规章制度中的辅助材料（特别是学习目标或结果），也可以咨询辅导员。
- 初次接触研究或原始资料。有时候，它们的广度和行话可能让人困惑，或者它们本身就真正难以掌握。要克服这个问题的唯一方法就是，专注于这个主题，多读相关的背景材料，并提出问题。你越早采取这一步，效果就越好。
- 熟悉基本概念。比如，通过查看引言部分或者复习相关的课程笔记来大致了解一个章节的内容。
- 尽量不要认为最后期限还有几个月才到，一切就万事大吉了。毕业生们会告诉你，在这个过程中，每一个环节的耗时都比他们预计的要长。如果有机会重来，他们一定努力规划好自己的工作。时间转瞬即逝，你越早开始这项任务，完工时的压力就越小。
- 积极行动起来。为什么要行动起来？这不仅是由科目决定的，而且你确实有很多工作要做，比如背景阅读、制订行动计划或时间表。有些研究项目你需要初步观测或进行预实验；有些科目只要研读教科书和参考资料就可以了。

要做好前期工作，你要弄清楚良好的开端是怎么做到的，还要避开常见的陷阱。下文总结了一些经验，在毕业论文或研究报告的研究和写作阶段，你会用到它们。

提高工作效率和效果

提高工作效率的意思就是充分利用时间。如果能做到这一点，你就有更多时间来思考和放松，从而形成一个良性循环，写出好文章。高效工作的关键是：

- 提前思考或规划每天或每个时间段的工作计划；

- 弄清楚每天或每个时间段想要达到的目标；
- 尽快开始工作；
- 做事情要考虑先来后到和轻重缓急；
- 避开干扰；
- 保持文件和工作场所的干净整洁、井然有序；
- 在需要休息的时候适当休息，劳逸结合。

高效工作能够带来有意义的结果。它要求你一直关注终端产品，对每一项附属任务都牢记于心。高效工作的关键是：

- 开始工作；
- 专注于终端产品；
- 减少没有效率的工作；
- 找出阻碍进步的因素；
- 找到克服前进障碍的方法；
- 完成每一部分，即使这意味着质量不一定完美。

避开常见陷阱

毕业论文或研究报告都很可能包含大量内容。此外，你还要具备一些更高水平的技能，比如研究和展示技能。因此，你应该意识到潜在风险，以采取措施避免以下陷阱：

- 你可能没能估准完成这项研究所需的时间；
- 最初的阅读可能漫无目的；
- 你的写作技能可能已经"生锈"；
- 你需要组织大量信息；
- 你需要保存研究记录，以便正确地引用它们；
- 你可能需要对数据做高级分析；
- 您可能需要使用专业的数据展示方法；
- 你可能没能估准写作时间，或者遇到写作障碍；
- 你需要了解侵犯版权和剽窃，并采取策略来避免它们；
- 你可能需要时间从导师那里得到反馈；

- 你可能需要时间来消化导师的反馈；
- 你可能需要时间将论文或报告输入电脑；如果要生成或打印图片，就还需要时间；如果学校还要求装订作业，那也需要时间。

启动论文或报告撰写工作的小贴士

◎ **尽快接触主题**。阅读基础文本，以了解背景知识；建立个人的专业术语表；咨询导师或辅导员；了解所在领域的最新研究；查阅在线数据库，搜索文献。

◎ **安排足够的时间，初步阅读与主题相关的内容**。尽量远离干扰，在阅读过程中做笔记。认真记录所有参考过的资料来源，因为你以后在文章中引用或编撰参考书目的时候会用到。

◎ **清除障碍，准备行动**。完成其他未完成的任务；整理你的工作区域；向别人表明，你可能无法像以前那样频繁地进行社交活动；准备好所有文具和其他资料等。

◎ **开始动笔写**。做笔记是一种写作形式，可以让你有目的地阅读。学术写作的研究表明，写作也属于思考过程。因此，根据你读过的内容或你认为自己读过的内容写一些段落，能帮助你理清思路。你读的东西会越来越多，写的段落也会越来越多，它们就能成为写作的基础，与之后确定的结构相契合。即使用不上，这些练习也可能有助于你理解主题，不会让你的努力竹篮打水一场空。它们还能够让你有机会找到自己的写作"声音"，也就是说，让你知道对该话题的立场。如果能够做到这一点，就说明你已经是一名合格的学术作者了。

◎ **克服写作障碍**。人不可能总是一帆风顺。接受事实，这仅仅是写作过程中的一些插曲，人类状态的一个特征。作为一名学术作者，有时你会觉得自己文思如泉涌；有时，你会发现组织一段话、一句话，甚至一个词都异常困难。这些都是思考过程中的一部分，最终会让你写出一篇高质量的文章。

◎ **确保工作进展顺利**。每日自省，问问你自己：

— 我取得了什么成绩？
— 哪些地方做得比较好？

— 哪些地方值得改进？
— 我能跟上时间表的进度吗？
— 下一步我需要做什么？
— 我需要为下一堂课做什么准备？

挑选毕业论文或研究报告的主题

你所选择的主题会对调查研究和文章撰写产生很大的影响。你是否真的对这个主题感兴趣，这一点非常关键，因为这将决定你是否有动力把论文写好。此外，你还需要考虑许多实际问题，如相关资源的可用性、研究的可行性等。

在主题列表中选择

在许多情况下，论文或项目主题都是被限定或是有限制的。最后定下来的主题可能不是你自己提出来的，而是你从老师提供的列表中选出来的。这个封闭列表有一个变体，即半封闭列表，也就是说，老师们提供了一个表，里面有各种主题，学生在里面选一个主题，但是自己可以决定切入点。

面对诸如此类的约束，你可能会觉得很受限制，尤其是在最开始，当你不了解那些主题的时候。它们的目的是设定一些要求，让你在这些要求下自由发挥。这些要求由负责监督和评估最终结果的人控制，而且这些人已经仔细斟酌过每个主题的实用性，以及出成果的可能性。

在选择论文主题或研究项目时，你也可能碰到选择限制较少的情况。在这种没有提供任何列表的情况下，你不仅要选择主题，还要选择具体的研究问题。针对这种开放式选择，你需要根据自己对这门学科的个人兴趣做出选择。这可能和你的个人经历有关，也可能取决于你在先前的学习过程中对相关主题做的详细考虑，例如在完成课堂作业的时候做过一些补充阅读。

如果论文主题或选题视角只有在得到批准之后才能用，那么你可能就需要提交一份书面提案，概述该问题以及要采用的方法。你还可能需要合理论证研究主题和方法。然后，将这个提案交由学术监管机构或专家组来审批。

如果你心中有一个意向选题，但它没有出现在指定的论文或研究主题表上，那么你可以去找导师，问你的主题是否可行。如果你打算这么做，就请提前构思主题的可行性。你应该提前计划好最初的研究方法，并确定好需要哪些资源。

由个人研究兴趣来决定主题

对你来说，研究领域要有趣，主题要足够新，还要富有挑战性，这些都非常关键。这样，你才会有很高的积极性，并且坚持去解决遇到的任何难题。如果没有积极性，你很可能会感到厌烦或失望，还怎么指望写出一篇好文章。

在考虑研究主题时，你可能对各个研究领域都有浓厚的兴趣，但你可能从未认真考虑过自己真正的兴趣所在。此时，当你不得不做出一个决定的时候，请深思熟虑。有些人非常清楚自己的兴趣所在，但有些人可能很难从一个列表中选出自己最感兴趣的主题。如果一个主题涉及的任务量很大，很多人就很难去全神贯注地完成它。表上的选项很多，每一项都有自己的利弊。

什么才是做决定的最佳方式呢？这可能取决于你的个性、专业和选择自由度。

- 如果能够自由选择主题，那么你可以就这些主题进行头脑风暴，然后按照你的兴趣来排列这些主题。你可以分阶段进行，比如先从大处着眼，选定学科领域，然后再看细节，选定研究领域，直到有一个明确的合适的主题出现，或者直到你可以缩小选择范围。
- 如果你的选择有限，或者有选项列表给你，请依次考虑每一个选项。在了解细节之前，不要漏掉任何机会。如果有必要，请了解背景信息。如果拿到了一个阅读列表，认真研读。根据它们对你的吸引力来重新排列这些选项。

借助上述方法，如果幸运的话，你可以缩小选择范围。下一阶段是考虑影响决定的实际问题，这一点也很重要。

其他需要考虑的因素

你能否高标准、高质量地毕业会受到很多因素的影响。在你做任何一项决定的时候，都应该将这些因素牢记在心。你还应该考虑到自己的经历和文章的用处。在你缩小选择范围的时候，主要可以考虑以下内容。

潜在的研究方法

你可能擅长某个学习领域，但在做出最终决定之前，多比较总是没错的。你是否能够找到一些可能用得上的研究方法？是否要回答、解决或者讨论某个问题？如何缩小选择范围？如何着手研究这个主题？"研究角度"随时可能发生改变，但精练自己的想法可能对决策过程有帮助。要是能从一开始就明确自己的研究方向，你将更有可能写出好文章。

时间因素

在选择主题时，不要好高骛远。留足时间完成论文，用它证明你已经完成了所需完成的任务。阅读、分析或展示材料需要时间，获取材料或数据有时也需要相当长的时间。你还要想到，如果你花太多时间在项目报告和写作上，你在其他课程中的表现就可能会受到不利影响。

有时候，你还需要得到伦理委员会的批准，这也可能需要时间。请记住，撰写毕业论文或研究报告、识别和获取材料也需要花费大量时间，更别提阅读和消化这些资料了。如果不提前考虑这些方面，你在后期阶段可能需要放弃先前规划的步骤。

资源或实验材料是否可用

在写毕业论文或实施研究项目的时候，有些学生之所以遇到困难，主要是因为无法获得完成这项工作所需的材料。

- 获得纸质版材料。你需要利用参考文献来论证你的观点。因此，获取纸质版材料对研究过程至关重要。你需要准备与每个备选主题相关的材料：
  - 需要在大学图书馆里找到这些出版物的纸质版；
  - 可以利用大学图书馆订阅的在线期刊来获取电子版资料；
  - 可以利用图书馆间的借书协议来获得（考虑由此产生的成本）；
  - 可能要去其他图书馆查阅。

- 获取数据。你需要在既定时间框架内找到最切实可行的方法，来获取、记录和解读数据。如果需要分析定量数据，请找到合适的统计分析软件。如果是定性数据，请和导师一起探讨使用最合适的方法来收集和解读信息。例如，基于问卷的调查方法可能和行动研究方法不一样，你需要找到更合适的方法。

深度

毕业论文或研究题目需要有深度，这样才能展示你的水平。这可能取决于你的学科；也可能取决于你有没有批判性思维能力，你在分析和评估中会展现出来这些能力；还取决于你设计实验或调查的能力，以及撰写专业报告的能力。不要选择一个被别人研究透了的领域，也不要选择你轻易就能给出答案的领域。如果是这样的话，你就没办法展示自己的才能了。

辅导和监督

在所有研究中，毕业论文或研究报告的撰写都是一项重要的任务，你不可能独自完成这项工作。在这个过程中，被指定的导师会提供一定程度的支持。在最开始的时候，你需要清楚地知道自己会得到哪些支持。有些大学规定，学生在整个研究或写作过程中都会受到监督，还要定期举行学生–导师见面会。有时候还会根据需要，专门安排相关见面会。一般来说，有了这些监督机制，你可以提问题、寻求指导，并讨论一些关键问题。对于评阅内容和书面作业的反馈，你要是有不懂的地方，一定要找导师问清楚。但是，导师通常不会校对整篇论文，因为这是学生的任务。

简历和职业选择的影响

尽管它们很少成为主要的考虑因素，但确实是需要考虑的因素。也许你的专业兴趣已经和你对未来职业的想法非常契合。你也可以考虑专门学习雇主可能感兴趣的技能。如果你对研究生学习感兴趣，那么就可以考虑选择未来研究生导师可能感兴趣的主题。

选择毕业论文或研究主题的小贴士

◎ **做出明智的选择。** 做必要的背景阅读。与你的专业导师或指定的导师讨论这些主题，这样有助于你避免选择一个有风险的主题，并且完全清楚这个主题领域的挑战。

◎ **向学长学姐求经验。** 比如，联系你们学院的研究生。问问他们，在研究和撰写毕业论文或研究报告的过程中，哪些方面很重要。

◎ **参考往届的论文资料。** 参考往届学生撰写的论文和报告，你会知道要求的风格和标准，以及与学科相关的各种研究方法。然而，在研读这些例子的时候，不要卡在明显复杂的结构和风格上。请记住，要达到这个标准需要一个过程。刚开始的时候，你可能达不到这个水平，这很正常。随着经验的积累，你也可以写出高标准的文章。

◎ **边决策，边规划毕业论文或报告。** 先制订宏观计划，然后为选定的主题制订一个更详细的计划。在实践中，你可能不会严格地按照计划来，但是计划过程将帮助你理清思路，来判定主题的吸引力和计划的可行性。

◎ **不要受别人影响。** 在选择主题的时候，不要人云亦云。这是一个非常私人的决定。有些同学自己可能有喜欢或不喜欢某些主题或导师的理由。你在做决定的时候，不要被其他人的想法影响。

◎ **自己找主题。** 如果你有机会自己找主题，又很难确定一个主题，那就先参考一些通用期刊，以了解你所在领域的现状、最新研究或争议。

如何正确筛选和整理内容

任何报告的目的都是为了传达信息，它们通常都会有一个明确的主题。每个学科的报告都有其特定的结构、风格和内容。在评估中，评分人最看中的是报告的学术性，但是他们也很关注展示方式，所以你应该仔细参考这些格式。在撰写实验报告和商业报告之前，你要了解一些与研究相关的方面。

报告撰写的共同特征

撰写报告通常是一项旷日持久的任务。在此之前，你可能需要在图书馆、网上和实验室里做很长一段时间的研究。但是，你不应该把研究和撰写阶段分开考虑。你在研究的同时必须考虑到报告的风格和形式。除此之外，在研究过程中，你能够并且应该撰写部分报告内容。

在撰写报告的过程中，可能会涉及以下几个关键阶段。

1. **界定范围**。你要选定一个主题或一个主题的特定方面，然后集中探讨。有时候，主题已经为你定好；有时候，它可能会在你的研究过程中出现。即使是第二种情况，你在开始时也要有一个大致的目标，这会给你带来动力，即使你的具体目标以后可能会改变。
2. **研究**。包括查找和筛选相关信息。可能是实验性的研究，就像许多科学科目一样；也可能是基于桌面的研究，即分析并评估报告、文本和其他来源。
3. **撰写**。用恰当的语言来描述你的工作。撰写的内容要能够展现你的思考深度。
4. **展示**。你的展示方式要符合专业标准，展示也是算分的。

报告撰写的构成要素

1. **描述**：报告实验过程和结果，或总结你收集的事实。
2. **可视化材料**：制作图表或表格，以便更清楚地展示观点。
3. **分析**：分析结果或事实。要是有条件的话，请弄懂描述性数据或检验假设统计学。
4. **讨论**：权衡某个观点的利弊。
5. **解决方案**：为待解决的问题阐明不同的解决方案。
6. **评估**：确定重要内容，并给出理由。
7. **建议**：找出最好的解决方案，并提供证据来支持这一选择。
8. **得出结论**：基于你的研究，陈述一个立场。

报告的常见格式

表 9-1 总结了报告的一般构成，以及各个部分应该包含的内容。目的和主题不同，报告的设计格式、构成、顺序都可能不同。

表 9-1　　　　　　　　　　报告的一般构成及其内容

部分	内容
缩写表	在文章中出现的专业术语的缩写词列表（例如，DNA：deoxyribonucleic acid）。缩写词在文章中第一次出现时就会被给出，例如"deoxyribonucleic acid（DNA）"
摘要	简要总结实验或一系列观察的结果、主要结果（文字形式）和结论。让别人知道你的主要发现和你对这些结果的看法。这一部分通常在最后才写，但通常出现在报告的开头位置
鸣谢	一份帮助过你的人的名单，有时还会简短地描述一下他们是怎样帮你的
附录	包括通常只有专家想要或需要了解的表格信息。在这个部分，你可以放问卷模板、数据或结果等内容，从而避免破坏整个报告的流畅性，或结果部分过于冗长
参考书目或参考文献列表	文中出现的参考文献列表，按照字母顺序排列，标准的引用风格
讨论（或结论）	● **科学类型的报告**。评论结果，概述主要结论。可能包括以下部分或全部内容： － 评论所用方法； － 指出错误来源； － 从统计分析中得出的结论； － 与其他发现或"理想"结果进行比较； － 结果意味着什么； － 如何改进这个实验； － 如何应用这些发现； － 如果给你更多的时间和资源，在现有基础上，你打算怎么做。 有时，你可能会将结果和讨论部分结合起来，以叙述发展过程。例如解释为什么一个结果带来了下一个实验或方法。请记住，在这一节中，你的原创想法占分比重会很高 ● **非科学类型的报告**。在这一部分中，你要重申待解决的问题；概述关键的"解决方案"或问题的应对手段；阐述做出该决定的原因，并加以论证。有时候，你还可以给出适当的建议，并说明应用方法

续前表

部分	内容
执行概要	在商业报告中，它取代了摘要的位置。说明报告的要点，篇幅通常不得超过一张A4纸。首先，应简要说明报告目的，总结主要发现和结论（可以采用项目符号的形式），并总结主要结论或建议。通常会把这部分放在最后写
实验	描述仪器和方法，类似于材料和方法
术语表	读者可能不熟悉的术语表，并给出定义
序言	● **科学类型的报告**。概述实验背景和实验目的，并简要讨论所用技术。目标是引导读者了解你做了什么以及为什么这么做 ● **非科学类型的报告**。概述研究背景以及问题，换句话说，就是报告的目的。可能需要提到要用到的文献或其他材料
文章正文	你对这个主题的评估。系统地给出解决方案，明确撰写报告的目的，并分析所有问题。它可以被细分为多个部分，反映不同的方面。在科学文献综述中，该方法通常是按时间顺序描述该领域的发展情况，引用主要作者及其观点和发现。本部分可能出现不同方法或不同研究结果的比较表格。图表一般很少，但也可能用来概括概念或阐明关键发现
材料和方法	描述所做的事情。提供足够的细节，供后来人借鉴
结果	描述实验和结果，通常以表格或图表形式展示出来（对于相同的数据，不会同时采用这两种形式）。你应该指出数据在哪些方面有意义，展示的顺序不需要和步骤的完成顺序一模一样
目录	有效的索引使读者能够找到他们感兴趣的部分。也可以给一张图表的列表。它更可能出现在一份冗长的报告中
标题页	作者的全名、课程标题或代码、日期。在一份商业报告中，还可能包括公司的标志、客户的详细信息和类别（例如"机密"）。 ● **科学类型的报告**。描述性标题，指出做了些什么，有什么限制，有时还会描述"主要"发现 ● **非科学类型的报告**。一个简明但全面的标题，对主题进行定义

文献综述

请参考表9–2中（a）栏给出的格式，这个格式相对来说比较简单。有两个重要方面要考虑，即文内间接引用和直接引用的展示格式。

科学类型的报告

表 9–2 的（b）、（c）和（d）栏是常见格式，它们代表了各个科目期刊文章一级文献的格式。请记住以下方面：

- 任何读者都应该能够快速理解你的发现，在预期的地方找到相关信息；
- 文章内容应该客观公正，结论要全面；
- 应包括适当的统计分析；
- 提供足够的信息，能够让后来人借鉴。

非科学类型的报告

在非科学领域中，撰写报告越来越流行。例如，案例研究、以项目或小组形式解决问题的练习可能都需要提交一份报告。表 9–2 的（e）栏给出了常见结构。

要完成这些报告式的任务，参考情景（S）–问题（P）–解决方案（S）–评估（E）+（可选的）建议（R）的 SPSER 模型不失为一个好方法。该模型只是提供了一个基本框架。你可以按照主题或问题的具体要求来确定标题和副标题。但是，不管怎么改，SPSER 模型的基本结构不会变。

表 9–2　　　　　　　　　　　　　不同类型报告的设计

（a） 文献综述	（b） 一般的科学报告	（c） 化学科学报告	（d） 科学领域的实验室报告	（e） 非科学类型的报告	（f） 一般的商业报告
标题页	标题页	标题页	标题页	标题页	标题页
摘要	摘要	摘要	序言	序言	执行概要
序言	缩写表	缩写表	材料和方法	正文	鸣谢
正文	序言	序言	结果（简要）	结论	目录
结论	材料和方法	结果	讨论或结论		正文
参考文献列表	结果	讨论			建议
	讨论	材料和方法			参考书目或参考文献列表

续前表

（a） 文献综述	（b） 一般的科学报告	（c） 化学科学报告	（d） 科学领域的实验室报告	（e） 非科学类型的报告	（f） 一般的商业报告
	鸣谢	鸣谢			附录
	参考文献	参考文献			术语表

注：文献综述（a）的结构很简单。正文所占篇幅最大，可以划分为几个部分。一般的科学报告（b）重点关注材料和方法，但在某些学科中，各个部分的呈现顺序可能不同，请参考化学科学报告的格式（c）。科学领域实验报告（d）的内容可能比（b）要精简。非科学类型的报告（e）不太关注材料和方法，正文部分会讨论主题。在一般的商业报告（f）中，结论或建议会列入正文当中，还要写一个执行概要供快速阅读。里面通常还有为非专业人士提供的附录和术语表。

商业报告

商业报告旨在提供有助于决策制定的信息。这类报告在风格和形式上差别很大，主要考虑因素是读者。表 9-2（f）列举的是常见格式。其变体可能有：

- 一份只针对车间经理的报告：相对简短，非正式，主要关注生产数据和限制；
- 一份针对投资者或银行经理的商业计划：相当简短，重点是图表和表格中给出的财务预测；
- 一份针对商业领域的学术分析报告：相对冗长、正式，引用了许多资料和观点。

从结构上看，商业报告不同于课程论文。在商业报告中，你应该使用标题和副标题，这样读者才能快速找到相关信息。

筛选和构建报告内容的小贴士

- **找到布局格式**。你可以在课程手册中找，也可以参考正确的例子。如果不确定，那么就在表 9-2 中选一个。

- **坚决放弃无关信息**。报告内容尽量精简。就算你花了很长时间来获取或者分析信息，也不要因此就把所有信息都留下来。千万不要这么做，务必把相关性当作你的唯一标准。
- **注意写作风格**。报告信息太过密集的话会增加阅读难度。尽量写简单句，段落也不要太长。你可以使用副标题和项目符号来拆分文本。这都是为了让读者更容易理解报告的内容。
- **选择合适的图表类型**。如果你要用到图表，同样坚持简单原则，并使用标题和图例来解释要显示的内容。如果可以的话，请多使用几种类型的图表。
- **尽早预测结论**。这可能会影响你的研究和内容。但是，就算有迹象表明你可能偏离了正轨，也要保持开放的心态，不要马上否决。

如何写好文献综述

文献综述是一种特殊的学术写作形式，需要采用特定的研究方法和写作风格。本节概述了查找和筛选文献的方法，以及如何正确描述他人的工作。

文献综述是指全面回顾与某一个学术主题相关的所有可获得的出版物。它会记载各个文献；辨识其中的思想流派；对观点分类；探索作者们立场的起源和发展；分析和评价事实和观点的相关性和价值。

进行文献综述与写论文在许多方面很相似，因为都要针对主题阅读，并总结不同作者的观点。你需要比较和对比不同观点或研究主题，或者描述学术领域的发展过程。除此之外，你还要做其他的事。文献综述的另一个名字叫文献评论，顾名思义，你需要分析和评价文献，而不仅仅是描述其他人的工作。

选择主题

文献综述的第一阶段是确定研究领域。你可能需要从给定列表中选择一个主题，也可能要自己找。无论是哪种情况，选择之前，做一些背景阅读是很有帮助的。以下是选题的标准：

- 你觉得有趣的主题；
- 研究领域要有相当数量的文献可供讨论——不要太少，比如只有几篇论文可用，也不要太多；
- 文献能够被访问，例如英语文献或者期刊，要可以从图书馆获得；
- 有不同的观点或方法可以比较；
- 有争议的领域，或者是一个热门主题；
- 最近取得突破的领域。

有条件的话，请进一步缩小主题范围，选择一个暂定标题。措辞很重要，因为读者和评分人对内容的期望都会受到标题的影响。在研究过程中，确定好采用的确切"角度"或观点之后再调整标题或者添加细节定语。

如何查找专业文献

请考虑各种书面资料上的信息：

- 教科书：可以大致了解某个领域；
- 专著：专门讲一个主题，范围通常很窄；
- 综述：分析研究领域，通常比书籍的内容更详细、更时兴；
- 工具书：用于获取事实和定义，简要概述一门科目；
- 研究论文：发表在期刊上且内容翔实的"文章"，覆盖了很多专业领域；
- 网站：来源不一定完全可靠，但可以用来比较观点和查找其他信息。

如果有导师指导，他们就可能会在你写作初期指定一些文章让你读，也可能会在研究过程中提供一些参考资料。你要尽量查阅一级文献。刚开始的时候，你会觉得到处都是术语，像是在读"天书"。然而，当你掌握了术语之后，学习起来就顺畅多了。

如果你对图书馆的研究方法还不熟悉，那就咨询专业图书馆员。他们不仅能够教授你基本的技术，还可以向你展示如何访问数据库和其他工具，来搜索相关的资料。图书馆的网站上面也找得到有用的建议，比如在线访问数据库和电子期刊的路径。

新的一级文献总是会源源不断地出现。你只要有一篇论文作为研究起点，就可以采用逆向工作法，轻松地找到相关文献：只要通过查找文中（尤其是在论文的引言和讨论中）提及的相关参考文献就可以了。可以利用语境和文章标题来判断内容的相关性。久而久之，你就会积累很多参考文献，也就知道哪些论文在你研究的领域里很重要。

与逆向工作法对应的是正向工作法，但要用这种方法搜索相关文献可能不是一件容易的事情。某些领域会提供引文索引期刊，会指出哪些论文被引用过。

这样你就可以知道，读的内容最近还在哪里被引用过。有时，你也可能会对这些内容感兴趣。另一种方法是，将关键字或作者名放入数据库或搜索引擎中，看看结果如何。你也可以浏览最新的期刊来获取相关资料，尽管这样做成功的概率很小。

记录参考文献及其相关性

当你阅读文章和综述时，请在笔记本或索引卡上记下要点。建议采用矩阵格式来做笔记，这种格式可以概括文献的不同方面，让你更容易了解整体情况。

你也可以把论文归档，以便可以在需要的时候找到。最简单的方法是，采用参考书目的形式，先按作者名字的字母顺序排，然后按日期顺序来进一步排序。

如果你想要收藏很多论文，也可以给每一篇论文都增加一个索引编号，并在你的索引系统或数据库中注明相关编号，然后以数字顺序将它们归档。这样做的好处是即使文件夹满了，你也不需要重新整理它们。

你以后可能还需要在你的文章中引用资料，并给出一个参考书目或参考文献列表。这是标准的学术写作，有助于避免剽窃。请遵照学院指导说明中规定的确切格式，也可以参照符合规范的专业文献。

内容要不偏不倚且客观公正，并给出结论

哪怕你会对所讨论的主题、问题和争论有自己的观点，也请做到客观公正，即客观地总结对立观点。鉴于此，在学术写作中，不偏不倚和被动风格很受青睐。

然而，给出结论也十分重要，同时要佐证你的观点。只要有证据支持你的立场，那就不要害怕批评他人的观点。

撰写文献综述的小贴士

◎ **尽量不要盲目地阅读。** 做笔记可以避免这种情况。这和复习是一样的，做笔记将帮助你记住要点。

◎ **尽快动笔。** 在文字处理软件中，你可以随意移动内容。这意味着有些内容你可以先写（尤其是描述性的部分）。等你对这个主题有了更深入的了解以后，再重新整理这些内容。

◎ **和导师或朋友讨论初稿。** 导师可能不会要求看你的初稿，但如果你能说服他们发表意见，你就可能会得到宝贵的建议。还可以让朋友发表意见，即使他不了解你的研究主题，也能指出你的哪些解释不清楚，或者你的哪些观点没有做到公正客观。

◎ **尽早规划参考文献。** 查找细节和撰写参考文献非常耗时，最好不要拖到最后一刻才去做这件事。真到了最后一刻，你应该把重点放在更高级的方面。

◎ **检查和编辑你写的东西。** 尽量在截止日期的前一周左右完成你的写作。然后，把你的文章放上一两天以后，再次快速通读。这样，你将能比之前发现更多问题，并且以一种批判性的眼光来再次审视它。

第 10 章

T H
E　Study Skills
　　Book

顺利通过学业考试

第 10 章　顺利通过学业考试

　　大学的评估体系非常复杂。本章介绍大学学业考试不同评估模式的基本原理，并讨论如何作答特定类型的功课。

测验和考试是如何进行的

　　大学是教育机构，获得了授予学位的特许申请。授予的学位基于学生在评估和考试中的表现。大学所学的科目不同，学位可能就会有所不同。每一所大学在问题类型、考试形式和评分标准方面都有自己的惯例。任何一所大学都是独一无二的。在开始复习之前，你必须了解你所在大学的考试系统是如何运作的。

　　学科不同，试卷结构和考试时间也可能不同。这个设计可能反映了辅导员想要评估的不同内容。例如，可能有很多选择，目的是测试你的知识广度，问题可能涉及多个主题；还可能设置论文题目，以测试你的知识深度，问题仅涉及部分主题。论文题和选择题在总分中的权重可能不一样。

　　试卷中还会设置不同层次的题目，以反映研究领域的本质。在专业课中，你要对所有领域都有所了解，而在非专业课上，了解部分领域就行。有些试卷被分成几个部分，你可以选择回答其中一个或多个问题。如果是这种考试形式，就算你只选答几道题，你学的主要内容也基本涵盖了。在制定复习和考试策略时，你必须考虑试卷形式。

评估形式

　　大学里的每一个教学方案和每一个教学单元（通常被称为"课程"）都会有一系列学习目标或结果。学校会用不同的方式来测试你在完成这些目标时的表现。

- 形成性评价主要是反馈答案的质量。有时候，它们就是"随堂考试"，分数通常不计入最终的课程评估成绩。尽管老师有时为了鼓励学生，会将它们计入总分，但是其占比非常小。
- 终结性评价直接影响课程或学位评估。许多终结性考试都以正式的考试形式进行，期间有教职人员监考，考生需要独立完成试卷。有的时候是学位考试。如果是荣誉学士学位，终结性评价在有些大学是指"期末考试"。这些学位考试可能包括几次实体考试或几篇论文，可能涉及课程的不同方面，而且每次实考通常都会持续两到三个小时。各种考试的集中时间被称为考试周。

有时候，评价会完全基于课程作业。课程作业可能是论文、项目和解决方案。学科不同，试卷结构和考试时间也可能不同。然而，在大多数情况下，总分将由这些作业的分数和正式的考试分数组成。后者在近年来备受青睐，毕竟在考试中不太可能出现合作、剽窃或照抄的情况，还需要学生在一定的时间压力下独自完成任务。

它们的设计反映出辅导员想要评估的不同内容。例如，可能有很多选择题，以测试学生的知识广度，问题可能涉及多个主题；还可能设置论文题，以测试学生的知识深度，问题仅涉及部分主题。论文题和选择题在总分中的权重可能会不同。

试卷中还会设置不同层次的题目，以反映研究领域的本质。在专业课中，你要对所有领域都有所了解；而在非专业课上，了解部分领域就行。有些试卷被分成几个部分，你可以选择回答其中一个或多个问题。如果是这种考试形式，就算你只选答几道题，你学的主要内容也基本涵盖了。在制定复习和考试策略时，你必须考虑试卷形式。

制定标准和评分方案

谁是评分人？评分标准是什么？学生们往往对此不是很了解。一般由讲座、课外辅导或实践课老师来评分。然而，大学授课形式通常会采用其他评分机制：

- 可能由几位老师一同评分；

- 对于全是选择题的试卷，系统会自动评分；
- 如果涉及团队合作，可以会有同学评分的情况。

每一所大学、预科或学院通常会在手册或网站上公布评分标准。有些采用的是打分制，这通常与荣誉学位等级有关；而有些则给出定性的"描述词"。请了解你们学院采用的系统，并查阅通用评分标准。这样你就知道了各个级别的分数要求，理解了辅导员的反馈意见。

为了维持标准并确保公平，现在有几种评分系统：

- 按照明确的评分方案来评分。评分方案会给出答案各个方面所占的分数比例；
- 如果几个老师给的分数不同，那么就可能会再进行两到三次打分，还可能会受到外部评分人更加严格的审查；
- 评分通常匿名进行，评分人不知道他们在给谁评分；
- 外部评分人将决定整个标准，并可能复评一些试卷，特别是那些获得荣誉等级或在及格或挂科边缘徘徊的试卷。

课程和进阶

大学实行选课制度，主要有以下几个原因：

- 学生可以自由选择什么课程；
- 学生可以更加深入地学习某一个领域；
- 学生更换课程更方便；
- 一个专业下设多门课程，让考试在学年中的分布更加均匀。

当然，选课制度也有缺点。例如，学生可能只选自己擅长的课程，考完之后就万事大吉了，再也不愿去了解其他课程内容。如果你们学校采用的是选课制度，请有意识地避免这些风险。

每门课会同时采用两种评估方式：正式考试和课堂任务。要是没有通过综合（"汇总"）评估，你需要参加补考，或者提交新的或修改过的作业。有些课程还要求处于及格边缘的学生参加额外的口试。补考通常是在暑假快结束的时候举行，这门课的最终分数将取决于你的补考成绩。

在每个学年快结束的时候，在所有补考结束以后，你需要满足进阶标准才可以进阶。这些标准通常会在课程手册中注明。如果达不到这些标准，你可能无法进阶，需要重修整个学年的课程，甚至被学校劝退。有时候，你只需要重修指定的课程。也就是说，除了要学习本学年规定的课程以外，你还要再学一次那些未达标的课程。有些学校还有额外规定，重修必须要拿到多少分或者修完多少门课，你才能进阶。具体情况可以咨询学习顾问。

学位等级和成绩单

如果拥有较好的入学资质或不错的经历，学生就可以选择大学不同的起始级别去就读。学生在毕业时拿到的毕业证书也是不一样的——结业证书、毕业文凭和学士学位。

几乎所有大学都设置了相同的荣誉学士学位等级。有些学校的等级划分取决于整个大学阶段累计的学分；有些学校只考虑学生在大二和大三荣誉学年取得的成绩；而大多数学校只考虑期终考试成绩。所以说，期末考试非常关键，特别是有些科目不允许补考。

考试委员会或董事会决定授予你什么样的学位等级。该决定得到外部评分人审核以后，你的学位等级就会得到大学学术委员会或同等评定学术合法性的机构的认可。从你的学位等级得到认可，一直到你在毕业典礼上被授予学位这个期间，你就算是一位即将毕业的人了。在毕业典礼上，你会穿上学位服，戴上学校专用且由多种颜色组成的"学士帽"，并拿到毕业证书。

雇主通常会要求看文凭来确认你的学位，还可能与大学联系，以确认你的资质，拿到你的成绩单。成绩单显示了你在大学的所有成绩及表现。

了解评估过程的小贴士

◎ **向高年级学生询问考试制度。**他们可能会有一些有用的忠告和建议。

◎ **找出记录重要信息的地方。** 比如，手册和网络资源等。

◎ **如果对评估系统有任何疑问，请询问课程主管或辅导员。** 了解评估系统的工作原理很重要，它会影响你的表现。

◎ **如果身患残疾，请告知大学。** 如果你有残疾，请让大学知道这一点。你可能在考试中得到特殊待遇，例如，享受抄写员的服务、延长考试时间、拿到大字号的试卷。适当的特殊待遇需要时间来安排，所以你必须确保一切都在考试之前安排妥当。可寻求学校和残疾支持服务中心的帮助。

◎ **并非所有的考试系统都一样。** 在进入大学之前，学生们会在中学阶段参加由教育部统一命题的全国统考（在中国是高考）。这就可能让他们觉得，只要是同一门科目，所有学校的教学大纲都一样。事实并非如此。正如前面所提到的，大学是独立自主的机构，有权授予学位。因此，它们会自行设定考试大纲。也就是说，你和外校同学即使学的是相同专业，在一起对笔记也是没有意义的，因为你们研究的重点很可能会不一样。既然你们的教学大纲和学习目标都不一样，那试题不一样也就很正常了。建议查看你所在大学往届的考试试卷，然后再制定复习和考试策略。

为考试做好身心准备

为了在评估和考试中充分发挥潜力，你的大脑需要在最佳状态下运转。这也意味着你身体的其他部分需要保持良好的状态，因为身心健康是紧密相连的。本节阐述了如何在备考过程中保持最佳状态，以获得最好的成绩。

要想取得好成绩，你的大脑就要达到或接近巅峰状态。但我们都知道，智力会随着这一系列影响而变化，并不总是随时处于最佳状态。如果能够了解影响大脑工作的因素，你就将更加清楚，如何为即将到来的评估或考试做准备。

确保自己处于舒适、健康的状态，并营养充足

大多数专家认为，只有身体健康，智力才能健全。然而，我们并不总是以最好的方式来照顾身体或大脑。对于大学生来说，这种情况可能是大学生活中的许多因素造成的。要想在考试中展现专业的姿态，你就要找到方法来调整生活方式，以确保身心都能在考试中处于最佳状态。表 10-1 提供了一份清单，里面列出了你在考试时要做的事情以及不要做的事情。你可能需要关注以下几点。

- 调节睡眠模式。尽量保持充足的睡眠，确保生物钟与一般的工作时间保持一致，特别是你的考试时间。
- 避开或减少可能影响智力的化学物质。最主要的可能是酒精，众所周知，它是一种镇静剂。还有尼古丁、某些处方药和非处方药。
- 避免过度使用兴奋剂。服用咖啡因之类的化学物质（茶、咖啡、红牛和类似可乐的饮料）可能会暂时让你精力充沛，但药效过了之后，你的精力必然会呈下降趋势，生物钟也可能会被打乱。
- 不要脱水。无论是水摄入量过多还是过少，你的注意力和学习能力都会受到影响。
- 知道如何放松及何时放松。运动在这里扮演着很重要的角色，消遣活动也一样，比如，看电影或玩游戏。在考试临近的时候，这些休闲和休息活动不应该占用太多的时间，但是也不能完全没有。它们应该属于复习时间表中的一部分。

表 10–1　　　　　　　　考试准备时可做与不可做事项清单

积极方面（尽量去做）	消极方面（尽量不要去做）
☐ 让思维更加敏捷（智力测验、测验、总结、例子、阅读）	☐ 滥用酒精或其他可能损害智力的药物
☐ 提高体能（长时间工作）	☐ 被一些不太重要的事情分散注意力（例如，电视节目、社交活动）
☐ 提高身体素质（只有身体健康，大脑才能健康）	☐ 学习时间太长导致睡眠时间不够，打乱生物钟
☐ 饮食健康	☐ 不去复习你不喜欢的关键主题
☐ 生物钟与"考试时间"保持一致	☐ 只知道死记硬背笔记，而不是采用积极主动的复习方法
☐ 清理杂物，从一张干净的桌子开始	☐ 复习没有重点，不考虑学习目标
☐ 睡好觉（睡眠质量不高导致身心都很疲倦）	
☐ 结合自己的学习风格，制定最佳复习策略	

请注意学习期间的饮食，因为大脑需要充足的能量和必要的营养。让一顿丰盛的早餐开启美好的一天，接下来适当加餐，以保持充沛的精力。建议学习期间要少食而多餐，因为如果你一次吃得太多，激素反应会减缓新陈代谢的能力和思维活动，导致嗜睡和乏力。如果你确实碰到过这种情况，请不要食用油腻的食物。

众所周知，维生素和微量营养素都对身体健康和心理活动有益。任何饮食健康的人都不会缺乏这些元素。如果你对各类维生素的作用有疑问，请咨询健康专家。

如果你在考试前感到不适，请看医生或去大学医务室，除了得到诊断和治疗，还要获得必要的书面证明，来证明你表现不佳是由于身体不适造成的。

锻炼身体的好处

有氧运动是一种精神放松的好方法，可以缓解压力，改善睡眠状况。长期坚持还可以增强耐力，让你在考试的长期备战中不再身心疲惫。非有氧运动和冥想训练，例如，瑜伽、普拉提和太极，也有助于考前放松。

短期锻炼也很重要，因为它可以通过改善大脑的血液供应来刺激大脑活动。我们的大脑需要大量氧气和能量才能正常运转。在复习期间，你应该试着做一些体力活动，哪怕是散步或游泳都行。这类锻炼是消除精神萎靡的绝佳方法。

加强脑力训练，学会放松，保持良好睡眠

大脑会对锻炼做出反应。大脑与肌肉相似，锻炼得越多，对未来的准备就越充分。毫无疑问，复习本身就是对考试做好脑力准备。这个"练习"因素与你在复习过程中背多少东西无关，它是指当你照着复习时间表复习时，你的大脑将会适应日常的脑力练习，自然能够更好地为考试做好准备。

大脑同样也需要放松。你可以把注意力集中在完成别的事情上。体育活动和游戏可以产生这样的效果。在强化学习期间和考试前，良好的睡眠对大脑的休息也十分关键。遗憾的是，许多人在考试前会感到焦虑，出现失眠症状。如果你一直面临这样的问题，或许可以采纳麦肯纳（2009）提出的以下建议。

- 坚持早起。这会让你在睡觉前更加疲劳。
- 保持作息规律（即使是在周末）。你可以控制作息时间。但是，当你感到疲倦的时候，可能就很难做到这一点。
- 只有在你真正困了的时候才上床睡觉。床只是用来睡觉的地方。如果你想读书、看电视或吃东西，那就去生活空间。
- 如果你认为下午不是学习的最佳时间，那么可以在下午锻炼，这会让你的大脑更加清醒。等到了晚上，你的大脑灵活的时候再学习。
- 上床睡觉之前，不要吃东西（尤其是像咖啡因之类的兴奋剂）。
- 与其辗转难眠，不如起来做些有用的事，直到你感到累了再去睡。
- 进入梦乡前想一些积极的事情，而不是消极的事情。
- 入睡前给自己讲一个故事，最好是一个无聊的故事。

考前准备

要想提高复习效率，你必须清楚目标。一种方法就是将复习和考试过程划分为几个阶段，并分别考虑每个阶段需要达到的目标。这个过程本质上是管理信息，也就是管理你在课上学到的事实和理解的东西。它主要可以分成以下三个阶段：

- 信息收集；
- 信息处理；
- 信息检索和传递。

如果你可以顺利完成每一个阶段的任务，那么你就很有可能取得优异成绩。

在信息收集阶段，你要确保手头拿到了所有需要的资料，并把它们整理好，以便能迅速地查阅要找的东西：

- 下载并复制所有讲义和安排；

- 按顺序归档笔记；
- 购买或借用课上用到的教科书（参考课程手册中的阅读清单），也可以在图书馆目录中查看这些信息，如果它们的借阅受限制，那就提前预订；
- 收集所有可能相关的材料，如已完成的课程作业和反馈；
- 收藏任何你可能会参考的在线资源；
- 有条件的话，找到历届的试卷和参考答案；
- 查找发布的学习目标或结果（例如，在课程手册中），并复印一份；
- 在课程手册中，找到任何有关考试及其格式的特别指导说明。

信息处理阶段包括分析和管理收集到的材料，同时考虑学习目标，充分利用历届的试卷。原则就是不能被动地学习，例如，只知道通读书面材料。你应该尝试做一些积极的事情，帮助你记住这些材料中的有用信息。

信息检索和传递阶段将出现在考场中，在你答题时可能会用到，我们将在下面为大家提供如何检查答题的小贴士。

积极思考

如果要为考试做好思想准备，那么积极思考就是关键。复习的时候，面对所有阅读材料、笔记和看似无穷无尽的事实和概念，你会很容易变得沮丧，觉得在这个时候有太多的事情要做。这样的想法会造成恶性循环，让你迟迟不想进入复习状态，事实上，是从来就没有开始。

以下技巧可以帮助你在复习时拥有一个积极的心态。

- **不管怎样，先行动起来**。不要拖延这一关键时刻。一旦进入状态，你对这门课的好奇心和兴趣也就上来了。即使这些话题在过去看起来很无聊，但是一旦你开始深入了解，它们可能就会变得更有意义。
- **把大的主题切分成多个部分**。这样，每当你完成一个部分，你就会因为自己取得了一些进步，而拥有满满的成就感。
- **定期划掉复习时间表上已完成的条目**。几次划下来，这种可视化的总结应该会让你觉得自己确实是在进步。
- **和其他研究同一主题的人互助协作，这样可以彼此打气**。如果你们都觉得某门课很难学，那么就可以通过互相提问的方法共同努力，你们都会学得更好。如果还有困难，你还可以向讲师或辅导员请教。
- **重点关注主要目标（学位和理想职业）**。思考一下，在你人生重要的旅途上，每一个学习过程都扮演着什么样的角色。
- **回顾过去积极的考试经历**。想想你的努力最后总会得到回报，尽管你当时可能没什么信心。

在进入考场前的关键时期，一定要全神贯注，保持积极乐观的心态。你可以与同学凑在一块儿，分享自己对潜在考题的感觉和想法，这么做确实会有一些好处。但尽管如此，这些交流几乎肯定会让你更紧张。如果你确实是这种人，那就在附近找个地方，别和朋友见面，让自己静下来，然后进入考场。在这段时间里，你要集中思考的事情有：

- 考试策略：如何完成这份试卷；
- 答题方法：如何组织答案；
- 重要事实或公式（在这个阶段，让你记下它们是不太可能了。但是，如果你已经将其熟记于心，那就再复习一遍，这样会让你记忆犹新）；
- 在所有考试都结束以后，你打算做什么呢？这场考试什么时候结束？
- 你想要取得成功的决心有多大？你打算如何绞尽脑汁去拿分？
- 如何确保你的答案是相关的？
- 如何在考试的每一分钟内快速有效地答题？

有效备考的小贴士

◎ **饮食健康**。摄入适量的卡路里（不要太多，也不要太少），多吃水果和蔬菜。

◎ **给自己一些时间**。变成工作狂不代表你就能学到很多东西。花点时间放松一下，如听音乐、读小说、玩游戏。总之，做自己最喜欢的事来"奖励"自己，这会让你感觉更好，更加自信，满满都是幸福感。这也有助于激发你的创造力，让你觉得自己像打了"鸡血"一样。

◎ **出去散会儿步。**在复习期间，如果你已经昏昏欲睡或无法集中注意力，那就去外面走走吧！只要在教学楼周围闲逛 10 分钟，你可能就会精神饱满。你还可以把这段旅程当作"回忆之旅"，这样你就可以做到边走路边"复习"了。

制作复习时间表

你只有在考前安排好各项活动，才能充分利用好有限的复习时间。制订复习计划不仅有利于时间管理，还能让你在复习各科的时候合理分配精力。

如果你对时间的管理十分随意，那么制作一个复习时间表将有助于你跟上学习进度。另外，它还可以激励你，让你在完成每一个主题之后变得更加自信。

要是使用得当的话，你就不会花太多时间在自己最喜欢的主题上，而有时间复习其他功课。除此之外，你还可以做一些放松活动，以保持精力，集中注意力。

制作和使用复习时间表

1. 创建一张空白的时间表。创建一个"行动计划"，里面有各科在特定时间的复习细节。如表 10–2 所示，每天可被分为六个时间段，早、中、晚各两个。如果你想延长或缩短时长，可以用文字处理软件或电子表格来修改格式。
2. 确定开始和结束日期。即你打算开始复习的节点，以及考试的确切日期。打印或复印足够多的空白时间表，记下所有时间段以及关键日期。
3. 填写时间表，务必记下确实无法学习的情况，如工作、购物、烹饪、旅行、团队体育活动，以及重要的社会或家庭责任。如果可能的话，在复习期间，尽量将这些责任最小化，特别是当考试临近的时候。尽可能提前联系雇主和其他人，说清楚情况，他们好提前安排。
4. 思考一下，你每天和每周想要有多少个学习时间段，或者你能够根据自己的具体情况抽出多少时间来学习。计算出整个复习期间，你一共有多少个时间段，并确定具体时间。例如，如果你上午的学习状态最好，那就把学习安排在早晨。

5. 下一个阶段是，将复习时间段分配给需要复习的课程或主题。这个过程可以分为两个阶段：首先是粗放式（例如，将总时间划分早、中、晚三个模块），然后是集约式（将分配给每个模块的时间再细分给各个主题）。灵活调整——你可以花一整天的时间去复习一个主题，以深入了解材料，也可以一天复习几个科目。在分配复习时间的时候，请采取倒计时的方式，也就是说，从考试日期开始倒推，这样可以确保你在相关考试到来之前充分复习所有主题。

   均衡分配各个主题的复习时间。你应该在"困难"的主题上花更多时间，而不要把时间都花在"简单"的主题上。还有，那些看似困难或无趣的材料，一旦你掌握了它们，拿分是很容易的。你还可以先复习那些你喜欢的主题，以此激励你学习那些不喜欢的主题。

   时间分配工作完成以后，如果你对分配给每个主题的复习时间感到不满意，那么你可能需要增加整个复习时间，然后再重新排列这张表的内容。

6. 分配时间的时候请注意，如果你想要提高效率，那就不要连续学习。长时间学习，中间一会儿都不休息，只会让你的注意力不集中，这样基本学不到什么东西。

   如果你让自己十分疲倦，那就不是无法集中注意力那么简单了，后果会更糟糕。一定要劳逸结合，最好是参加体育活动。你还可以建立"奖励"机制（例如，看一个最喜欢的电视节目或者去见朋友）。但是，你只有完成了目标，才能接受奖励；如果没有完成，那就只能乖乖地利用这些时间来学习。争取早日完成目标吧！

7. 不要把时间表安排得太紧凑，你得预留出空白时间段，以应对突发事件。你的时间表应该是灵活的，要是因为不可预见的情况，在某个地方浪费了时间，那么事后，你应该利用预留的空闲时间或娱乐时间将落下的学习补上。

8. 如果可能的话，试着在考试前"减负"。制订合理的复习计划，不要想着在最后一刻，一口气吃成一个大胖子，弄得自己疲惫不堪。

第10章 顺利通过学业考试

表10-2 环境科学专业学生的复习计划样表

第12周

个人复习时间表

课程或主题要点: 地理 | 生物群落+多样性 | 环境化学

	周一	周二	周三	周四	周五	周六	周日
上午	地理,讲座1&2	环境化学,主题B	生物群落+多样性,第3周	环境化学,主题C	地理,讲座8&9	工作	睡懒觉
	环境化学,主题A	地理,讲座3&4	生物群落+多样性,第4周	环境化学,主题C	结对学习,地理	工作	洗衣服
午餐							
下午	环境化学,主题A	地理课外辅导	地理,讲座5&6	生物群落+多样性,实践课	环境化学,主题D	工作	生物群落+多样性,实践课
	为最后一次地理做课外辅导	休息	曲棍球	生物群落+多样性,实践课	空闲时间	工作	和希尔达做模拟考
晚餐							
晚上	生物群落+多样性,第1周	环境化学,主题B	晚间办公室时间	图书馆-研读往年试卷	空闲时间(如果能跟上进度,可以出去玩)	菲儿的生日派对	陪爸妈
	生物群落+多样性,第2周	空闲时间	晚间办公室时间	地理,讲座7(难)	空闲时间	菲儿的生日派对	

249

有效利用复习时间

只是花大量时间去完成任务并不能提高学习效率，你必须合理规划任务，记东西要讲究技巧。复习早期的重点是，把所有需要的材料都拿到手，并且整理好，特别是讲义和教材。如果你错过了某场讲座，那就借同学的笔记复印一份，也可以下载一些摘要、幻灯片。在复习的时候，要特别关注这些主题，因为如果你没有去听这门课，你就不清楚老师在课上到底说了些什么。看看每门课用的教科书，尽早去图书馆预定所需书籍。不要在这一阶段耗费太多时间，以免偏离复习轨道。

如果你的复习计划和别的事情发生了冲突，请以时间表为重。如果这么做让你看起来很自私，那就向别人说清楚，你需要把注意力集中在学习上的理由。与此同时，避免成为时间表的奴隶，一定要灵活调整。如果你真觉得自己在某个主题上取得了进步，那就坚持下去，而不是又换个主题。但是，你以后一定要抽时间把没完成的那部分任务补上。

当意识到自己的注意力已经开始分散了，那就休息一会儿，待神清气爽之后再准备重新"战斗"。一般来说，注意力一次最多能集中 20 分钟。

在复习期间，一小时短暂休息几次（五分钟），每隔几个小时长时间休息一次。一天的复习时长不得超过总时长的四分之三。

运用积极的学习技巧，这样复习才会变得有趣；一遍又一遍地翻讲义，是效率最低的复习方法。

在复习阶段集中注意力的小贴士

- **充分利用课程手册**。了解考试结构和要考的内容。根据学习目标，了解讲师在考试中对学生的期望。
- **参考历届试卷，了解考题类型**。按照考题风格，调整复习计划。密切关注考试结构，如果它分为几个部分，那么每个部分可能都需要不同的复习方法。有的部分考死记硬背的东西，而有的部分则需要从几个材料中总结答案。

- **尽最大努力，弄清楚每个主题的分数权重**。并相应地调整复习时间表。
- **根据时间表，了解复习进度**。复习期间，清点所有需要复习的主题和定义。每完成一项就在表格中划掉一项，这样会给你带来满满的成就感，并增强自信心。
- **不断自我测试**。如果要知道自己是否已经消化并记住了某件事，唯一的方法就是自我测试。例如，在一张白纸上写下学到的东西。如果你非得把这项任务留到考试，那就真的来不及了。
- **尽量让大脑保持运转**。你在复习某个主题的时候，如果因为学了太长时间而开始走神，那就该换一个主题了。常言道，"换换环境犹如短暂的休息"。事实上，换个主题有助于集中注意力。

复习建议：如何通过主动学习来加深理解

主动学习是理解和识记考试材料的关键，这样做，你才能在考试过程中回忆起要用的知识。积极学习包括思考透彻概念、想法和过程，以及掌握有效的识记技巧。

除非你足够幸运，能够像照相机一样过目不忘，不然的话，仅仅通过简单地阅读课程材料是不太可能记住和理解它们的。有研究支持的经验表明，如果你围绕材料做一些事情（即"主动"学习），那么你就会记得很清楚。此外，利用这种复习方式，你会知道自己在哪些方面理解不到位，这是通过简单地阅读材料而无法达到的效果。本节介绍了一些主动学习的方法，你可以根据自己的具体情况和现实情况来选择合适的方法。

主动学习的基本方法

无论是什么样的考试，你都应该同时使用以下两项技巧。

对讲义进行"蒸馏"或"分块"

也就是说，你应该认真筛选"原始"讲义，仅仅留下一系列的标题和关键点。只需几次"扫描",你就能将几页的讲义减少到只有几个标题。另一种筛选方法是用表格重新排列它们,如图10–1所示。入选的"方面"应该与考试问题相关。要创建这种类型的表格,你不得不分析信息,从而加深理解。

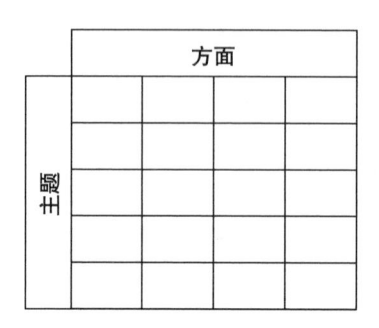

图10–1 用来重组笔记的表格

当你对讲义进行"蒸馏"或"分块"时,你的大脑里就产生了一张材料"地图",有助于你在考试中回忆起这些内容。除此之外,你还可以大致了解这个主题,知道每个方面与哪些大的背景相关。有助于你记住事实,知道怎么答题。最后,与简单地重抄材料相比,该方法会"逼着"你去分析这些材料,因为你要想重新编排材料结构,就必须认真思考。

做往年的考题和试卷

做往年的试卷很重要,你可以了解考题类型和范围,但你可能并不清楚答案的深度,如果有疑问,请咨询每门课的讲师。了解这些要求以后,你就可以采取各种积极的方法,例如,彻底想清楚答案(效果不佳);写下答题框架而不是完整的答案(效果一般);找一张试卷,给自己安排一次模拟考试或者限定答题时间(效果最佳)。有条件的话,你可以与该门课的讲师还有同学,讨论你的答案或计划。

在有些课的考试中,你还要做算术题,解决问题并给出案例。众所周知,这类考试旨在测试你对所学知识的掌握情况,以及强化你对知识的掌握。尽量提前弄清楚出题模式。如果你不知道如何答题,那就咨询本门课的讲师。

为学习和识记做准备

理解概念并将事实牢记于心，这是很困难的事情，尤其是当你发现一个主题很难或没有吸引力，或者有很多晦涩难懂的术语要学的时候。为了消化这些材料，你一定要在心理上做好准备，还要找一个合适的学习环境。以下原则可能会对你有所帮助。

- **乐于学习**。不能人在曹营心在汉。
- **办公桌要整洁，不要影响你专注于手头的工作**。整理桌子。如果有必要，把试卷带到图书馆等地方，那里的空间足够大。
- **控制学习节奏**。不要长时间学习，这样会影响学习效率。偶尔休息一下，让你的注意力保持在最佳状态。
- **要有不学好誓不罢休的决心**。不要盲目地阅读材料，也不要想着读了就一定能领会。心里默念："我真的想学！我真的想学！我真的想学！"如果你能把注意力集中在材料上，全身心投入，再加上强烈的学习欲望，你还怕学不好吗？
- **大致了解需要学习的东西**。了解背景有助于消化和记住事实。如果你了解了大背景，那么学具体的细节就容易多了。
- **限制学习量**。将材料压缩成列表或分成很多块。将海量信息细分成多个部分。
- **"可视化"和"联想"记忆**。简单来说，就是你要知道，自己需要记住多少内容。你可能不仅要记住笔记上的文字，还要记住图片。还有更为复杂的方法，比如，将事实与熟悉的旅行或地点联系起来。
- **测试记忆情况**。不要存在侥幸心理，安慰自己已经掌握了这些材料。不断地自我测试才是王道。

主动学习的小贴士

◎ **让你的笔记令人印象深刻**。使用彩色笔和荧光笔画重点。但是，不要画太多重点，"心不在焉"或无目的的重点都是没必要的。也就是说，不要把任何东西都画上重点符号，也不要脑子都不动一下就画重点。

◎ **使用概念图或思维导图**。这些有助于浓缩你对某一主题的认识。你还可以画图，利用这些基于图像的笔记，你会更容易回忆起来笔记内容。

◎ **测试自己对示意图标签的识记情况**。画一些重要的示意图，上面不要给标签，多复印几份，然后合上书，测试自己。

◎ **手嘴并用**。比如，和另一个人谈谈你的主题，最好是同班同学。如果有必要，还可以对着自己说。说出来，你就知道自己理解得怎么样了。

◎ **准备一系列"复习表"**。一张纸上记一个主题的详细信息，可以采用编号列表的方式。如果你有自己的房间，把这些"表"贴在墙上。这样你就可以看到这门课的整体情况。有些人更喜欢用便签。

◎ **和其他同学分享观点和讨论主题**。通过给别人讲东西，你可以加深记忆，还能知道自己的知识盲点。当然，在这之前，你会以为自己都懂了。

◎ **自己出试卷**。自己当考官。提出问题，并思考如何回答这些问题。要做到这一点，你需要对材料理解得很透彻。

◎ **记住定义**。答题的时候，你可以先列出定义。列出与主题相关的关键短语和事实（如日期和事件）。反复自测，也可以找个朋友来给你出题。

◎ **结合你偏好的学习方式，调整复习方法**。例如，如果你觉得自己是一个"视觉学习者"，可以考虑使用图表和思维导图来总结笔记；如果你的MBTI类型是ESFP，可以通过回忆经历和例子来记起事实。

记住复习内容的工具和策略

要想信心满满地去参加考试，你就一定要将重点熟记于心。只有这样，你才能将重点放在运用和分析知识上，而不是拼了命去回忆具体细节；你才有可能给出有水平的答案，展示高超技能。本节概述了一些方法，告诉你如何训练记忆能力，取得好成绩，为未来做准备。

要能够顶着压力记起信息，这是非常重要的一项技能。这些信息有学科的基本事实和知识，是构成答案的"基础材料"，也有你在深入思考主题时碰到的概念。在很多情况下，试题的要求可能出其不意，让你以一种不可预测的方式来运用知识。如果没有关键事实和理论框架，那么你的答案就必然会被减分。有的时候，想不起细节还可能让你在考试当中变得恐慌，这只会让事情更加糟糕。

几乎没有人可以做到过目不忘。有些人连基本的识记都觉得很困难，特别是我们不感兴趣或很难理解的主题。有时候，材料实在太多，想记住都难。但是，要是能掌握一些基本的识记技巧，你的信心会增强，还能够在考场上大展身手，取得好成绩。

识记行为出现的地方

本节主要讲述考试中的记忆技巧。但是，你必须知道，识记行为在复习早期就发生了。事实上，你得先知道要记哪些内容，然后才能采用合适的方法将它们记住。本节也会涉及信息收集和信息处理阶段。

第一步，确认课程内容，讲座、课外辅导、实践课和研讨会上提到的关键概念，以及作业中涵盖的主题（信息收集）。从这些材料当中，你可以整合出一些有用的笔记。比如，事实性或者加深对主题理解的笔记（信息处理）。对于很多人来说，收集并处理所有材料算是学习的初步阶段。在这一阶段，他们还不算真正地"拥有"了知识。做完这一步之后，你可以进入下一个复习阶段，即采用主动学习的策略，理解知识，这样才能在考试中提取和运用知识。

如何将笔记整理成识记格式

所有备考的学生都需要识记大量事实，比如，立法日期、化学药品的排列方式、某个步骤的各个阶段或事件的顺序。然而，你还得知道，大学考试的目的不仅是让信息在讲师和学生之间来回传递。因此，事实本身不足以成为大学考试形式。你的答案要能够体现出批判性思维。一定要反复斟酌答案，而不是简单地列举事实。也不要认为，只要把和某个主题相关的信息都堆在一起就万事大吉了。

总之，你的笔记格式一定要便于识记，体现出你对整个课程和科目的理解。你可以采用以下方法。

创建列表

这是最基本的技巧。其目的是筛选笔记，只留下标题。在多个阶段采用这种方法将有助于加深记忆。最终留下的内容能够让你对整个主题有大致的了解，这样你就可以知道哪些地方该放什么样的知识。此方法非常适合语言型或读-写型学习者。对列表进行编号也有助于识记。

绘制时间线

如图10-2所示，你可以绘制时间线来反映事件的发展、步骤或进展。你既可以制定垂直的时间线，也可以制定水平的时间线。该方法尤其适用系列讲座，因为这类讲座分为多个阶段，每次会提到不同的事实。

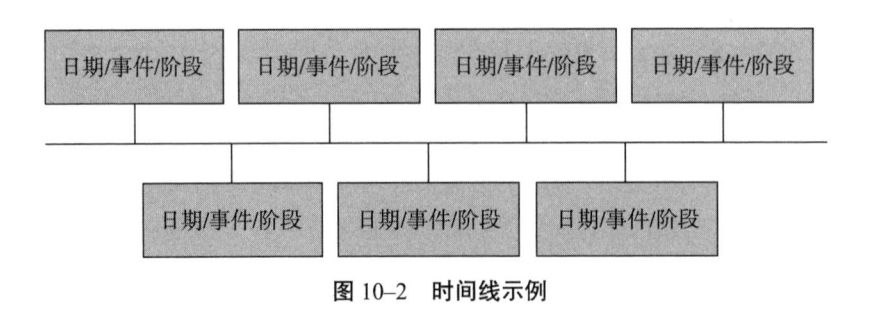

图 10-2　时间线示例

SWOT 分析

SWOT分析方法可以用来分析某个情况。例如，它可以用于案例研究，也可以用来评估某个立场。它要求你说出以下四个方面的情况：优势（S）、劣势（W）、机会（O）和威胁（T）。这种分析方法可以被视为主动学习，能够让你更加深入地思考材料。如图10-3所示，矩阵中的要点形式是重要的识记辅助工具，非常适合视觉型学习者。

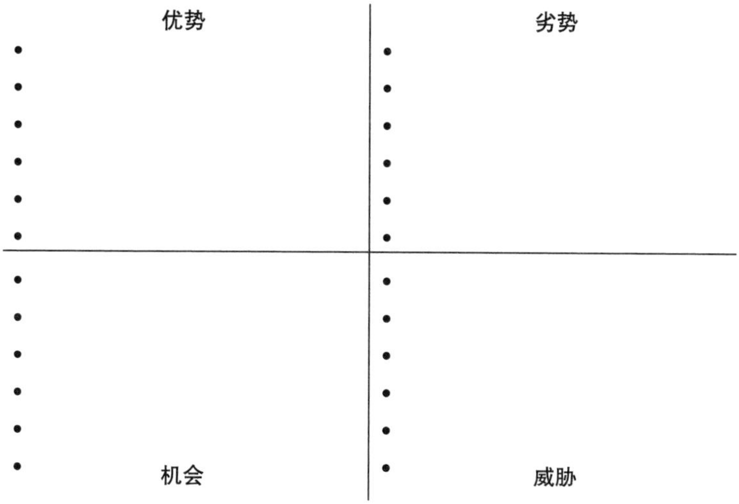

优势	劣势
机会	威胁

图 10–3　SWOT 分析的布局

注：每一个象限都包含一系列要点。

绘制"对比网格"

该技巧改编自约哈里之窗（Johari Window）。它是由美国心理学家约瑟夫·卢夫特（Joseph Luft）和哈里·英汉姆（Harry Ingham）在 1955 年共同提出的一个理论，并以他俩名字各取一部分合并而成。该方法提出了分析人际关系和传播理论，他们用四个方格说明了人际传播中信息流动的地带和状况，如图 10–4 所示。约哈里之窗的初衷是帮助人们完成自我的个性评估。不过它还有其他用途。

把复杂信息放入表格中

如图 10–5 所示，表格和网格既可以用来系统地分析看似杂乱的信息，也可以用于分类、简化信息。如果在组织答案或背东西的时候要用到比较和对比分析，那么这些网格或矩阵就非常适合。

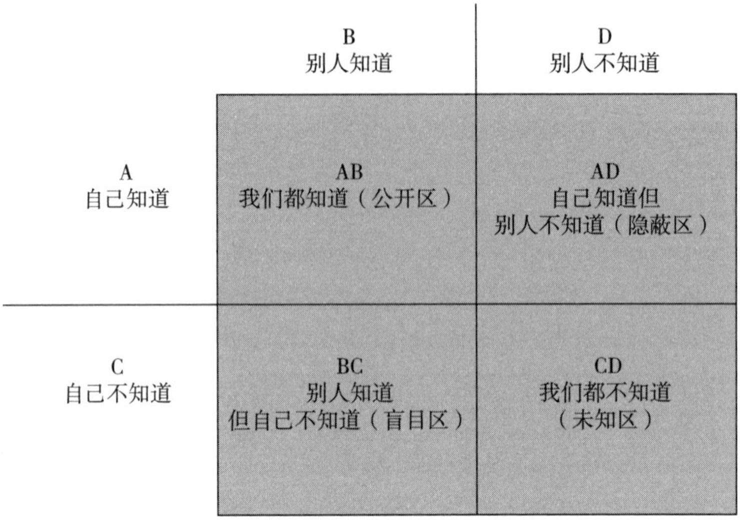

	B 别人知道	D 别人不知道
A 自己知道	AB 我们都知道（公开区）	AD 自己知道但 别人不知道（隐蔽区）
C 自己不知道	BC 别人知道 但自己不知道（盲目区）	CD 我们都不知道 （未知区）

图 10–4　用于分析不同观点的"对比网格"

注：在这个例子中，某学生对比了自己的学习情况和其他同学的学习情况。根据字母编码，我们可以看出每个组合的构成规律。

	员工的观点	工会的观点	公司的观点	政府的观点
减少法定 工作周的工时	• • • •	• • • •	• • • •	• • • •
减少退休金	• • • •	• • • •	• • • •	• • • •
减少节假日	• • • •	• • • •	• • • •	• • • •
减少每年的 病假日	• • • •	• • • •	• • • •	• • • •

图 10–5　用来分析各方观点的网格图示例

注：从网格中，我们可以清晰地看到各方（第一行）对不同政策（左侧第一列）所持的观点。

绘制概念图（思维导图）

有一种组织结构示意图叫作概念图，也称为散布图、喷雾图或思维导图。好的概念图很有视觉冲击力，色彩鲜明，形状突出，引人注目，令人印象深刻，如图 10-6 所示。有些经验丰富的人可以用一张概念图来概括长达一个小时的讲座或公共演讲的内容。在备考中，或者在考试中，出于实用的目的，概念图必须要快捷、清晰且连贯。如果这个策略适合你，那么你的复习将得心应手。除此之外，你在答题的时候，还可以先写下框架和要点。

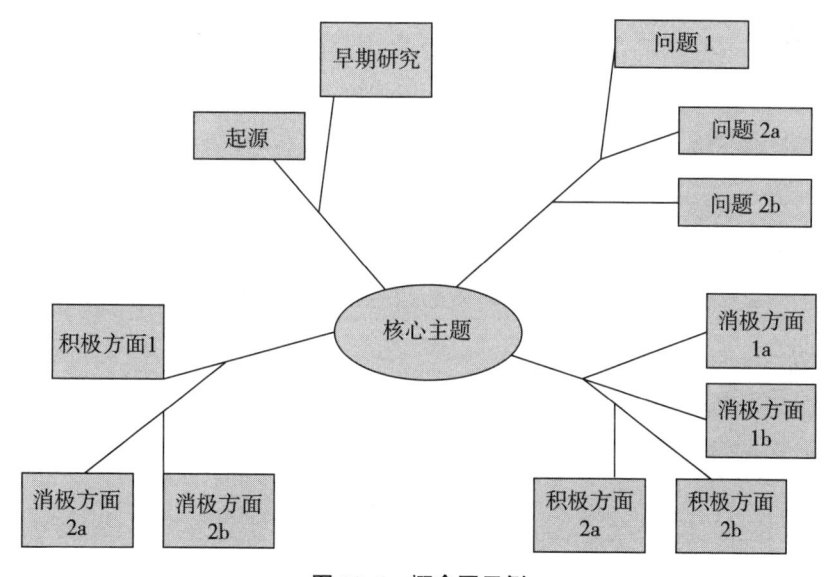

图 10-6　概念图示例

注：这类概括图一般不包含图片，但是会增加颜色、符号，并将各个要素与主题建立视觉联结，有助于你记住它们。

绘制示意图

如图 10-7 所示，示意图可以显示层次结构、流程或关系。在考试中，你还可以将其用作答题框架。有时，它们可以直接出现在答案中。对于视觉型或视觉-空间型学习者，图表非常有用。然而，画图的时候要考虑读者。你画的图可能只有你自己能懂,别人不一定能懂。尽管它们可以作为记忆辅助工具,为你提供答题线索,但对内容本身没有太大价值。

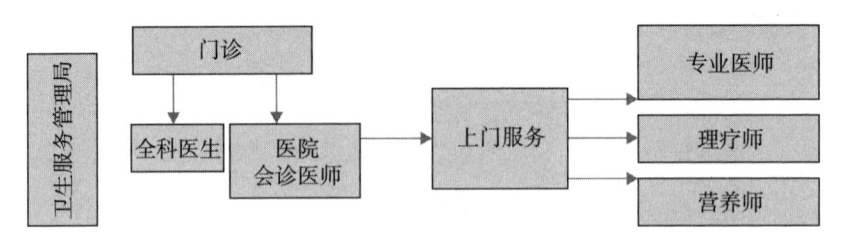

图 10-7　示意图的应用

注：该图描述了健康支持的组织结构。

制作海报或"即时贴"笔记

如果你觉得下意识地吸收信息对识记有帮助,那么该方法对你来说会很有用。它特别适合动觉型学习者。你可以在走廊、卧室、厨房或浴室的墙壁上划定一个区域,里面可以粘贴海报或便利贴。这样一来,背东西成为你日常生活的一部分,有助于你记住这些信息。因此,就算你在考试中大脑一片空白,只要回忆那些笔记格式,以及它们出现的位置,就能回想起一些信息。

回忆事实和线索的技巧

复习的最后阶段是,记住信息,为信息检索和信息处理做准备。利用上面的策略,你知道了如何管理信息,能够在考试中记起知识。接下来再介绍几种识记策略。由于考场压力大,有些人可能要提前做大量练习,才能熟练地运用这些策略。

"记忆术"在希腊语中就是"记住"的意思。该术语包含了一系列基于联想记忆原则的策略。请见下文示例。

押韵诗

有很多民谣可以用来帮助记忆。例如："30 天的月份有 4 月、6 月、9 月和

11月……"你也可以写打油诗，或者用熟悉的"童谣"韵律，来清唱你要记住的东西。

旅途中的"挂钩"策略

使用这种方法的时候，你必须考虑一段相当长的旅途，而且你必须对其相当熟悉。先算出你有多少个记忆点，那么你的旅途中就要设计多少个"挂钩"。再将每个记忆点与"挂钩"一一对应。这种方法正是基于联想原理。在这个原理中，要被记住的点就是已知旅途中的"挂钩"。

特别地方的"挂钩"策略

另外一种策略就是，将陌生的事物与熟悉的事物"挂钩"。请想象一个房间、一张图片或者一个你熟悉的场景，并为你的房间选择一些重要的家具，或者找到图片中的关键特征，然后将这些家具或特征与你要记住的事实一一对应。在考试的时候，你只要回想一下情境，就能记起"挂钩"的项目。你还可以将其进一步升级，比如为一个情境编个故事：你走进房间，打开灯（联邦德国），然后走到电视机（法国）那里，把它打开。你把杯子（意大利）放在咖啡桌（比利时）上，然后在坐下之前把一个垫子（荷兰）放在沙发（卢森堡）上。这个"故事"可以帮助你记住欧洲经济共同体成立时的六个成员国。

故事"挂钩"策略

除了上述的"挂钩"策略以外，还有人提出了另外一种"挂钩"策略，即编一个更长的故事，把故事中发生的事件与要记住的东西一一"挂钩"。你可以选一个耳熟能详的故事。例如，为了纪念拿破仑征服欧洲大陆的大片土地，你想起了"三只小猪"建了三间屋子的故事——稻草屋（伊比利亚半岛）、木屋（意大利）和砖房（沙俄）。你还可以自己编一个够新、够傻、够大胆、够血腥的故事，究竟是什么故事并不重要，记住才最重要。目标只有一个：你编的一系列事件要对你有意义，能帮助你快速记起东西。

有必要采用"挂钩"策略吗

有些人认为，与其花大把时间和精力去编一些场景，还不如鹦鹉学舌，多读多看几遍要记的材料,更何况这些"挂钩"策略还增加了记忆负荷。不过这些策略对有些人来说确实适用,如果你恰好是这些人,那就值得花时间和精力去这么做。

既然传统的记忆策略对你来说已经不奏效,那还有什么理由不尝试"挂钩"策略呢。

编号清单

清单是一个基本的复习工具,对于那些喜欢以线性方式学习的人来说,编号清单非常有用。如果各项事实之间有一个先后顺序,那么对其编号并列成清单必然很有用。除此之外,如果知道清单条目的总数,那就可以确定自己是否记起最初整理的所有事实。建议将清单的内容进一步归类和细分,然后采用缩进的形式,让每页的信息交错排列,凸显出层次和结构。这有助于你记起每页的图片和清单布局。

逻辑惯例

我们总会有时候一下子想不起一些关键事实。然而,如果你每次都能发现一些逻辑惯例,并能应用,这些难题可能就迎刃而解了。例如,要是你不记得如何计算液体密度,为何不想想密度的单位,即克(质量)或毫升(体积),这样你就能记住密度等于质量除以体积。

考试识记的小贴士

- **熟能生巧**。除了一遍又一遍地重温复习资料或记忆辅助工具,你别无选择。
- **练习记忆术**。你得信手拈来各种记忆术。当然,你必须能够回想起各种关联内容代表的含义。
- 运用记忆旅途中的"挂钩"策略、特别地方的"挂钩"策略和故事"挂钩"策略。如果这些策略对你来说很有用,请务必在考试前就练熟了。
- **多做记忆训练,加快写字速度**。由于老师会提前给学生分发打印好的讲义,而且越来越多的学生会用电脑完成讲义上布置的作业,所以学生能够锻炼记忆和写字速度的机会越来越少。但是，这些技能在考试中至关重要。在复习过程中，请快速写下记忆提示，尽量加快写字速度。

- **温故而知新**。如果你问识记的关键是什么，那就是它了。不要心存侥幸，觉得你都记下来了，先测测再说。定期做自我测试，看看自己到底记得怎么样。如果在这些"自我测试"中，你不能回忆起所有内容，那就再记一次吧。这种重复的活动会加深知识在你大脑中的印象，如果你的重复次数真的够了，你就会知道自己已经掌握了这些知识。请尝试以下方法：

（1）阅读材料，同时将其编制成清单。集中注意力，尽量记住每一条内容。记住清单的条目数量。

（2）把清单盖住，去掉所有线索（如合上教科书）。

（3）立刻默写清单的内容。如果你一条都没记住，那就回到第（1）条重新记，直到你能写出所有条目，这个步骤才算完成。

（4）花五分钟做别的事情，然后在没有参考资料的情况下，重新默写一遍清单的内容。如果你一条都没记住，那就回到第（1）条重新记，直到你能写出所有条目，这个步骤才算完成。

（5）一个小时之后，在没有参考资料的情况下，重新默写一遍清单的内容。如果你一条都没记住，那就回到第（1）条重新记，直到你能写出所有条目，这个步骤才算完成。

（6）24 小时之后，在没有参考资料的情况下，重新默写一遍清单的内容。如果你一条都没记住，那就回到第（1）条重新记，直到你能写出所有条目，这个步骤才算完成。

抓住复习重点

你可以通过多种渠道来了解评估方式。利用这些资源，你在复习的时候会更有针对性，能够为考试做好更加充分的准备。

为了提高考试成绩。在复习过程中，你应该收集并充分利用课程学习成果或目标、评分标准、历届试卷和参考答案等重要信息资源。

充分利用学习成果或目标

课程手册上除了有详细的课程描述，还会有学习成果（有时被称为学习目标）。它们是教学的关键信息，指出了你在学习过程中应该完成的任务。考试和其他形式的评估会就这些内容进行测试。尽管学习成果的重要性不言而喻，但许多学生在学习时却没能意识到这一点。

有些学院会将每次讲座的学习成果以要点的形式列出来（例如，"听完这次讲座之后，你应该能够……"），有时候，各个学院还会公布整个课程的目标，这些内容也值得关注。这样一来，你每次上课的时候就不会犯迷糊。

通过查看历届的试卷，并将试题与相关的学习成果和课程材料相匹配，你可以很容易地弄清楚考题和学习成果之间的关系。然而，你应该知道，学习成果可能会随着时间的推移而发生变化。如有疑问，请咨询课程老师。

如果你觉得达不到某项学习成果，那就向教学人员说明情况。也许是你误解了这个成果的主题或意图。如果是这样，他们可能就会为你做进一步解释。另外，某项成果可能是多余的，比如，讲师没时间上课，也可能是他们在后期更改了教学成果，一定要去核实！

你能从评分标准中获得什么样的信息

根据大学评分方案或评分标准，你可以知道什么样的答案会得到什么样的分数或等级。可以在学院手册或网站上找到评分标准，它们往往适用于许多课程。但是，每门课的课程手册都可能注明各自的评分标准。

一般的评分标准包括以下要素：

- 内容：观点或信息是否全面，是否切题；
- 深度：指的是复杂性、细节、洞察力和论点的原创性等方面；
- 写作风格：英语是否有逻辑、表述是否清楚、用法是否规范；
- 展示：卷面是否整洁，可能还要看结构是否紧凑；
- 例子：引用内容的相关性、准确性和细节。
- 阅读的证据：围绕主题做的任何阅读——来自你引用的例子和文章（不仅

仅是讲座中提到的)。
- 原创性：是否做到独立思考（由支持证据和论点来支撑）或重新整合观点。这些方面很受重视，尤其是在高年级的学习中。
- 分析：解读一级（原始）文献中的原始数据或信息。

仔细查看学院的评分标准。如果想拿高分，你必须知道答题要求。还有一点值得注意的是，尽管评分标准提供了一个"基准"，但最后的分数会因主题和问题而异，还会受到学术和外部审查员的专业判断的影响。

充分利用历年的考题

往年的考题或样题通常都是非常重要的资源。你可以在网站或虚拟学习环境中找到它们的电子版，也可以在图书馆找到纸质版。如果你在这些地方都找不到，可以找工作人员或学长学姐帮忙。

研读历年试卷，了解试卷结构，主要看：

- 答案格式要求（例如，是论文、简答题，还是多项选择题）；
- 题型以及题目数量；
- 每个部分或每道题的分数权重；
- 答题时间；
- 是否有选做题；
- 是否圈定了答案范围，比如，只限于某几个主题。

研读往年试卷或样题，了解试卷风格。在查看每一张试卷的时候，记得问自己以下几个问题：

- 需要多少和何种类型的事实性知识；
- 对这个主题的理解要多深；
- 需要多少补充阅读；
- 你有多大空间来表达自己的观点或理解；
- 老师的出题风格是否始终如一。

根据你得出的答案，制定复习和考试策略，组织答题内容。

研读参考答案

如果有参考答案，复习的时候一定要仔细阅读。在阅读参考答案之前，请仔细思考每个问题，大致写下你的答题思路。弄清楚相关的学习成果，并想想讲师会采用哪些评估方法。

然后，阅读参考答案。这应该是很有帮助的，主要取决于它的详细程度。

掌握规定的语言和风格。例如，引言类型、标题和图表的用法，以及结论的正确格式。

弄清楚答案深度。描述和分析是否都要有？例子是否要很详细？比如，要给出日期、术语、引用权威和作者吗？大学考试更加关注的是，学生如何利用信息来论证一个合理的答案，而不只是简单地重复事实，特别是在高年级的时候。

弄清楚问题的不同方面是如何被解决的。分析答案，看每个部分是针对哪个点作答，以及如何作答的。

自己出考题

复习完一个部分或主题之后，可以结合历年的考题形式，自己出考题。你将如何作答？把计划写下来，就像你在考试时写论文提纲一样。这个过程会帮助你在心理上做好考试准备。如果正式的考卷上出现了你预测的问题，那就把它当作额外的奖励，但是不要老想着去押题。

和参加真实考试一样，在模拟考试中，你也要认真答题。模拟考试的作用主要体现在以下几个方面。

- 测试你对主题知识的掌握情况。让你清楚地知道，自己掌握了哪些内容，还缺什么内容。
- 让你开启答题模式和"声音"。你在考试开始前就可以摆脱"生锈"状态，在真实的考试中可以快速进入"战斗"模式，尽快动笔，写出符合要求的答案。

- 限制答题时间。这样你就能多拿分，而不会因为时间不够做不完题目，这种错误是不可饶恕的。
- 练习快速规划和组织答案。这样的话，你才能适应快速组织答案的过程，确保答案结构不出错。
- 减压。模拟考试可以让你在考试那天表现得更好。熟悉答题过程可以缓解焦虑症状。

抓住复习重点的小贴士

◎ **复习的时候，牢记试卷格式。**尽早了解试题类型，找到合适的学习方法。利用学习成果，来检查进步情况。复习的时候，请阅读每个主题的学习成果，当你觉得自己有足够能力完成它们的时候，你就可以在旁边打钩。

◎ **解决拿不到历年真题的困难。**辅导员可能因为历年的真题数量有限，而不愿意把它们公布出来，担心学生只是背了这些考题答案就拿分，特别是选择题。要解决这个问题，你可以给自己出题，参加学习小组，和小组成员互相测试。

如何避开常见陷阱，提高考试成绩

为什么你的考试成绩没有达到预期？本节讨论了考试分数低的主要原因，并提供了一个原因列表，让你知道如何提高分数。

考试成绩的好坏是相对于你的预期来说的。有时候，你可能很容易就找到分数低的原因。没准备好、临场发挥不好、复习了"错误"的主题，这些都是常见的原因。如果是这些情况，你在考完后心里也不会有太高的期望。就算分数低，你也能接受。

有时候，你可能会觉得自己的分数没有达到期望值。这可能是因为你对主题解读错了，也可能是因为没有把握好问题的细节。总之，你的期望值和结果之间存在着差距。如果你想在以后做得更好，就必须要搞清楚其中的原因，这一点非常重要。

找出低分的原因和可提高分数的地方

你可能犯了哪些错误，又该如何改进呢？为此，你需要做到以下几点。

- 仔细反思过去的考试。回想整件事的来龙去脉，查看原来的考卷也有助于唤醒你的记忆。另外，有条件的话，请参考相关课程作业上的反馈或试卷上的评论。
- 如果你对其中的任何一条评论有疑问，请联系评分人询问原因。这样的讨论通常很有价值，值得你去这么做。
- 改正你已经发现的错误。一旦找对了方法，要纠正许多导致考试成绩不佳的错误就没那么难了。如果在读完这章后，你仍然不清楚自己哪里出了问题或者要采取什么样的纠正措施，请找辅导员寻求建议。

请根据表 10–3，找到你的错误所在和提高成绩的方法。

表 10–3　　　　　　　　导致考试成绩不佳的原因列表

原因	与你有关吗	解决方案
没答到点子上： ● 不认识问题中使用的专业术语 ● 没有按照精确的指令来答题 ● 问题回答得不全面	☐	一系列解决方案。请参考本节内容
没有管理好时间： ● 没有在有限的时间内合理组织答案 ● 在某个问题上耗费太多时间，导致回答其他问题的时间不够	☐	需要改进考试策略
没有搞清楚答案各部分的分数权重：不知道某个方面（可能包含更复杂的观点）占的分数比较重	☐	需要改进论文框架
没有论证答案，没有例证，也没有陈述"明显的内容"	☐	需要意识到这些材料是占分的；可能需要改进论文框架

续前表

原因	与你有关吗	解决方案
图解不清楚： ● 没有包含相关图表 ● 提供的图表没有传达有用信息	☐	学习如何正确使用图表
答案不完整或肤浅： ● 由于缺乏知识，而未能正确答题 ● 答案深度不够	☐	改善复习计划，改进复习策略，更好地理解大学对思维过程的要求
论据和答案没关系："闲扯"凑字数	☐	了解答题策略
字迹难以辨认：如果根本无法识别，还怎么打分	☐	准备合适的答题笔；放慢写字速度或改变书写风格
英语水平太差：没有清晰地表述事实和想法	☐	提高学术写作技能
答案缺乏逻辑或结构不合理	☐	合理规划写作内容
事实性错误	☐	做笔记、学习、复习或识记能力都有待提高
存在明显的错误	☐	检查和校对答案

如何正确答题

如果一些准备充分的学生却考得很差，大多数老师会认为，首要原因是他们答非所问。无论是论文题还是简答题，抑或是其他任务，情况都一样。

如何直接作答并答到点子上，主要包括：

● 答案要客观公正，不得有失偏颇；
● 答题前合理规划；
● 阐明你对问题的理解；
● 专注于确切的答题任务，不要东拉西扯；
● 紧扣主题；

- 如果一个问题包括很多方面，要做到面面俱到；
- 避免做出价值判断。

答案中不能缺少基本信息，例如，关键术语及其定义、关键日期和名字。如果评分制度很严格，辅导员可能因为你缺失这些信息而无法打分。制订论文计划时，请把你对整个主题的理解也写上。不要只关注问题中提到的关键短语，还要考虑它们的语境。如果你打算"押题"，小心答非所问，不要着急给出自己提前准备好的答案。一定要先看清楚题目。

检查答案拿高分

许多学生想尽快离开考场。但你不应该这样做，除非你确信自己已经黔驴技穷，给出了你能给出的最佳答案。你的考试策略还应该包括检查答案的时间。一些小错误可能决定你是否挂科，拿优秀还是良好。这些错误可能只要你用心检查就能发现：

- 基本错误。确保所有答案已经编号，而且已对号入座等。
- 拼写、语法和时态。仔细通读答案（试着想象它是别人的答案），纠正任何明显的错误。内容讲得通吗？句子和段落流畅吗？
- 结构和相关性。再一次问自己是否真的按要求答题了。你是否遵循了标题中的指示？有没有漏掉什么内容？各个部分的衔接是否合理？论据是否一致？如有必要，还可以添加新内容。

如果有需要，可以使用标准的校对符号，直接在文本中做"小规模"的修正，比如，拼写错误和标点符号。如果你发现自己漏了一些东西，想要添加新内容的话，请在文内或页边写一个插入标记（A 或 X），并注明"请看新增段落 X"；然后在答案最后面把这段话写清楚。你不会因为这么做而被扣分。

提高考试成绩的小贴士

◎ **充分准备**。任何讲师都会这样说，要是没有富有成效的复习，你就不可能取得好成绩。然而，做好准备并不只是记住事实和概念。除此以外，进考场的时候，你还需要一个好心态、好计划和积极的态度，以及快速进入高效答题状态的决心。

◎ **尽快将头脑风暴转变成一个实实在在的计划。**你可以快速完成这个任务，因为你只需为头脑风暴中产生的标题重新排列。

◎ **把相关性当作箴言。**在思考答题要领时，不断地问自己以下问题：我有没有答非所问？我的答案有没有面面俱到？我的答案都与这个问题相关吗？在确定最终版的提纲之前，先把上面的问题在脑子里捋一遍，并在完成任务的过程中随时参考该提纲。

如何找到考试的最佳策略

假设你已经复习得很好了，那么考试的主要压力就是把控好时间。为了取得好成绩，请制定并运用适当的策略，合理把控答题时间。

考试策略实际上是指，你在考试中用来管理时间和精力的计划。这对于提高分数至关重要，因为匆忙做出的答案或者试卷没做完都会造成分数很低。有了清晰的策略，你在进入考场的时候会更有信心，答题时候的目标会更加明确。

每次考试都可能需要不同的策略。无论制定什么样的策略，你需要事先做一些研究，回答以下问题：

- 考试时长是多久；
- 这份试卷分为几个部分，有多少个问题；
- 问题的实质是什么；
- 问题或答案各部分的分数权重分别是多少；
- 答题时有什么限制。

你可以查阅课程手册，也可以咨询工作人员，了解这些细节。还可以参考过去的试卷，但是规则可能会改变，所以请确认格式是否仍然一致。考试策略不需要太复杂，但你还是要花点心思，最好是在制定复习策略时就制定考试策略，如表10-4所示。

表 10-4　　　　　　　　　　不同的考试策略以及如何避免类似错误

策略	案例	如何避免类似错误
做事无计划的人	朵拉弄丢了写有考试时间和地点的那张纸。她计划凭印象在"既定"考试时间到达"既定"考试地点，到时候找排队进场的人问一问。然而，班车晚点了，所有人都已经进去了。她气喘吁吁地坐在座位上，却发现自己忘带了笔。拿到试卷以后，她发现，这是一份原子物理的试卷，而不是历史考试……	朵拉可以： ● 考前一天晚上检查所有细节 ● 计划乘早一点的班车，这样就不用担心堵车了 ● 对照书面考试必备事项清单，看看东西是否准备齐全 ● 问监考人员自己是否走错了考场 ● 要是能及时赶到正确的考场，她还有机会参加考试
考试容易紧张的人	在考试当天，纳迪姆紧张得要死，完全不在状态。考试前，他紧张得要去厕所，几乎都要吐了。在考试过程中，试卷上的单词似乎在他眼前游泳，他甚至连第一个问题都读不懂，其他问题也是。他感觉这些问题似乎与他所学的东西没有任何关系。他冲出考场，内心沮丧，焦虑极了……	纳迪姆可以： ● 提前调整心态，问问自己为什么会感到紧张。尽量不让焦虑的状况愈演愈烈 ● 试着启用他的正能量。例如，当他进入考场时，来个头脑风暴，回想要点，以此增强信心 ● 在考场上使用放松技巧
喜欢提前交卷的人	格雷厄姆宁愿去别的地方，也不愿待在考场上。他总是喜欢快点写完答案，提前 30 分钟交卷，然后跑到学生会酒吧去等他的朋友们出来。考试结束以后，他会和朋友对答案，最后发现，自己有个答案根本不全面，还有 B 部分的问题他都没看到……	格雷厄姆可以： ● 考前先熟悉试卷的格式 ● 考试过程中，合理安排答题时间，这样他就能充分利用所有时间 ● 利用多余的时间检查答案，确保自己是按照要求答题的
完美主义者	帕奇花了很长时间复习，对所有主题都烂熟于心。当她翻开试卷，看到问题都在预料当中，她喜出望外，心里想着，一定要给出完美的答案。一个半小时过去了，离考试结束还有半个小时。唯一的问题是，她现在有两道题还没作答……	帕奇可以： ● 她和格雷厄姆的情况类似。但她还要认识到，要想拿高分，只为一道题提供完美的答案是不够的。她应该在有限的时间内尽力答完且回答好所有题 ● 平常做练习的时候，可以计时，以提高答题技巧

续前表

策略	案例	如何避免类似错误
脑子容易短路的人	迈克已经准备好了考试。但是，当他看到第一个问题时，脑子就一片空白。他想不起任何与这道题有关的内容，有一种想直接离开考场的冲动……	迈克可以： ● 先对他熟悉的主题做一个头脑风暴，比如，写下他能记起的核心信息，然后将其与待解答的问题联系起来 ● 找监考老师咨询线索，记下这个线索，总比什么都不写要好，至少他可以开始答题了
懒散的白日梦者	林的心思根本不在考试上，也没有所谓的考试压力。刚开始的时候，她花"千年"时间去挑选问题，然后花"万年"时间去答题。考试过程中，她满脑子想的都是暑假的事情。突然，考试结束了，她的第一道题答案才写了一半……	林可以： ● 将注意力集中在考试上面，谨记考试的重要性 ● 有意识地将注意力集中在手头的事情上 ● 想一想挂科的后果，那就是暑假还要复习

制定考试策略

下面的策略适合回答论文题或简答。

- 将考试总时长转换为分钟。
- 分配一些时间（比如 5%）来选题，并确定答题顺序。再用 5% 的时间作为"弹性缓冲"。从总时间中减去这些时间（10%）。
- 在答题的时候，把剩下的时间合理分配给每道题。
- 根据你为每道题分配的作答时间，分配好列提纲、写答案和检查答案的时间。
- 在参加考试前，想好你为每个部分、问题和阶段分配多少时间。

你也可以采用不同的策略。比如，你可以在考试结束时再检查所有答案，而不是写完一道题检查一次。如果这种方法更适合你，那么你需要先从总时间中扣除 5% 到 10% 的时间，再为每道题重新分配列提纲和写答案的时间。

如果试卷包含多种题型，那么你要使用的策略会更加复杂。这主要取决于

273

你为每道题预估的答题时间：有条件的话，凭借以往经验来预估答题时间（例如，在期中或期末考试中）。在这个过程中，你还要考虑分配给每道问题或每个部分的分数权重，确定答题顺序。例如，如果一份试卷由选择题和论文题组成，建议先完成选择题，然后再写论文，最后再返回来作答困难的选择题。

你在共同学习的时候，也可以和小伙伴探讨合适的策略。这是在考试前和考试中提高注意力的有效方法。

不管怎样，你的策略都应该很灵活，因为事情并非总是一帆风顺。但前提是，你清楚自己在做什么以及为什么这么做，否则不要随意改变策略。

考试中的策略

1. 快速查看试卷最上面的标题，看一看试题是否超出了你的预期。
2. 仔细查看试卷上的所有问题。对于你觉得能回答好的问题，可以把它圈出来；或者采用评分制度（例如，10分制），选择要答的问题。
3. 制定答题策略，确定每道题的"理想"答题时间。想一想答哪道题会更费时，答哪道题只要稍微多花一点时间就能拿高分，答哪道题最省时。你不能因为觉得自己会答哪道题，就花大量时间在这一道题上面；同样，也不能因为你不喜欢哪道题，就匆匆作答，前者的答题时间只能比后者稍微长一点。如果你过于关注某一个答案，根据收益递减法则，你会占用其他答题时间，但是不会获得同样的补偿。如图10–8所示，你在一道题上耗的时间越长，总分就会越少。额外的时间投入不会和额外的回报成正比。答题目的是，尽可能拿"容易拿的分"，而不是浪费时间去炮制一个完美的答案。

自定答题顺序，你并不一定要按试卷上的顺序来。例如，有些人喜欢先回答"基于事实"的问题，以免忘记进入考场前刚背下的东西；有些人喜欢先回答"最擅长的"问题，来个开门红；而有些人则更愿意将这些问题放在后面作答，因为想要先"热身"；多数人都喜欢把难题放到最后再作答：在考试的剩余时间里，可能会想到一些东西，把它们写下来。

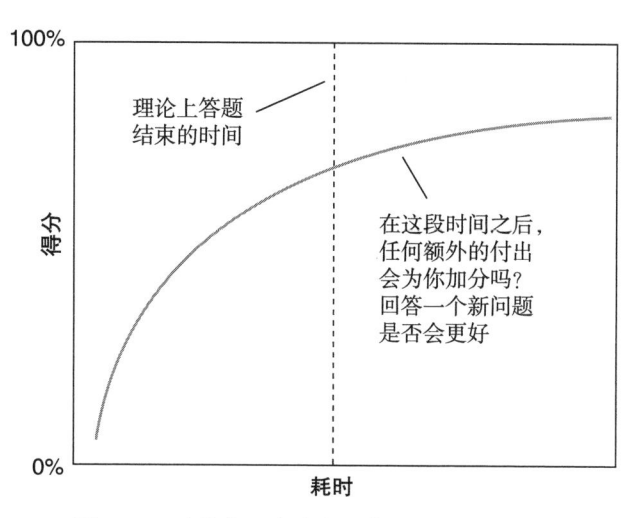

图 10–8　为什么不应该在一道题上耗太长时间

做好考试准备

说到准备，复习毫无疑问是最重要的一项。无论你有多少应试技巧，都离不开复习。如果还能做好其他方面的准备，你就可以减少犯致命错误的机会，并在考前做到镇定自若。

有时候，你可能需要报名、支付考试费用，请尽早确认。你还应该确认考试日期、地点、时间和时长。这些信息或许可以在课程手册、公告栏、网站、虚拟学习环境课程上找到。考试办公室或报名中心也可能会提供。务必要在规定时间到达正确的考点，这是你的责任。把重要信息写下来。还可以找同学确认。

考试当日，请认真准备，提前到达考场，以避免意外情况的发生，缓解考前焦虑症。对照考试必备事项清单，检查东西是否已带齐，让自己安心。

拿到试卷以后，看清试卷最上面的标题。总有学生会走错考场。

节省考试时间的小贴士

◎ **不要把提纲弄得过于详细**。使用简单的蜘蛛（模式）图表或思维导图来进行头脑风暴，列出答案要领。

◎ **在答案中使用图表和表格**。这样可以节省时间，否则你要花大量时间来解释。但是要确保你的图表是有价值的，并在文内提及。

◎ **时刻注意时间**。如果你不照着策略行事，那么制定策略还有什么意义。你可以把手表摘下来，放在桌子上容易看到的地方。有些学生发现，提前预估每一个问题的作答时间是很有帮助的。当每道题的答题时间快到时，你的脑子也得想着要结束作答了。

◎ **注意写作速度和卷面整洁**。你是否因为过于关注卷面整洁或者因为笔用得不顺而浪费时间？用圆珠笔和液体凝胶笔答题，写字速度可能最快。同样，你是不是因为写得太快而导致字迹难以辨认？要想拿分，至少得先让考官能看得懂你写的东西吧。

◎ **答案简单明了、切题**。清晰地展示推理过程。即使要快速答题，也不能忽略这一点。你必须按要求答题。

◎ **不要胡扯**。记住，花时间胡扯其实是在浪费你回答另一道题的时间。不要因为你复习了有些内容，就非得把它们都写在答案里面。这么做会弊大于利。

如何缓解考试焦虑，提高抗压能力

把考试焦虑变成你的优势。接受"压力"是身体的正常反应，这能够让你表现得更好。可以通过制定有效的考试策略来增强信心。

每个人都会为考试担心，哪怕是班上的尖子生。所以，如果你感到焦虑，说明你是一个正常人。充分准备最有助于克服紧张的情绪。但是，即使再努力，也很难把课程内容百分之百掌握，更不可能预测到考题，难免会对此感到焦虑。但不要为此烦恼，你应该知道，紧张会激励你更加努力学习，会让你的肾上腺素激增，能够改善你在考试中的表现。

考前准备不足造成的恐慌

感觉自己没准备好，这可能是造成考试紧张的最常见原因。当意识到自己这一年没有认真学习，临阵磨枪的时间又不多的时候，许多学生都有恐慌的感觉。

如果你是这种情况，请拆分要完成的任务，然后坚定地在剩余的时间里，尽力让你的努力得到最多的回报。如果能够积极地去学习，那么你就能在很短的时间内，完成很多事情。以下建议可能会有所帮助。

- 如果时间有限，那就有效利用时间。制作一个复习时间表，复习内容要分先后顺序。严格遵照时间表行事。尽量减少体育和社交活动，越少越好。辞掉当前的一些工作，减少工作时长。
- 在短时间内，延长学习时间。例如，早上定个闹钟，比平常起得要早。每天增加一到两个小时的学习时间应该不成问题。
- 花点时间和班上的其他同学交流一些值得学习的东西，还可以向他们请教一些容易得到答案的问题。尽量把问题都消灭掉。
- 无论是学习还是考试，你都要注意策略，请遵循以下步骤：
  - 不要老想着"押题"。认真学习，这样才能实现最大化的回报。使用荧光笔，在课程手册中标记出关键的学习目标。
  - 现在，你要有答题框架，基本知道如何围绕这些主题组织答案。
  - 接下来，注意力放在你必须记住的关键事实上。
  - 最后，如果还有多余的时间，了解更多细节和例子。

完美主义所造成的焦虑

由于考试有严格的时间限制和评分标准，完美主义者尤其感到有压力。为了消除这种压力，在考试前、考试期间以及考试结束以后，完美主义者应该重点关注以下几点。

- 不要老想着在考试的时候给出完美的答案。你一定要知道，要在有限的时间内做到这一点基本不可能。
- 不要花太多时间去拟提纲。只要你有了一个提纲，就马上动笔。
- 不要把太多的时间花在答案的开头部分，尤其是第一句，这样会牺牲你的主要信息。
- 先把基本点想清楚了再写。评分人首先看你的要点都写了没有，然后再看细节。你可以在开始答题的时候就把这些要点先列出来，以防时间不够用。
- 不要过于迷信卷面整洁，无论是文字还是图表，都要确保你的答案清晰可辨。
- 如果你忘记了某个细节或事实，不要担心。你又不是百事通，不可能知道所有东西。多数评分方案规定，总分只要超过 70% 就属于优秀。
- 在每次考试结束之后，不要和其他学生花很长时间去分析"理想"答案；毕竟，在这个阶段，一些都为时已晚。还不如把所有的精力投入到下一场考试的备战中，这样你就可以更加自信地面对接下来的挑战了。

提高抗压能力

首先，你要认识到，从某种程度上来说，考试也是在测试你的抗压能力，看你是否能够很好地应对挑战。要做到这一点，你需要做好充分的准备，尤其是要多练习。要是你的抗压能力一直都还不错，那你就不用太担心。自我测试和模拟考试都是让你进入考试状态的好方法。通过这些考试，你会知道考试的形式和时间，并养成良好的习惯。

考试是人们刻意制造的情境，以确保大量的考生可以一起接受评估，减少作弊的机会。如果把它们当作游戏，你搞清楚了它们背后的套路，并适应其惯例和规则，那么你的表现肯定不会差。

缓解考试焦虑症的小贴士

◎ **失眠。**这种情况很常见，在短期内不会造成什么伤害。起床，吃点零食，读一些轻松的东西，或者做一切轻松的事情，然后回到床上接着睡。睡前几小时不要喝刺激性饮料（例如，茶、咖啡和可乐）。

◎ **缺乏食欲或闹肚子。**这些症状也很常见。吃你能吃的东西，把含糖的甜食（或者饮料，如果允许的话）带入考场，这样可以让你的精力保持充沛。如果允许的话，喝点水，以避免脱水。

◎ **对未知的恐惧。**确认考试日期和考试时间。查看考前必备事项清单。查看考前资料，了解考试形式和时长。带一个吉祥物或幸运符，如果这样有帮助。还可以提前去看考场，这样你就不会对这个地方感到陌生了。

◎ **担心时间不够。**买一个准时的闹钟，换上新电池。设置闹钟。跟朋友或亲戚说你明天要考试，确保自己不会睡过头。合理安排出行时间，提前到达考场。

◎ **在考试过程中感到盲目恐慌。**为了缓解该症状，请做一些放松练习，然后接着答题。如果你仍然感觉不好，那就和考官说说你的感受。或许你还可以申请去考场外面溜一圈。如果你对某个问题的措辞有疑问，请在考试中告知考场负责人（如果他们离开了教室，你可以申请打电话）。

◎ **感到紧张。**请闭上眼睛，多做几次深呼吸，做一些伸展运动和肌肉放松运动。在考试过程中，答完一道题做一次这套动作，也可以彻底放松几秒。在考试前，试着做一些运动，还可以看电影，来帮你暂时忘掉烦恼。

◎ **时间不够。**当你听到监考人说"还剩最后五分钟"时，千万不要惊慌。要在这么短的时间里写很多东西，这是不太可能的了。建议你写一些笔记形式的答案，也可以进一步阐述你已经提到过的领域，这可能会成为加分项。总之，不要停笔，直到考官强制要求你停下来。

◎ **需要上厕所。**如果在考试期间需要上厕所，不要焦虑或觉得尴尬。举手示意，请求出去上厕所。上完厕所以后，这种来回走动会让你的注意力更加集中。

◎ **积极的心态。**对自己说："我能行！"

第 11 章

THE Study Skills Book

未来职业规划

第 11 章　未来职业规划

职业生涯规划

> 越早开始规划未来越好。根据性格和预期资质来规划未来职业,这将有助于你集中精力学习,选择合适的假期工作,制作一份好的个人履历。

说起仔细思考未来的职业生涯这件事,很多学生都喜欢一拖再拖。但大多数职业顾问都认为这种做法是错误的。

如果你所学专业没有明确的职业目标,而是有很多职业生涯道路可以选择,那么你很容易就会想,等我毕业、拿到了资格证书、了解了毕业后的就业市场以后,再考虑找什么样的工作也不迟。然而,如果可以在早期阶段探索未来职业路线,你会更清楚以后应该从事什么样的工作,知道该选什么课,这会让你在申请心仪工作的时候更有优势。

如果你正在攻读学位,或者你已经有了一个明确的职业目标,那么你可能会觉得,已经做出了最重要的决定,没必要再考虑择业问题了。然而,就算是专攻某个专业的毕业生,他们在择业的时候也要考虑很多其他因素。

职业规划包括哪些内容

对于本科生来说,职业规划包括:

- 考虑清楚长期目标和抱负;
- 了解潜在职业,看你的性格和资质与哪些职业相匹配;
- 深入了解意向职业,找到最佳的工作机会;

接下来,找到合适的岗位,争取被录用。一旦开启职业生涯,这个过程就不会停止;接下来,你需要积累经验,争取你的职业道路越走越顺。

因此，职业规划的第一步是，考虑目标和抱负。在未来 10 年或 15 年的时间里，你想在哪里工作？想过什么样的生活？想要取得什么样的成就？有些学生心里已经非常清晰明确了，有些学生则不清楚自己以后想要什么。大多数人可能属于第二种情况。如果你也是，请回答以下问题，希望能帮助你缩小选择范围。

- 你是否追求高薪？你是否愿意承担高薪背后的责任、工作量、竞争和压力？
- 你是否想尝试不同的工作，打算要么跟着第一个雇主发展不同的职业道路，要么把第一份工作当作跳板，然后跳槽？
- 你是否觉得你的工作必须要有爱心、符合伦理道德，哪怕薪酬低、工作条件也不太好？
- 你会出于道德或其他原因排除一些工作领域吗？
- 你是希望成为团队的一员，还是喜欢在工作中拥有自主权和自由？
- 你是否希望拥有一份最终带来权力和影响力的职业？
- 你是想要一份长期稳定但回报可能不高的工作，还是想要在一个工作周期不长但回报高的职位上赌一把，并相信结局是美好的？
- 你是否希望你的工作与大学所学专业对口？
- 你是否希望继续深造，以期被任命更高级别的职位？尽管这可能会缩小你的选择范围，并推迟你的就业时间。

你的答案会反映出你的一些性格特征，只是你可能没有深入思考过这些方面而已。请结合职业性格测试，深入研究它们。有很多这样的测试，就业指导中心也可能会推荐一些职业性格测试，你还可以在网上找到很多这类测试。这些测试会通过客观分析你对工作的态度，为你推荐一些职业。

你还可以参观本专业的毕业生正常工作的地方。大学或学院的就业服务中心可能提供往届毕业生的就业信息。毕业以后，你要是能够拿到一个专业资格证，还可以上相关专业机构的网站看一看，里面有很多毕业生可以申请的岗位。

别忘了考虑职位供求。例如，要是某个专业的毕业生一时稀缺，其工资待遇相应会比较高，工作环境应该也比较好。那么，报考这个专业的人自然会增多，从而导致供过于求。此外，全球和国家经济状况也可能对就业机会产生深远影响。

你不能只盯着一类职业，还应该考虑其他职业。有些职业可能有更高要求，需要求职者有专业的资格证书（如执业律师）。所以，你也可以选择继续深造，再开始职业生涯。可以去学校的就业服务中心寻求建议，也可以咨询辅导员，让他们推荐相关课程和学校。要想获得更高的学位，通常情况下，你得先具备一定的资质。建议在这期间，了解一下其他职业，给自己留一条"退路"。

了解不同的职业

结合你的性格特征、需要达到的资质以及职业倾向，你找到了一些职业发展路线。现在，你应该深入了解每一条职业发展路线。第一步是全面调查，筛选出意向职业，然后查找候选名单上各种职业的具体信息。这个过程如下所示。

- **收集客观公正的信息**。例如，查阅 Graduate Prospects 网站。你可能会对薪资等级、职位晋升和工作环境感兴趣。还要弄清楚最低资质要求，哪些技能和素质会让你更有机会被录用。如果你已经锁定了某家公司或就业领域，请查看股票交易和投资网站，了解该公司的业务和发展前景。
- **阅读公司资料**。可在就业服务中心或招聘会上找到这些资料，也可以写信给公司的人事部门或人力资源部门，来获取这些信息。要记住的是，这些资料往往展示的是公司最佳的一面。

缩小选择范围以后，下一个阶段是实地考察。要做到这一点不太容易，不过你可以采取以下措施。

- **请教在这类岗位上工作的人**。比如，父母的朋友，在社交时、招聘会上或实地考察时结识的朋友。
- **联系你中意的公司**。例如，给人力资源部门发送电子邮件，获取相关信息。
- **获得第一手经验**。试着找一份与该职位相关的假期工作或兼职。有些公司安排的实习计划和工作体验计划就是出于这个目的。和你想了解公司一样，它们也想了解你。

制订行动计划

弄清楚长期目标和抱负、意向职业以后，那就该从现在做起了。提前拟好一份求职申请。本科生这么做的好处是，积累经验、技能和知识，提高就业能力。还可以根据申请的具体职位，在个人简历和求职信中加入相关信息。

- **要拿到什么样的学位才能实现抱负？** 你要是可以自由选专业，那么请考虑：
  - 你应该选择什么样的课程，才能让技能和知识与职业目标相匹配；
  - 你要选择的确切学位类型（例如，联合荣誉学位或单个荣誉学位）；
  - 你要选择的工作或职位性质；
  - 获得学位等级的难易程度，这可能是最低的资质要求。
- **什么样的经历对你在假期里找工作或在上学时找兼职最有用？** 要是幸运的话，或许你还能找到意向工作的实习机会，哪怕是相关的工作机会也可以，例如，销售职位就可以证明你能够与客户进行良好的沟通。
- **哪些技能和个人素质可能对找工作有用？** 除了资格证书，雇主们还会对你的个人素质感兴趣，并希望你提供相关证据，证明你具备他们要求的技能和素质。你还可以看看有哪些课外活动，能够证明你具备这些技能和素质。请记住，雇主的推荐信也能证明你的经验和个人素质。在离开任何职位之前，问问相关人士是否愿意成为你的推荐人。

了解了这些东西以后，你就知道如何制订一个行动计划了。该计划应该包含具体的任务（例如，联系人事部门，了解假期找工作的事；向你最喜欢的体育俱乐部申请成为志愿者）；完成各项任务的日期（学期结束；年会）。

🔧 职业规划的小贴士

◎ **了解不同职业**，即使你最终拿到的是专业型学位。像法律和医学这样的专业，会有很多具体的岗位供选择。就算你正在攻读这样的学位，也应该和攻读非专业型学位的同学一样，多了解各种就业岗位。

◎ **参照个人发展规划（PDP）的过程，完成职业规划。** 学校不一样，个人发展规划也会不一样。尽管如此，其主要目的是帮助你分析目标和规划未来，与职业规划有很多重叠的地方。

◎ **及时更新简历。** 求职时肯定会用到简历。从头做简历肯定很耗时，还很容易漏掉一些重要细节。但是，如果有一个通用的版本，你就会发现这个过程容易很多，还不会漏掉一些重要细节。写简历的时候，你会像雇主那样审视自己，这样你就知道该做哪些事来提升个人能力。

◎ **咨询专业人士。** 如上所述，这可以帮助你了解某份职业是否适合你。然而，你不要指望别人来找你；你要主动出击，获取相关人士的联系方式，与他们联系。大多数人会愿意给你几分钟时间，但是你一定要提前准备一些有针对性的问题，以免浪费这个机会。

自我评估

从度过美好的大学生活，到找到心仪的工作，这个过程既令人兴奋，又充满挑战。你需要考虑自己能为雇主做什么。你有什么技能？有什么特别的地方？为什么要选你？你还需要考虑自己的个人能力、素质、积极性和价值观。换句话说，你需要先了解自己，然后才能让雇主相信，你才是理想的人选。

雇主在招聘大学毕业生来填补职位空缺的时候，他们往往会认为，申请者具备非大学毕业生不具备的某些特质和能力。他们最看中的是被录用者是不是最佳候选人，是否能够保质保量地按时完成工作。学位可以证明学术能力，然而，相较于学位而言，雇主可能对你在工作中展现的个人能力更感兴趣。

大学的学习经历，特别是与生俱来的素质和独一无二的实用技能，会影响到你的个人发展。它们就是雇主看中的"毕业生特质"。为了知道你的毕业生特质，你要做的第一件事就是，坦率地审视自己，问一问自己：我是谁？我拥有什么样的技能？我拥有什么样的素质？

本节旨在帮助你评价这些素质，其他章节还会讨论：

- 技能的可转移性、毕业生特质的定义，以及就业能力的定义；
- 在制定个人发展规划的时候，你如何分析和记录个人发展素质和技能；
- 如何用简历和求职信，向雇主证明你的素质和技能。

评估个人技能和素质

技能和素质常常被弄混。它们之间的界限确实不是很明显。技能是指你能够做的事情，有时也被称为能力。你通常要从头学起。随着经验的积累，你的技能也会慢慢增强。而个人素质是与生俱来的，是天生具备的东西，是个性的反映。随着经验的增加，这些能力会不断完善且增强。学习风格也体现了个人素质。

在某种程度上来说，个人素质会限制技能的习得。例如，如果你天生缺乏灵巧性，那么你的动手能力可能就不强。人们很容易轻视自己的个人素质和技能。在评估它们的时候，你要是只关注它们在某一方面发挥的作用（学习或社交活动），那么你很容易贬低它们，当然也就很难欣赏它们在工作中可能发挥的作用。

了解个人素质和技能，你能够：

- 知道自己是否具备雇主看中的技能；
- 知道自己的优点和缺点；
- 总结迄今为止所做的事情，你在校园内外的工作经历，例如，兼职工作、参加活动等；
- 思考如何在面试中展示个人素质和技能，并给出相关证据；
- 利用这些信息来制作简历。

要证明自己是一个值得信赖的人，同样要举例说明。比如，你可能在某个自愿组织当过财务主管。推荐人要能够证明你很诚实，且值得信赖。

没有人是万事通。想想自己擅长的事情。比如，擅长和别人合作，有"事情不做好誓不罢休"的决心。然后，诚实地面对自己，承认哪些特征是你完全不具备的，并思考如何尽量克服短板。

例如，如果你做事不利索，不擅长管理时间，不具备批判性思维，建议找到切实可行的方法来改善。但不要妄自菲薄，有时候，你要相信优势互补的原则，例如，团队合作就可以实现互补。

结合你的具体情况，来对你的个人技能进行评价。根据自己的情况，在表11-1中的"评分"栏中选一个分数。你也可以问问朋友或家人的意见。圈出相关数字，1= 不是强项，3= 发展很好，5= 高度发达。忽略任何与你不相关的条目，可新增相关的条目。对于不懂的术语，请查字典，它们有助于你了解什么是求职，什么是面试。

表 11–1　　　　　　　　　　评估个人素质

个人素质	评分	个人素质	评分
适应能力	1|2|3|4|5	个人体质和健康	1|2|3|4|5
危机管理	1|2|3|4|5	前瞻性	1|2|3|4|5
决心	1|2|3|4|5	倾听别人的意见	1|2|3|4|5
能量	1|2|3|4|5	自律	1|2|3|4|5
热情	1|2|3|4|5	目标明确	1|2|3|4|5
灵活性	1|2|3|4|5	持久力或韧性	1|2|3|4|5
诚实	1|2|3|4|5	主动性	1|2|3|4|5
创新	1|2|3|4|5	注重细节	1|2|3|4|5
正直	1|2|3|4|5	宽容	1|2|3|4|5
领导能力	1|2|3|4|5	不畏挑战	1|2|3|4|5
积极性	1|2|3|4|5	其他（指定）	1|2|3|4|5
耐心	1|2|3|4|5	其他（指定）	1|2|3|4|5
毅力	1|2|3|4|5	其他（指定）	1|2|3|4|5

简历的内容应该反映出，你认识到自己具备特殊的素质和技能。虽然简历

的基本要素可能不会因为职位而改变。但理想情况是，你应该突出某些特点和能力，调整"核心版本"的简历，以满足申请职位的要求。在简历空间许可的情况下，证明自己能够有效地运用这些素质和技能。

表 11–2 显示了如何将你在获取学位的过程中习得一些学术技能转移到工作当中去。请注意表格中的团队和集体活动。大学里的集体活动很多，但是在这些情况下，你的个人表现会很难评价。

表 11–2   如何将学术技能转移到工作中

活动性质	学术活动	工作中类似的活动	活动性质
个人	听讲座	听汇报	个人
个人	在讲座中做笔记	会议纪要	个人
个人	阅读学术文献	阅读报告、专业论文和技术手册	个人
个人	记读书笔记	整合信息，分发给同事，经常和同事一起完成	个人 / 小组 / 团队
个人 / 小组 / 团队	为作业 / 演示 / 考试找资料	为公司编制文件 / 做演示找资料	个人 / 小组 / 团队
个人	规划写作任务	规划写作任务和其他任务	个人 / 小组 / 团队
个人	写作任务：课程论文、报告、案例研究、项目和海报。遵循学术惯例	撰写向公司内外部发布的简报、宣传资料、信件和报告。遵循公司惯例	个人 / 小组 / 团队
小组 / 团队	准备和积极参加课外辅导或实践课。遵循公开讨论的惯例，遵循安全规章制度	准备和积极参加会议或简介会。遵循会议和简介会的正式惯例，注重讲话形式	小组 / 团队
个人	准备和参加口头或书面考试	为与其他公司的代表、客户和同事接洽做准备	个人 / 团队

概括你的兴趣、积极性和价值观

生活中最困难的事情之一就是，了解个人的兴趣、积极性和价值观。是什么驱动或激励着你大步向前？你觉得什么才叫公正正确？要能想清楚这些问题，对你的生活和事业都会很有帮助。大学提供了"空间"，让你去探索各种观点和参加各项活动。有些东西你会接受，而有些你会拒绝。这些经历都将影响你的兴趣、动机和价值观。

兴趣

兴趣是指你在正式的学术课程之外喜欢做的事情（有时也被称为"课外活动"）。比如，闲暇爱好，如参加或观看团队运动、听音乐等；创造性消遣，如画油画等。兴趣会影响你选择什么样的专业。例如，喜欢养宠物的人可能会选择攻读兽医学或动物学。我们将可能直接影响潜在职业的兴趣，称为职业兴趣。例如，在制作学生报纸或社区时事通讯报的过程中，你可能有成为记者的天赋和想法。

动机

动机涉及一系列与个性密切相关的复杂概念。它牵扯你的内在感觉，这些感觉激励、引导和让你坚持去做一件事，让你继续秉承所信奉的价值观。总而言之，正是因为有了明确的动机，你才会"打钩"，你才会以某种方式做事。你只有在学习或工作中有动力，才会乐于为所做的事情投入时间和精力。

影响个人择业的因素有：奖励——金钱和物质；利他主义——想帮助别人；喜欢和人打交道；渴望安全和稳定。

价值

价值观反映了人们对道德或伦理的认知，是很多人的根本准则。因此，反战主义者一般不会考虑国防工作；环保主义者一般会选择环保类工作，哪怕薪酬很低。如果有一份工作可能污染环境，或者要过度消耗自然资源，就算这份工作的薪酬很高，环保主义者也是不会接受的。你只有认清个人价值观，才会知道，有哪些工作场合适合你。例如，律师或社会工作者可能需要捍卫犯下严重罪行的人的利益。

表 11-3 能帮助你了解自己的兴趣、动机和价值观。请根据 A 部分提供的

类别，分别写下你感兴趣的活动。根据 B 部分的内容，为你的职业积极性和价值观打分——从 1（对我来说不重要），到 3（我对此表示怀疑），到 5（对我来说非常重要）。

表 11-3　　　　　　　　　　了解个人兴趣、积极性和价值观的方法

A. 我的兴趣	B. 我的积极性和价值观
艺术型	1|2|3|4|5　进步前景：晋升；职业发展
研究型	1|2|3|4|5　环境问题：环保工作
	1|2|3|4|5　利他主义：帮助他人；照顾需要帮助的人
实用型－创造型	1|2|3|4|5　独立性：能够自己做决定；行动自由
	1|2|3|4|5　领导欲：渴望权力和责任
实用型－自然/环境保护	1|2|3|4|5　物质好处：高薪资；财产；高品质的生活
实用型－科学型/技术型	1|2|3|4|5　名望：成就得到认可；有影响力
	1|2|3|4|5　风险和刺激：想要碰运气；投机的机会
社会型和人际关系型	1|2|3|4|5　安全稳定：长期雇佣；被认可的工作结构
解决问题	1|2|3|4|5　团队合作：与他人合作产生的动力
	1|2|3|4|5　变化：任务、人和地点的变化与多样性
企业型	1|2|3|4|5　其他（指定）

评价技能、素质、积极性和价值观的小贴士

◎ **认清并发挥自己的长处。**先认清自己的长处，包括那些不以奖金和高分衡量的长处，它们是你的"软"实力，比如，耐心、善解人意、人际交往能力；然后思考，如何在选课、参加课外活动、择业的时候，充分利用它们。

◎ **认识到自己的弱点，并找到对策，争取克服短板。**下定决心克服这些弱点。举个例子，如果知道自己很羞怯，那就大胆承认；如果你在演讲中说错了一句话，也不要觉得世界末日到了，只要竭尽所能，惊喜就由你来创造。心态要积极，不要总是自我否定。不要过于担心自己的弱点，不要觉得前途一片昏暗。

◎ **将个性与职业相匹配。**要是还没有选好职业发展道路，那么你可以先

多了解不同类型的工作。然后，根据你的个人特质和未来可能取得的成就，筛选合适的工作。最好是在职业专家的建议下完成这个过程，并且在大学期间尽快完成。哪怕攻读的是专业型学位，你也可以去了解某类职业的分支工作，再结合你攻读的专业、学位，你的毕业论文课题、假期就业或课外活动，想一想要找什么样的工作，成功地开启你的职业生涯。

◎ **制定进步目标。**大学是一段独特的经历，读完以后，你肯定会有所改变。进入大学以后，尽早进行自我评估。你可以把性格特征写在纸上，将它和资格证书与文件一起保存起来。当你为申请第一份工作制作简历时，请重新查看这张纸上的内容，并分析你的变化。

◎ **例子和证据。**如果你在某些方面有优势，在表格中记下以后，请思考，你应该为未来雇主展示什么样的例子或证据，来证明你具备这些优势。

如何向雇主推销自己

个人简历是一种标准机制，你通过它来告知雇主你是谁，你所具备的技能和素质。它的内容和呈现方式可能决定你能否获得面试机会。所以，请务必认真制作简历，给雇主留下一个好的印象。

简历的主要目标是，简单地展示个人资历、经验和技能，告诉别人你为什么和这份工作相匹配。你要认识到，雇主每天会浏览成千上万份简历，你可能只有几分钟的时间来吸引他们的眼球。因此，简历的质量、求职信和个人陈述对求职成功至关重要。

招聘人员看中简历的哪些方面

招聘人员通常会按照以下标准来评估你的简历。

- **呈现方式。**布局清晰，可以让他们很容易地找到所需信息，表达流畅，并且设计独特。
- **相关性。**简历中描述的内容与工作描述相匹配，并提供了简单的例证。不要有太多无关事实，这只会浪费他们的时间，甚至会让他们对你评估和过滤信息的能力产生怀疑。
- 没有明显的错误。要是简历里面有拼写或语法错误，他们会对你的印象大打折扣，觉得你在工作中也会很草率。
- 诚实。务必提供足够的信息证明你的个人素质和技能。不要说谎。如果简历中描述的内容与参考资料、大学成绩单或面试表现之间存在明显的差异，那么后果会很严重。
- 性格。用事实证明你会成为一个有趣而又有上进心的同事。他们不希望看到由通用模板生成的老套简历。
- 附加值。你除了符合工作描述中的要求以外，他们还希望你有更多的特质和技能。由于符合条件的求职者可能有很多，因此这些额外技能会让你脱颖而出。
- 证据和例子。为你说出的话负责，给出真凭实据。比如，推荐信或大学成绩单。你还要提到报告、演讲或做过的其他事情。他们可能会在面试时问你这些问题。
- 完整性。他们希望看到你的最新简历。如果简历中提到，你有一段时间没工作，他们就会在面试时会问你为什么。

简介的结构与内容

表 11-4 中描述了常见的简介的七大要素。大多数简介会包含这七个部分。不过，你也可以根据具体职位更改标题，加入补充信息。当然，每个人都有自己的特点，所以具体细节由你自己来定。

表 11-4　　　　　　　　　　　　简介的七大要素

要素（标题自定义）	常见的内容
1. 个人详细信息 姓名和联系方式	全名、出生日期、联系地址、电话号码和邮箱地址。不需要写上性别。也有的人会写上，特别是名字比较中性化的时候
2. 个人简介 职业生涯目标 求职意向 个人简介	概述职业规划。写下你希望雇主关注的目标和抱负

续前表

要素（标题自定义）	常见的内容
3. 教育 资质 教育背景和资格证书	已经到手或者待发的资格证。大多数人喜欢把已有资质放在前面，把工作经历放在后面。写清楚国家教育机构、就读时间和获取资格证书的学年。对于和申请工作相关的教育背景，可以给出更多细节，例如，课程中涉及的主题
4. 工作经验 工作	描述工作细节（付薪还是志愿者）。按时间顺序排列：从现在到过去，包括工作期限、雇主的名字和工作头衔。要是不能从头衔看出工作性质，还可以把当时的主要职责写下来
5. 技能和个人素质 经验和成就 经验和技能	展示你的能力符合工作描述。可以参考本节提到的例子和证据。学会评估自己的优点和缺点
6. 兴趣和活动 兴趣 娱乐活动	这是展示性格的绝佳机会，可以证明你会成为一个有趣而又热情的同事。雇主会按照这部分内容，想象你是什么样的人；然而，要是他们觉得你很奇葩或怪异，那你可能就出局了。但是，不要过分强调这部分，否则，你会给别人留下贪玩、不爱学习的印象。突出有价值的兴趣，例如，体育活动，这说明你是一名优秀的团队成员
7. 推荐人 推荐信	写下推荐人的姓名和联系方式。教你挑选推荐人，与其正确沟通的方法

简历不能过于详细，但内容要全面。一份简历保持在 2～3 页 A4 纸的篇幅最佳。有时候，你不用提供简历，只要填表就行了。雇主在招聘大量毕业生的时候，经常会采用这种做法，初步筛选求职者。如果雇主有格式要求，请务必遵守。

简历的呈现方式

第一印象很重要。简历的呈现方式是雇主注意到的第一件事。你需要关注纸张和印刷的质量等。简历的设计和字迹清晰度将是最重要的影响因素。这些方面都是性格的标志，千万不要小觑它们。但是，这并不是说，你的设计要引人注目或大胆冒险。大多数雇主都很传统，更喜欢大家常用的样式，但要带有一定的创意。

读者需要快速找到想要的信息。因此，标题的"路标"应该相当清楚。为了加大被选中的概率，简历中使用的语言也应该清楚准确。布局要简洁（例如，字体不能太小，可读性强且清晰的字体）。如果提交的是电子版简历，请告知对方你所使用的软件版本。

定制你的简历

求职时，请按照工作描述，修改简历，要反映出你的资质、经验、技能和个性。

招聘广告、网络资料、招聘文件都会给出简短的职位描述。请将职位描述的关键点与你的简历内容匹配起来。主要考虑以下几点。

- 最低资质和技能要求。要是不具备，你可能没有必要申请。
- 要求的具体经验、能力和素质。一定要给出相关证据，来证明你有这些能力。
- 如果是被指派，请把你能想到的长处写进去，比如，上课学到的 IT 技能；
- 职位描述没有明确写出来的能力，但是你又必须具备它们，比如，计算能力、写作能力、编辑能力等。

另外，简历不是一份静态的文件。在获得新的资格证书和技能以后，请及时更新简历。每隔一段时间你都应该思考一下，要不要加东西进去。特别是对于刚上大学的学生，要是能正确地规划职业生涯，就能知道要参加哪些活动，要选什么样的课程或学位。

制作和更新简历的小贴士

◎ **充分利用各种经历、资格证书、体育运动和休闲活动。** 这些可以证明你的个人素质，比如，领导力或值得信赖。在简历的适当位置描述它们，并在个人陈述或求职信中再次提及相关内容，来体现你的个人素质和技能。

◎ **让别人对你的简历和求职信提意见。** 找值得信任的朋友或家人，让他们仔细检查你所有版本的简历，看里面是否有错误，并选出一个最佳版本，交给用人单位。你还可以找就业辅导中心或学习顾问寻求帮助。

进入职场：如何找到合适的工作岗位并申请

进入职场是人生中的一件大事，任何人都不能掉以轻心。本节概述了如何寻找合适的工作机会，如何撰写求职信和个人陈述，以及如何参加面试。这些信息也可以帮助你找兼职和假期工作。

找到职位空缺

不同类型的工作需要不同的求职策略。首先，你应该知道心仪工作的常见招聘方式。你可以在以下地方获得这些信息：（1）就业服务中心；（2）大学生就业服务中心留存的纸质版工作岗位资料；（3）职业顾问、辅导员、专业协会、雇主或同学口头推荐的工作机会。

招聘广告

一般来说，专门的招聘机构都会发布招聘广告。如今，公司和代理网站上也有很多职位空缺。大多数雇主只在需要的时候发布招聘广告。但是，有些公司如果有毕业生招聘计划，可能会提前一年就发布招聘广告。你可以在学院的公告栏上找到相关信息。

另外，你也可以和那些已经在你心仪的岗位上工作的人取经，这或许有助于你找到适合自己的求职策略。你可以找家人的朋友分享经验；也可以在假期工作的时候，找前辈分享经验；或者直接写信给某家公司的人力资源部门，了解更多信息。

一般在大公司里，招聘由人事部门或人力资源部门负责。公司会成立一个遴选委员会，筛选求职信和面试者。而在规模较小的公司，招聘可能由老板或部门领导直接负责。

在哪里找到职位空缺发布信息

广告的成本一般都很高，招聘人员会设法省去广告费。因此，许多工作机会没有对外公开，特别是一些小的私营企业。这种情况就得靠你的人脉了。尽管人脉不一定让你被录用，但可能会帮助你获得面试机会，让你少走弯路。此外，不建议你海投，祈祷某家公司相中你。你应该：

- 选定公司，然后联系内部人士；
- 想好问题，直接电话或邮件联系；
- 在初次联系以后，看能不能当面聊。

另外，还有更多发布职位空缺的地方，如下所示。

- 就业服务中心的职位空缺公告。
- 参加"巡回招聘会"活动和毕业生招聘活动。
- 国家、地区、地方和行业报纸。
- 专业期刊和出版物。
- 就业服务或就业中心。一般来说，没有什么好的针对毕业生的空缺职位，但会发布很多当地的工作。
- 招聘机构或私人职业介绍所。有些会发布特殊类型的职位空缺；有些则提供各种类型的职位。有些大型企业会委托中介机构招人，该类受聘者最终可能只是受聘于该中介公司，而不是那些大型企业。
- 在互联网公司和专业协会网站上，有毕业生职位空缺的板块。上面有很多IT职位。

申请工作和其他机会

招聘人员不是做慈善来了：他们招聘的目的是满足公司需求，并解决问题。你必须让他们深信，在你身上的投资比做其他投资要好，要让他们相信：

- 你拥有这份工作所需的任何正式资历和经验；
- 你具备工作所需的个人素质和技能，并将在工作中使用它们；

- 你看重的是把工作做好，而不只是把它当成获得薪水、相关培训机会或福利的方式。

求职成功必须具备以下条件：一是，你确实很适合这个岗位；二是，你用有效的方式证明了自己适合这个岗位。这也就是说，你需要抓住机会，并创造机会，来证明自己。以下方式可供参考：

- 量身打造简历，明确表明你有合适的资质和才能；
- 在简历、求职信或个人陈述中给出证据，证明你所说的话句句属实；
- 如果有幸入围面试，好好抓住机会。

如果职位描述明确规定，求职者必须具备某项资质或达到某项资格指标，那么，在竞争激烈的求职过程中，不满足这些要求的人直接就会被刷掉。但是，出人意料的事也不是没有。例如，那些资质过高的人也可能求职失败，因为招聘人担心，这些求职者可能会不满足岗位挑战，很容易跳槽。

准备求职文档

申请表

在填写申请表的时候，你应该抓住一切机会来证明自己的资质、经验、素质、技能以及工作热情都非常符合岗位描述。不要乱涂乱画！

求职信

求职信是你给雇主留下深刻印象的好机会。就像简历一样，求职信也要符合要求，里面不能有错误。请采用正式的商务信函的写作格式和风格。

求职信不宜过长，但应该包括以下内容：

- 你所申请的职位名称和编号；
- 你的关键资质、技能和素质；
- 有条件的话，谈一谈你的简历和职位描述之间的具体联系；
- 你对这份工作的热情；
- 你的职业生涯目标，以及希望从这份工作中得到什么；

- 你的联系方式。

个人陈述

有些职位还要求职者提供一份个人陈述。你也可以借此机会来扩展标准求职信上面的要点。与简历和求职信一样，个人陈述的内容应该与申请的工作密切相关。写好个人陈述，这可能会让你在候选人群中脱颖而出。

如果已经规定了格式或内容，那就按照要求认真撰写，特别是要尽可能直接地回答所提出的任何问题。如果有字数限制，不要超出规定的范围。即使没有限制，也不要写得太过复杂，这样有利于读者消化里面的信息。例如，段落不要太长，用标题或要点形式。

挑选推荐人

无论申请什么样的工作，你都需要至少提供两名推荐人。他们要了解你，可以对你的性格以及你和这个工作的匹配度予以置评。你要找他们写推荐信，其内容要能够证明你在 CV 中写的东西是真实的。一般的推荐信应该包含以下信息：

- 推荐人的身份，你们认识多久了；
- 基于他们对你在学习和工作中的观察，概述你的素质和技能；
- 你与职位描述相关的素质和技能；
- 对你的身体状况和性格予以置评，例如，时间观念和积极性；
- 对你与工作的匹配度予以置评。

在选择推荐人的时候，选择那些真正了解你的人，能从不同角度来评价你的 CV 的人。一般来说，刚毕业的大学生会挑选一位了解自己学习情况的推荐人，还有就是能够对自己的工作经验予以置评的人。

你应该事先联系推荐人，礼貌地询问他们，是否愿意成为你的推荐人；还可以和他们说说你申请的具体职位，给他们提供你打算申请的职位的详细信息。最好是给你的推荐人提供一份最新 CV，这对你有好处，因为这将有助于他们写一份有效的推荐信。出于礼貌，你应该告知他们求职结果。

为面试做准备

入围面试就实属不易了，但很多人会觉得接下来的面试阶段才是一场真正的战斗。除了要回答一些困难且不可预知的问题，你还会很紧张，因为你的表现可能决定你能否获得一份令众人垂涎的职位。在面试之前，你可以做如下准备。

- 了解面试公司和机构的背景。如果你知道主要面试官是谁，还可以提前了解他们的资料。
- 查看职位描述，想一想你应该用何种方式来证明自己有能力胜任。
- 如果是专业岗或技术岗，请复习相关理论、技术、实践和法律。
- 记下你对面试公司和面试职位的任何疑问。
- 为常见的面试问题提前准备答案。对于很难回答的问题，要想好应对策略，说一些积极向上的东西。
- 认真准备面试着装（看起来很精干，但要舒服）。

在面试中，你要注意以下几点：

- 见到面试官以后，要和每一位面试官都有眼神交流，并对他们微笑；
- 适当的时候，与面试官们坚定、自信地握手；
- 肢体语言要自信放松，尽量不要坐立不安；
- 认真听每一个问题，认真思考，然后按要求答题；
- 答案长度要适中，既不能太短，也不用太长；内容既不能太肤浅，也不要过于详细；
- 吐词清楚，说话有逻辑。在回答某位面试官的问题的时候，偶尔也要与其他面试官有眼神交流；
- 无论回答什么样的问题，都尽量保持积极乐观的态度，并抓住一切机会去提及相关经历；
- 要真诚，千万不要闲聊天；
- 请记住，面试是一个双向的过程：面试结束时，求职者通常会被问到，是否有任何问题要问面试官。你可以提前准备一两个问题。

祝你好运！

另外，在面试中，以下问题经常会被问到，只是不同的公司在招聘不同的岗位时，使用的措辞可能有略微差别：

- 你为什么申请这个职位；
- 你为什么认为自己很适合这个职位；
- 你的学历和工作经验如何帮助你应对工作中面临的挑战；
- 请谈一谈过去的经验；
- 请谈一谈你的业余爱好及兴趣；
- 你有什么优点，你有什么缺点；
- 如果你在这个岗位上工作，要是发生了某些情况，你打算怎么解决；
- 谈一谈你的职业发展目标；
- 你能否谈一谈与岗位相关的技术、程序或法律；
- 如果你被录用了，最快什么时候可以入职；
- 看似不着边际的问题，比如："你的桌子很整洁，还是很乱？"
- 如果你被录用了，你是否愿意接受这份工作，你的期望薪资是多少？
- 你有什么问题要问我们吗？

面试时采用 STAR 策略

在面试中，如果你被问到对过往经历的感想，可以采用这个策略。面试之前，请回想一下，有哪些经历能够突出你的个人素质或技能，而且与工作要求相符合。在面试中，要是你把这些经历作为例子，或用它们来回答某个具体问题，请采用 STAR 策略：

- 情境（S）——描述相关背景，从一般到具体。
- 任务（T）——详细描述你或你的团队做的事情，以及你在这个过程中扮演的角色。
- 行动（A）——描述你做的事情，以及在这个过程中，你用到的个人素质或技能。
- 结果（R）——详细描述结果，说清楚你的决定和行动怎样带来了现在的结果。

你应该把更多时间花在"行动"和"结果"上,而不是"情境"和"任务"部分。例如,想清楚如何使用这种策略,来突出你的人际交往能力;抗压能力;项目管理能力;诚实、领导力、自律。

工作邀约

面试官基本不会在面试中发邀请函。通常情况下,他们会以邮件的方式告知你被录用了。原因可能是:

- 还可能会有更多面试;
- 任命委员会可能希望详细讨论所有候选人;
- 可能需要发一封薪水确认函;
- 任命委员会还可能希望和你的推荐人沟通。

有些涉及安全和与年轻人一起工作的岗位,可能要求你提供一份信息披露声明,如果涉及刑事定罪,你要说明。尽管如此,你还是要做好在面试中被录用的准备。例如,你的期望薪资是多少?有多少搬家补助?你能接受这份工作吗?你什么时候可以入职?这些问题的答案,你都要提前想好。

求职成功的小贴士

◎ **充分利用广告、人脉和其他信息来源。**即使你不能胜任某一职位,也不要就不考虑它。如果它看起来很有趣,你能找出更多信息吗?相关的工作或助理级别的工作是否会更有前途?你能否利用这些信息来更好地了解未来的职业道路?这个职位是否属于潜力岗,比如,让你积累更多经验?

◎ **认真填写申请表。**这些信息将被仔细审查。卷面一定要整洁。如果有必要的话,使用文字处理软件提前写好内容,并使用拼写检查功能。不要因为拼写和语法错误而错失良机!

◎ **做好充分准备。**要是能提前了解雇主的喜好,你的成功概率会更高。

建议全面了解该公司或组织和工作领域，并制作一份有针对性的简历。

◎ **关注细节。**常言道，千里之堤，毁于蚁穴。比如，拼写或语法错误、求职信的格式不对、卷面不整洁、着装不正确。雇主面试的人不止你一个，符合要求的人也不止你一个，不要让他们找到拒绝你的理由。

◎ **不要只是回答问题。**在面试中，除了直截了当地回答每一个问题，你还需要提供更多信息。请在有限的时间内，除了说清楚你的答案，证明你具备招聘机构要求的资质和经验，还要向他们展示你的个人素质和技能，表达你对这份工作的满腔热情。

Authorized translation from the English language edition,entitled The Study Skills Book, 3rd Edition, ISBN:978-0-273-77331-3 by Kathleen McMillan and Jonathan Weyers, published by Pearson Education, Inc., Copyright © Pearson Education 2012.

All rights reserved. No part of this book may be reproduced or transmitted in any form or by any means, electronic or mechanical, including photocopying, recording or by any information storage retrieval system, without permission from Pearson Education, Inc.

This translation of The Study Skills Book 3rd Edition is published by arrangement with Pearson Education Limited.

CHINESE SIMPLIFIED language edition published by CHINA RENMIN UNIVERSITY PRESS CO., LTD., Copyright © 2020.

This edition is manufactured in the People's Republic of China, and is authorized for sale and distribution in the People's Republic of China exclusively（except Taiwan, Hong Kong SAR and Macau SAR）.

本书中文简体字版由培生教育出版公司授权中国人民大学出版社在中华人民共和国境内（不包括香港特别行政区、澳门特别行政区和台湾地区）出版发行。未经出版者书面许可，不得以任何形式复制或抄袭本书的任何部分。

本书封面贴有 Pearson Education（培生教育出版集团）激光防伪标签。

无标签者不得销售。

版权所有，侵权必究。

北京阅想时代文化发展有限责任公司为中国人民大学出版社有限公司下属的商业新知事业部，致力于经管类优秀出版物（外版书为主）的策划及出版，主要涉及经济管理、金融、投资理财、心理学、成功励志、生活等出版领域，下设"阅想·商业""阅想·财富""阅想·新知""阅想·心理""阅想·生活"以及"阅想·人文"等多条产品线，致力于为国内商业人士提供涵盖先进、前沿的管理理念和思想的专业类图书和趋势类图书，同时也为满足商业人士的内心诉求，打造一系列提倡心理和生活健康的心理学图书和生活管理类图书。

《写作即思考：在写作中训练你的思维能力》

- 实战网络营销专家、教育家，首批入选万名全国创业导师秋叶老师倾情推荐。
- 三大核心思维能力的系统训练＋批判性写作的关键点解析，助力突破个人能力的天花板，成为学业与职业发展的佼佼者。

《学会高效记忆：世界记忆冠军的刻意练习法》

- 工作记忆模型之父艾伦·巴德利鼎力推荐。
- 牛津学霸、前世界记忆冠军深度解锁超强记忆力的奥秘。
- 帮助你激发大脑记忆潜能，让学习效果轻松快速翻倍。

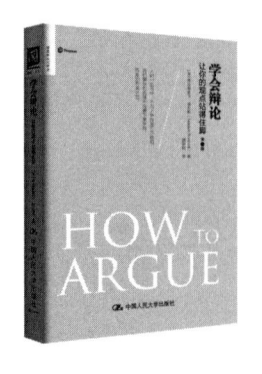

《学会辩论：让你的观点站得住脚》

- 逻辑思维精品推荐。
- 无论是成功地进行口头或书面争辩，还是无懈可击地阐述自己的观点，并让他人心悦诚服地接受，背后都有严密的逻辑和科学方法做支撑。
- 只有掌握了本书所讲述的重要的辩论技巧和明智的劝服策略，才能不被他人的观点带跑、带偏，立足自我观点，妙笔生花、口吐莲花！